Explorando o Arduino®

Técnicas e ferramentas para mágicas de engenharia

Jeremy Blum

ALTA BOOKS
E D I T O R A
Rio de Janeiro, 2016

Explorando o Arduino® — Técnicas e ferramentas para mágicas de engenharia
Copyright © 2016 da Starlin Alta Editora e Consultoria Eireli. ISBN: 978-85-7608-991-9

Translated from original Exploring Arduino®: Tools and Techniques for Engineering Wizardry by Jeremy Blum. Copyright © 2013 by John Wiley & Sons, Inc. ISBN 978-1-118-54936-0. This translation is published and sold by permission of John Wiley & Sons, Inc., the owner of all rights to publish and sell the same. PORTUGUESE language edition published by Starlin Alta Editora e Consultoria Eireli, Copyright © 2016 by Starlin Alta Editora e Consultoria Eireli.

Todos os direitos estão reservados e protegidos por Lei. Nenhuma parte deste livro, sem autorização prévia por escrito da editora, poderá ser reproduzida ou transmitida. A violação dos Direitos Autorais é crime estabelecido na Lei nº 9.610/98 e com punição de acordo com o artigo 184 do Código Penal.

A editora não se responsabiliza pelo conteúdo da obra, formulada exclusivamente pelo(s) autor(es).

Marcas Registradas: Todos os termos mencionados e reconhecidos como Marca Registrada e/ou Comercial são de responsabilidade de seus proprietários. A editora informa não estar associada a nenhum produto e/ou fornecedor apresentado no livro.

Impresso no Brasil — 1ª Edição, 2016 - Edição revisada conforme o Acordo Ortográfico da Língua Portuguesa de 2009.

Obra disponível para venda corporativa e/ou personalizada. Para mais informações, fale com projetos@altabooks.com.br

Produção Editorial Editora Alta Books **Produtor Editorial** Thiê Alves **Produtor Editorial (Design)** Aurélio Corrêa	**Gerência Editorial** Anderson Vieira **Supervisão de Qualidade Editorial** Sergio de Souza	**Marketing Editorial** Silas Amaro marketing@altabooks.com.br	**Gerência de Captação e Contratação de Obras** autoria@altabooks.com.br	**Vendas Atacado e Varejo** Daniele Fonseca Viviane Paiva comercial@altabooks.com.br **Ouvidoria** ouvidoria@altabooks.com.br
Equipe Editorial	Bianca Teodoro Christian Danniel	Claudia Braga Juliana de Oliveira	Renan Castro	
Tradução, Copidesque e DTP Docware Assessoria Editorial LTDA-ME		**Revisão Gramatical** Thamiris Leiroza	**Revisão Técnica** Renato Aloi *Desenvolvedor de robôs e professor em microcontroladores*	

Erratas e arquivos de apoio: No site da editora relatamos, com a devida correção, qualquer erro encontrado em nossos livros, bem como disponibilizamos arquivos de apoio se aplicáveis à obra em questão.

Acesse o site www.altabooks.com.br e procure pelo título do livro desejado para ter acesso às erratas, aos arquivos de apoio e/ou a outros conteúdos aplicáveis à obra.

Suporte Técnico: A obra é comercializada na forma em que está, sem direito a suporte técnico ou orientação pessoal/exclusiva ao leitor.

Dados Internacionais de Catalogação na Publicação (CIP)

B658e Blum, Jeremy.
　　　　　Explorando o Arduino : técnicas e ferramentas para mágicas de engenharia / Jeremy Blum. – Rio de Janeiro, RJ : Alta Books, 2016.
　　　　　386 p. : il. ; 24 cm.

　　　　　Inclui bibliografia, índice e apêndice.
　　　　　Tradução de: Adventures in Arduino: tools and techniques for engineering wizardry.
　　　　　ISBN 978-85-7608-991-9

　　　　　1. Arduino (Controlador programável). 2. Eletrônica - Processamento de dados. 3. Controle automático - Programa de computador. I. Título.

　　　　　　　　　　　　　　　　　　　CDU 681.5
　　　　　　　　　　　　　　　　　　　CDD 629.895

Índice para catálogo sistemático:
1. Arduino : Controlador programável   681.5

(Bibliotecária responsável: Sabrina Leal Araujo – CRB 10/1507)

Rua Viúva Cláudio, 291 - Bairro Industrial do Jacaré
CEP: 20.970-031 - Rio de Janeiro (RJ)
Tels.: (21) 3278-8069 / 3278-8419
www.altabooks.com.br — altabooks@altabooks.com.br
www.facebook.com/altabooks — www.instagram.com/altabooks

*À minha avó, cuja curiosidade e estímulo ao longo da vida
me inspiram a ser uma pessoa melhor a cada dia.*

Sobre o autor

Jeremy Blum recentemente recebeu seu diploma de mestrado em engenharia elétrica e computação pela Universidade de Cornell, onde anteriormente recebeu seu diploma de bacharel no mesmo campo. Na Cornell, ele supervisionou a criação e realização de vários edifícios sustentáveis em todo o mundo e no mercado interno por meio de sua fundação e liderança na Cornell University Sustainable Design, uma organização de design sustentável reconhecida nacionalmente que foi especificamente elogiada pelo CEO dos U. S. e World Green Building Councils. Nessa linha, Jeremy aplicou sua paixão pela engenharia elétrica para projetar sistemas residenciais de monitoramento de energia solar, sistemas revolucionários de iluminação LED por fibra óptica, e painéis solares inteligentes de rastreamento do sol. Ele também é responsável por ajudar a iniciar o primeiro espaço empresarial colaborativo que contribui para o desenvolvimento de dezenas de *start-ups* de estudantes (incluindo alguns de sua própria criação) a cada ano.

Jeremy projetou métodos premiados de controle protético, sistemas de reconhecimento de gesto e sistemas de automação de edifícios, entre muitas outras coisas. Ele projetou os componentes eletrônicos para as impressoras 3D MakerBot Replicator (que são usadas por pessoas em todo o mundo, e por organizações notáveis como a NASA), e o protótipo da eletrônica e do firmware para o Scanner 3D MakerBot Digitizer. Como um pesquisador no renomado Creative Machines Lab, ele tem contribuído para a criação de robôs que podem se montar sozinhos, robôs quadrúpedes autoguiados e impressoras 3D que redefinem o conceito de manufatura doméstica. Ele apresentou essa pesquisa em revistas especializadas e em conferências em lugares tão distantes como a Índia.

Jeremy produz vídeos do YouTube que introduziram milhões de pessoas à engenharia e estão entre os tutoriais sobre Arduino mais populares na internet. Ele é bem conhecido dentro das comunidades internacionais de *open source* e do Movimento Maker por seu desenvolvimento de projetos e tutoriais de hardware de *open source* que foram apresentados no Discovery Channel, e ganharam vários prêmios e *hack-a-thons*. Jeremy foi selecionado pelo Instituto Americano de Engenheiros Elétricos e Eletrônicos como o New Face of Engineering de 2012.

Ele oferece serviços de consultoria de engenharia por meio de sua empresa, a Blum Idea Labs LLC, e ensina engenharia e sustentabilidade para jovens estudantes na cidade de Nova York. A paixão de Jeremy está melhorando a vida das pessoas e o nosso planeta por meio de soluções criativas de engenharia. Você pode aprender mais sobre Jeremy e seu trabalho em seu site: `www.jeremyblum.com` (o site possui conteúdo em inglês, assim como todos os outros sites indicados ao longo da obra).

Sobre o editor técnico

Scott Fitzgerald é um artista e educador que tem usado a plataforma Arduino como ferramenta de ensino e em sua prática desde 2006. Ele ensina computação física no Programa de Telecomunicações Interativas (ITP) da Universidade de Nova York desde 2005, introduzindo artistas e designers aos microcontroladores. Scott trabalha para a equipe Arduino, documentando a criação de novos produtos e tutoriais para introduzir a plataforma ao público em geral. Ele foi editor técnico da segunda edição de *Making Things Talk* em 2011, e foi o autor do livro que acompanha o Arduino Starter Kit oficial em 2012.

Agradecimentos

Em primeiro lugar, devo agradecer a meus amigos na Wiley por ajudar a tornar isso possível: Mary James, por incentivar-me a escrever este livro, em primeiro lugar; e Jennifer Lynn, por me manter no caminho enquanto eu escrevia todos os capítulos. Também devo um grande obrigado a Scott Fitzgerald por seu olhar crítico na edição técnica deste livro.

Se não fosse pelas excelentes pessoas na element14, talvez eu nunca tivesse começado a produzir minhas Arduino Tutorial Series, um prelúdio para o livro que você está prestes a ler. Sabrina Deitch e Sagar Jethani, em particular, têm sido parceiros maravilhosos com quem eu tive o privilégio de trabalhar.

Escrevi a maior parte deste livro enquanto simultaneamente, concluía meu mestrado e tocava duas empresas; portanto, sou imensamente grato aos meus professores e colegas que me aturaram enquanto eu tentava equilibrar todas minhas responsabilidades.

Por fim, quero agradecer à minha família, especialmente aos meus pais e ao meu irmão, David, cujo constante encorajamento lembra-me por que eu faço as coisas que faço.

Sumário resumido

Introdução		xix
Parte I	**Fundamentos de engenharia do Arduino**	**1**
Capítulo 1	Ligando o Arduino e fazendo-o piscar	3
Capítulo 2	Entradas e saídas digitais, e modulação por largura de pulso	19
Capítulo 3	Lendo sensores analógicos	41
Parte II	**Controlando seu ambiente**	**61**
Capítulo 4	Usando transistores e motores de tração	63
Capítulo 5	Produzindo sons	91
Capítulo 6	USB e comunicação serial	107
Capítulo 7	Registradores de deslocamento	145
Parte III	**Interfaces de comunicação**	**161**
Capítulo 8	O barramento I^2C	163
Capítulo 9	O barramento SPI	181
Capítulo 10	Interface com telas de cristal líquido	199
Capítulo 11	Comunicação sem fio com rádios XBee	221
Parte IV	**Temas e projetos avançados**	**255**
Capítulo 12	Interrupções por hardware e por timer	257
Capítulo 13	Registro de dados em log com cartões SD	277
Capítulo 14	Como conectar o Arduino à internet	313
Apêndice	Decifrando as especificações ATMega e o esquema do Arduino	341
Índice		349

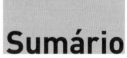

Sumário

Introdução		xix
Parte I	**Fundamentos de engenharia do Arduino**	**1**
Capítulo 1	**Ligando o Arduino e fazendo-o piscar**	**3**
	Explorando a plataforma do Arduino	4
	Funcionalidade do Arduino	4
	Microcontroladores Atmel	6
	Interfaces de programação	6
	E/S geral e ADCs	7
	Suprimentos de energia	7
	Placas Arduino	8
	Criando seu primeiro programa	13
	Baixando e instalando o IDE Arduino	13
	Executando o IDE e conectando-se ao Arduino	14
	Analisando seu primeiro programa	16
	Resumo	18
Capítulo 2	**Entradas e saídas digitais, e modulação por largura de pulso**	**19**
	Saídas digitais	20
	Conectando um LED e usando placas protoboards ou matrizes de contatos	20
	Trabalhando com protoboards ou matrizes de contatos	21
	Conectando LEDs	22
	Programando saídas digitais	24
	Usando laços for	25
	Modulação por largura de pulso com analogWrite()	27
	Lendo entradas digitais	29
	Lendo entradas digitais com resistores pull-down	29
	Trabalhando com botões de pulso	32
	Construindo um LED RGB Nightlight controlável	35
	Resumo	39

xii   Sumário

Capítulo 3	**Lendo sensores analógicos**	**41**

Entendendo sinais analógicos e digitais   42
Comparando sinais analógicos e digitais   43
Convertendo um sinal analógico em um digital   44
Lendo sensores analógicos com o Arduino: analogRead()   45
Lendo um potenciômetro   45
Usando sensores analógicos   50
Trabalhando com sensores analógicos para detectar
a temperatura   52
Usando resistores variáveis para fazer seus próprios
sensores analógicos   54
Usando divisores de tensão resistivos   55
Usando entradas analógicas para controlar saídas analógicas   56
Resumo   59

Parte II	**Controlando seu ambiente**	**61**

Capítulo 4	**Usando transistores e motores de tração**	**63**

Acionando motores DC   65
Manipulando cargas indutivas de corrente alta   65
Usando transistores como comutadores   66
Usando diodos de proteção   67
Usando uma fonte de energia secundária   68
Conectando o motor   68
Controlando a velocidade do motor com PWM   70
Usando uma ponte H para controlar a direção do motor DC   72
Construindo um circuito de ponte H   73
Operando de um circuito de ponte H   76
Acionando servomotores   80
Compreendendo a diferença entre rotação contínua
e servos padrão   80
Entendendo o servo controle   80
Controlando um servo   85
Construindo um sensor de distância por varredura   86
Resumo   90

Capítulo 5	**Produzindo sons**	**91**

Entendendo como funcionam os alto-falantes   92
As propriedades do som   92
Como um alto-falante produz som   94
Usando tone() para fazer sons   95
Incluindo um arquivo de definição   95
Conectando um alto-falante   96
Criando sequências sonoras   99
Usando arrays   99
Criando arrays de notas e durações   100
Completando o programa   101
Compreendendo as limitações da função tone()   102

Construindo um micropiano	102
Resumo	105

Capítulo 6 USB e comunicação serial   **107**

Entendendo as capacidades de comunicação serial do Arduino	108
Placas Arduino com um conversor FTDI USB-serial	
interno ou externo	110
Placas Arduino com uma MCU ATMega secundária com	
USB emulando um conversor serial	112
Placas Arduino com MCU de uma única USB	114
Placas Arduino com capacidades de host USB	114
Ouvindo o Arduino	115
Usando instruções print	115
Usando caracteres especiais	117
Mudando as representações de tipo de dados	119
Conversando com o Arduino	119
Lendo informações a partir de um computador ou	
outro dispositivo serial	120
Instruindo o Arduino para ecoar dados de entrada	120
Entendendo as diferenças entre chars e ints	121
Enviando caracteres simples para controlar um LED	122
Enviando listas de valores para controlar um LED RGB	125
Conversando com um aplicativo desktop	127
Conversando com o Processing	127
Instalando o Processing	128
Controlando um sketch de Processing a partir do Arduino	129
Enviando dados do Processing para o Arduino	132
Aprendendo truques especiais com o Arduino Leonardo	
(e outros arduinos baseados no MCU 32U4)	134
Emulando um teclado	135
Digitando dados no computador	135
Comandando seu computador com emulação de teclas	139
Emulando um mouse	140
Resumo	144

Capítulo 7 Registradores de deslocamento   **145**

Entendendo registradores de deslocamento	146
Enviando dados seriais e paralelos	147
Trabalhando com o registrador de deslocamento 74HC595	148
Entendendo funções de pino do registrador de deslocamento	148
Entendendo como o registrador de deslocamento funciona	149
Deslocando dados seriais do Arduino	151
Convertendo entre formatos binários e decimais	154
Controlando animações de luz com um registrador de	
deslocamento	154
Construindo um *"light rider"*	154
Respondendo a entradas com um gráfico de barra LED	157
Resumo	160

xiv   Sumário

Parte III	Interfaces de comunicação	161

Capítulo 8   O barramento I²C   163

História do barramento I²C	164
Design de hardware I²C	165
Esquema de comunicação e números de identificação	165
Requisitos de hardware e resistores pull-up	167
Comunicando com uma sonda de temperatura I²C	167
Configurando o hardware	168
Referenciando a especificação	169
Escrevendo o software	171
Combinando registradores de deslocamento, comunicação serial e comunicações I²C	173
Construindo o hardware para um sistema de monitoração de temperatura	173
Modificando o programa integrado	174
Escrevendo o sketch de Processing	177
Resumo	180

Capítulo 9   O barramento SPI   181

Visão geral do barramento SPI	182
Hardware SPI e design de comunicação	183
Configuração de hardware	184
Esquema de comunicação	184
Comparando SPI com I²C	185
Comunicando-se com um potenciômetro digital SPI	185
Coletando informações a partir da especificação	186
Configurando o hardware	189
Escrevendo o software	190
Criando um monitor audiovisual usando potenciômetros digitais SPI	193
Configurando o hardware	194
Modificando o software	195
Resumo	197

Capítulo 10   Interface com telas de cristal líquido   199

Configurando o LCD	200
Usando a biblioteca LiquidCrystal para escrever no LCD	203
Adicionando texto à tela	204
Criando caracteres especiais e animações	206
Construindo um termostato pessoal	209
Configurando o hardware	210
Exibindo dados no LCD	211
Ajustando o *set point* com um botão	213
Adicionando um aviso sonoro e uma ventoinha	214
Juntando tudo: o programa completo	215
Elevando o nível desse projeto	219
Resumo	219

Sumário xv

Capítulo 11 Comunicação sem fio com rádios XBee **221**

Entendendo as comunicações sem fio XBee 222
Rádios XBee 223
O shield de rádio XBee e conexões seriais 224
Regulador 3.3V 226
Deslocamento do nível lógico 226
LED associado e LED RSSI 226
Jumper ou comutador de seleção UART 226
Opção de conexão serial UART por hardware *versus* software 227
Configurando o XBees 228
Configurando com um protetor ou um adaptador USB 228
Opção de programação 1: Usando o Uno como um
programador (não recomendado) 229
Opção de programação 2: Usando o SparkFun USB Explorer
(recomendado) 230
Escolhendo as configurações de XBee e conectando o XBee
com o computador host 230
Configurando o XBee com X-CTU 231
Configurando o XBee com um terminal serial 235
Conversando com um computador sem fio 236
Ligando um Arduino remoto 236
USB com um computador ou um adaptador de parede 5V 237
Baterias 237
Adaptadores de energia de parede 239
Revisitando os exemplos seriais: Controlando o processamento
com um potenciômetro 239
Revisitando os exemplos seriais: Controlando um LED RGB 243
Conversando com outro Arduino: Construindo uma
campainha sem fio 246
Projeto de sistema 246
Hardware transmissor 247
Hardware receptor 248
Software transmissor 249
Software receptor 250
Resumo 252

Parte IV Temas e projetos avançados **255**

Capítulo 12 Interrupções por hardware e por timer **257**

Usando interrupções de hardware 258
Conhecendo as vantagens e desvantagens de polling e interrupção 259
Facilidade de implementação (software) 260
Facilidade de implementação (hardware) 260
Multitarefa 260
Precisão de aquisição 261
Entendendo as capacidades de interrupção de hardware
do Arduino 261

xvi Sumário

Construindo e testando um circuito de interrupção de botão com debouncing de hardware	262
Criando um botão com debouncing de hardware	262
Montando um circuito de teste completo	267
Escrevendo o software	267
Usando interrupções por timer	270
Entendendo interrupções por timer	270
Obtendo a biblioteca	270
Executando duas tarefas simultaneamente	271
Construindo um aparelho de som baseado em interrupção	272
Hardware do aparelho de som	272
Software do aparelho de som	273
Resumo	275

Capítulo 13 Registro de dados em log com cartões SD — **277**

Preparando-se para o registro de dados em log	278
Formatando dados com arquivos CSV	279
Preparando um cartão SD para registro de dados em log	279
A interface do Arduino com um cartão SD	284
Shields de cartão SD	284
Interface SPI de cartão SD	288
Gravando em um cartão SD	289
Lendo um cartão SD	293
Usando um relógio de tempo real	297
Entendendo relógios de tempo real	298
Usando o relógio de tempo real DS1307	298
Usando a RTC Arduino Third-Party Library	299
Usando o relógio de tempo real	300
Instalando os módulos de cartão de RTC e SD	300
Atualizando o software	301
Construindo um registro de log de presença	305
Hardware de registro de log	306
Software de registro de log	307
Análise de dados	311
Resumo	312

Capítulo 14 Como conectar o Arduino à internet — **313**

A web, o Arduino e você	314
Jargão de rede	314
Endereço IP	314
Network Address Translation	315
Endereço MAC	316
HTML	316
HTTP	316
GET/POST	316
DHCP	316
DNS	317

Clientes e servidores	317
Colocando o Arduino em rede	317
Controlando o Arduino via web	318
Configurando o hardware de controle de E/S	318
Projetando uma simples página web	318
Escrevendo um sketch de servidor Arduino	320
Conectando-se à rede e recuperando um IP via DHCP	321
Respondendo a um cliente	321
Juntando as peças: Sketch de servidor web	322
Controlando o Arduino via rede	326
Controlando o Arduino via rede local	326
Usando o encaminhamento de porta para controlar o Arduino de qualquer lugar	327
Enviando dados em tempo real a um serviço de gráficos	329
Construindo uma alimentação de dados ao vivo sobre Xively	330
Criando uma conta Xively	330
Criando um feed de dados	330
Instalando as bibliotecas Xively e HttpClient	331
Colocando o Arduino em rede	332
Configurando o sketch de Xively e executando o código	332
Exibindo dados na web	335
Adicionando componentes de feed	336
Adicionando um sensor de temperatura analógico	336
Adicionando leituras de sensor adicionais ao fluxo de dados	336
Resumo	339
Apêndice Decifrando as especificações ATMega e o esquema do Arduino	**341**
Especificações	341
Analisando uma especificação	341
Entendendo a pinagem dos componentes	344
Entendendo o esquema do Arduino	345
Índice	**349**

Introdução

Você tem um excelente senso de oportunidade. Como muitas vezes eu gosto de dizer: "Nós estamos vivendo no futuro". Com as ferramentas disponíveis hoje, muitas das quais aprenderá neste livro, você tem a oportunidade e a capacidade de dobrar o mundo físico ao seu capricho. Até muito recentemente, não era possível para alguém pegar um microcontrolador e fazê-lo controlar seu mundo em poucos minutos. Como você deve ter adivinhado, um *microcontrolador* é uma plataforma programável que lhe dá o poder de definir o funcionamento dos sistemas mecânicos, elétricos e de software complexos usando comandos relativamente simples. As possibilidades são infinitas, e a plataforma microcontroladora Arduino vai se tornar sua nova ferramenta favorita à medida que você explora o mundo da eletrônica, programação, interação homem-computador, arte, sistemas de controle e muito mais. Durante todo o curso deste livro, você vai usar o Arduino para fazer de tudo, desde a detecção de movimento até a criação de sistemas de controle sem fios e se comunicar pela internet.

Quer você seja completamente novo em qualquer tipo de engenharia ou um veterano querendo começar o projeto de sistemas embarcados, o Arduino é um ótimo lugar para começar. Você está procurando uma referência geral para o desenvolvimento em Arduino? Este livro também é perfeito para você. Este livro o orienta por meio de uma série de projetos específicos, mas você também vai achar fácil retornar ao livro para consultar trechos de código, melhores práticas, esquemas do sistema e muito mais. As práticas de engenharia elétrica, sistemas de design e programação que você vai aprender ao ler este livro são amplamente aplicáveis além da plataforma Arduino e irão prepará-lo para assumir uma variedade de projetos de engenharia, quer eles usem o Arduino ou qualquer outra plataforma.

Para quem é este livro

Este livro é para os entusiastas do Arduino de todos os níveis de experiência. Os capítulos evoluem um com base no outro, utilizando conceitos e componentes de projeto de capítulos anteriores para desenvolver ideias mais complexas. Mas não se preocupe. Sempre que se deparar com ideias novas e complexas, uma referência cruzada o lembra de onde você encontrou pela primeira vez quaisquer conceitos básicos relevantes para que possa facilmente refrescar sua memória.

Este livro assume que você tem pouca ou nenhuma experiência anterior de trabalho com a programação ou engenharia elétrica. Para dar conta dos vários níveis de experiência dos leitores, o livro apresenta uma série de seções e quadros opcionais, ou breves excertos, que explicam um determinado conceito em maior detalhe. Embora esses quadros não sejam obrigatórios para você ganhar um bom entendimento de como usar o Arduino, eles fornecem um olhar mais atento a temas técnicos para o leitor mais curioso.

O que você aprenderá neste livro

Este livro não é um livro de receitas. Se você quer seguir instruções passo a passo que informam exatamente como construir um projeto específico sem realmente explicar por que está fazendo o que está fazendo, este livro não é para você. Você pode pensar neste livro como uma introdução à engenharia elétrica, ciência da computação, design de produto e um pensamento de alto nível usando o Arduino como um veículo para ajudá-lo a experimentar esses conceitos de uma maneira prática.

Ao construir os componentes de hardware dos projetos Arduino demonstrados neste livro de hardware, você aprenderá não só a ligar as coisas, mas também a ler esquemas, saber por que determinadas partes são usadas para funções específicas, e a ler especificações (ou *datasheets*) que lhe permitirão escolher as peças adequadas para construir seus próprios projetos. Ao escrever um software, forneço seu código completo, mas primeiro você percorrerá vários processos iterativos para criar o programa final. Isso vai ajudar a reforçar funções de programação específicas e as boas práticas de formatação de código, além de proporcionar uma melhor compreensão de algoritmos.

Este livro ensina conceitos de física, algoritmos, princípios de design digital e conceitos de programação específicos do Arduino. Minha esperança é que trabalhar com os projetos neste livro não só vai tornar você um desenvolvedor bem versado em Arduino, mas também lhe dará as habilidades de que precisa para desenvolver sistemas elétricos mais complexos, e para prosseguir os esforços de engenharia em outros campos, e com diferentes plataformas.

Recursos usados neste livro

Os seguintes recursos e ícones são utilizados neste livro para ajudar a chamar a atenção para algumas das informações mais importantes ou úteis neste livro:

ATENÇÃO Certifique-se de tomar o devido cuidado quando você vir um desses apartes. Quando procedimentos específicos podem causar danos à eletrônica se realizados de forma incorreta, você verá um desses apartes.

DICA Esses apartes contêm dicas rápidas sobre como executar tarefas simples que podem ser úteis para a tarefa à mão.

NOTA Esses apartes contêm informações adicionais que podem ser de importância para você, incluindo links para vídeos e material online que facilitarão acompanhar o desenvolvimento de um projeto particular.

TÍTULO DE EXEMPLO

Esses apartes entram em profundidade adicional sobre o tema atual ou um tópico relacionado.

Obtendo as peças

Para sua sorte, você pode facilmente obter os componentes necessários para executar os projetos neste livro em lojas especializadas na sua cidade ou mesmo na internet!

No início de cada capítulo, você encontrará uma lista detalhada das peças necessárias para concluir cada projeto.

Do que você precisa

Além das peças reais que você vai usar para construir seus projetos Arduino, existem algumas outras ferramentas e materiais de que precisa em suas aventuras Arduino. Mas o importante é que você precisará de um computador que seja compatível com o ambiente de desenvolvimento integrado (IDE) Arduino (Mac OSX 10.4+, Windows XP+ ou uma distribuição Linux). Fornecerei instruções para todos os sistemas operacionais quando necessário.

Você também pode querer algumas ferramentas adicionais que serão usadas ao longo do livro para depurar, montar hardware etc. Estes não são explicitamente necessários para concluir os projetos neste livro. À medida que você desenvolver seu conjunto de habilidades de engenharia elétrica, essas ferramentas serão úteis para outros projetos. Eu recomendo o seguinte:

- Solda e um ferro de solda (Nota: você não vai precisar de solda para completar os projetos neste livro, mas pode desejar montar seus próprios circuitos em uma protoplaca, ou você pode querer comprar shields que exijam a montagem com solda.)
- Um multímetro (Isso vai ser útil para conceitos de depuração dentro deste livro, mas não é explicitamente necessário.)
- Um conjunto de chaves de fenda
- Uma pistola de cola quente

Código-fonte e conteúdo digital

O site principal deste livro é www.exploringarduino.com, que é mantido pelo autor. Você vai encontrar downloads de código para cada capítulo neste site (juntamente com vídeos, links e outros materiais úteis). A Wiley também mantém um repositório de conteúdo digital que acompanha este livro em www.wiley.com. Especificamente para este livro, o download do código está na guia Download Code www.wiley.com/go/exploringarduino. A Editora Alta Books também disponibiliza os códigos em seu site. Entre em www.altabooks.com.br e procure pelo nome do livro.

No início de cada capítulo, você encontra o local dos principais arquivos de código para o uso. Também poderá encontrar referências aos nomes dos arquivos de código conforme necessário no sumário do capítulo e ao longo do texto.

O código disponível em www.exploringarduino.com, www.altabooks.com.br e www.wiley.com é fornecido em arquivos ZIP compactados. Depois de baixar o código, basta descompactá-lo com uma ferramenta apropriada.

NOTA A Editora Alta Books ressalta que a disponibilidade do conteúdo digital e a manutenção dos sites do autor e da Wiley são de responsabilidade dos mesmos.

Errata

Fizemos, e continuamos fazendo, todos os esforços para garantir que não haja erros no texto ou no código. Mas ninguém é perfeito, e erros ocorrem. Se você encontrar problemas neste livro, como um erro de ortografia ou um trecho de código falho, ficaríamos muito gratos por seu feedback. Contribuindo para essa lista de erratas, você pode poupar outros leitores de horas de frustração e, ao mesmo tempo, pode nos ajudar a fornecer informações de qualidade ainda maior.

Para encontrar a página de erratas deste livro, visite www.altabooks.com.br e procure pelo nome do livro. Nessa página, você poderá verificar se o livro tem erratas e também indicar possíveis correções.

Material e suporte suplementar

Durante suas aventuras com o Arduino, inevitavelmente você terá perguntas e, talvez, problemas. Uma das melhores partes sobre como usar o Arduino é a excelente comunidade de suporte que você pode encontrar na web. Essa base extremamente ativa de usuários do Arduino irá prontamente ajudá-lo ao longo de seu caminho. Eis apenas alguns dos recursos que você vai achar útil em sua jornada:

- Official Arduino Reference
  www.arduino.cc/en/Reference/HomePage
- My Arduino Tutorial Series
  www.jeremyblum.com/category/arduino-tutorials
- adafruit Industries Arduino Tutorial Series
  learn.adafruit.com/category/learn-arduino
- SparkFun's Electronics Tutorials
  learn.sparkfun.com/tutorials
- The Official Arduino Forum
  www.arduino.cc/forum
- The element14 Arduino Community
  www.element14.com/community/groups/arduino

Se você já esgotou todos esses recursos e ainda não conseguiu resolver o problema, entre em contato comigo pelo Twitter (@sciguy14); talvez eu possa ajudar. Ou pode entrar em contato diretamente pela página de contato em meu site (www.jeremyblum.com/contact), mas, em geral, não garanto tempos de resposta rápidos.

NOTA Todos os sites relacionados se encontram em inglês.

xxiv   Introdução

O que é um Arduino?

A melhor parte sobre a plataforma de prototipagem Arduino é que ela pode ser qualquer coisa que você quiser que ela seja. O Arduino poderia ser um sistema de controle automático de irrigação de plantas. Pode ser um servidor web. Pode até ser um piloto automático de um quadricóptero.

O Arduino é uma plataforma microcontroladora de desenvolvimento associada com uma linguagem de programação intuitiva que você desenvolve utilizando o ambiente de desenvolvimento integrado (IDE) Arduino. Ao equipar o Arduino com sensores, atuadores, luzes, alto-falantes, módulos adicionais (chamados de *shields*), e outros circuitos integrados, você pode transformar o Arduino em um "cérebro" programável para praticamente qualquer sistema de controle.

É impossível cobrir tudo de que o Arduino é capaz, porque as possibilidades são limitadas apenas por sua imaginação. Assim, este livro serve como um guia para você se familiarizar com as funcionalidades do Arduino, executando uma série de projetos que lhe darão as habilidades de que precisa para desenvolver seus próprios projetos.

Você vai aprender mais sobre o Arduino e as variações disponíveis da placa no Capítulo 1, "Ligando o Arduino e fazendo-o piscar". Se está ansioso para conhecer todo o funcionamento interno do Arduino, você está com sorte: ele é totalmente *open source*, e todos os esquemas e documentação estão disponíveis gratuitamente no site do Arduino. O Apêndice A, "Decifrando as especificações ATMega e o esquema do Arduino", aborda algumas das especificações técnicas do Arduino.

Uma plataforma *open source*

Se é novo ao mundo do *open source*, você terá uma boa surpresa. Este livro não entra em detalhes sobre o movimento hardware *open source*, mas vale a pena saber um pouco sobre as ideologias que tornam o trabalho com o Arduino tão maravilhoso. Se você quiser um resumo completo do que um hardware *open source* é, confira as definições oficiais no site Open Source Hardware Association (`www.oshwa.org/definition`), em inglês.

NOTA   Saiba tudo sobre o movimento *open source* a partir de minha palestra TEDx Talk: `www.jeremyblum.com/portfolio/tedx-cornell-university-2011/`.

Como o Arduino é um hardware *open source*, todos os arquivos de projeto, diagramas esquemáticos, e código-fonte estão disponíveis gratuitamente para todos. Isso não só significa que você pode facilmente hackear o Arduino para servir a uma função muito particular, mas também que pode até mesmo integrar a plataforma Arduino em seus projetos, fazer e vender clones Arduino, e usar as bibliotecas de software do Arduino em outros projetos. Embora este livro concentre-se principalmente no uso de hardware

Arduino oficial, você também pode usar centenas de placas derivadas do Arduino (muitas vezes com funções específicas adicionadas a elas) para criar os projetos neste livro.

A licença *open source* do Arduino também permite a reutilização comercial de seus projetos (desde que você não utilize a marca Arduino em seus projetos). Então, se usar um Arduino para prototipar um projeto promissor e quiser transformá-lo em um produto comercial, você pode fazer isso. Por exemplo, você vai ler sobre produtos como a impressora 3D MakerBot Replicator, que usa eletrônica baseada na plataforma Arduino Mega (www.thingiverse.com/thing:16058). (Revelação de interesses: fui eu que projetei essa placa-mãe!)

Certifique-se de respeitar as licenças de código-fonte e hardware que você usa ao longo deste livro. Algumas licenças exigem que você forneça os devidos créditos do autor original quando publicar um projeto baseado no trabalho anterior dele. Outros exigem que você sempre compartilhe as melhorias feitas sob uma licença equivalente. Esse compartilhamento ajuda a comunidade crescer, e resulta em toda essa maravilhosa documentação e suporte online que você, sem dúvida, consultará muitas vezes durante suas aventuras com o Arduino. Todos os exemplos de código que eu escrevi para este livro (salvo indicação em contrário) são licenciados sob a GNU General Public License (GPL), permitindo que você as use para qualquer coisa que quiser.

Para além deste livro

Alguns de vocês podem já estar familiarizados com minha popular série no YouTube Arduino e meus tutoriais eletrônicos (https://www.youtube.com/watch?v=fCxzA9_kg6s&list=PLV009FNOX7Tf-XSyghg2vrSYXw1QcCHaX). Faço referências a eles durante todo este livro como uma maneira de você ver orientações mais detalhadas dos tópicos abordados aqui. Se você está curioso sobre algumas das coisas notáveis que pode fazer com inteligentes combinações de eletrônica, microcontroladores, informática e criatividade, confira meu portfólio (www.jeremyblum.com/portfolio) para ver uma amostra de projetos. Assim como o Arduino, mais do que eu faço é liberado por meio de licenças *open source* que permitem que você facilmente duplique meu trabalho para suas próprias necessidades.

Estou ansioso para ouvir sobre o que você fez com as habilidades adquiridas com este livro. Eu o incentivo a compartilhá-los comigo e com o resto do mundo. Boa sorte em suas aventuras com o Arduino!

Fundamentos de engenharia do Arduino

Nesta parte

Capítulo 1: Ligando o Arduino e fazendo-o piscar
Capítulo 2: Entradas e saídas digitais, e modulação por largura de pulso
Capítulo 3: Lendo sensores analógicos

CAPÍTULO 1

Ligando o Arduino e fazendo-o piscar

Peças que você precisa para este capítulo:

Arduino Uno

Cabo USB

CÓDIGO E CONTEÚDO DIGITAL PARA ESTE CAPÍTULO

Links para baixar código, vídeos e outros conteúdos digitais para este capítulo podem ser encontrados em www.exploringarduino.com/content/ch1.

Além disso, os códigos também podem ser encontrados em www.altabooks.com.br, procurando pelo nome do livro. Outra opção é em www.wiley.com/go/exploringarduino, na guia Download Code. Eles estão no arquivo chapter 01 download e individualmente nomeados de acordo com seus nomes ao longo do capítulo.

Agora que você tem alguma perspectiva sobre a plataforma Arduino e suas capacidades, é hora de explorar suas opções no mundo do Arduino. Neste capítulo, você irá examinar o hardware disponível, aprender sobre o ambiente de programação e linguagem, e instalar e fazer funcionar seu primeiro programa. Depois de adquirir controle sobre as funcionalidades que o Arduino pode fornecer, você vai escrever seu primeiro programa e fazer o Arduino piscar!

4   Parte I ▪ Fundamentos de engenharia do Arduino

> **NOTA** Para acompanhar, juntamente com um vídeo que apresenta a plataforma Arduino, visite www.jeremyblum.com/2011/01/02/arduino-tutorial-series-it-begins/.

Explorando a plataforma do Arduino

Em suas aventuras com o Arduino, você vai depender de três componentes principais para seus projetos:

- A placa Arduino em si
- Hardware externo (incluindo shields e circuitos manufaturados, que você vai explorar ao longo deste livro)
- O ambiente de desenvolvimento integrado do Arduino, ou IDE Arduino

Todos esses componentes do sistema funcionam em conjunto para permitir que você faça qualquer coisa com o Arduino.

Você tem diversas opções quando se trata de placas de desenvolvimento Arduino, mas este livro concentra-se no uso de placas oficiais Arduino. Como as placas são todas projetadas para serem programáveis via Arduino IDE, você geralmente pode usar qualquer uma das placas Arduino modernas para concluir os projetos neste livro com mínimas alterações, ou mesmo nenhuma. Mas, quando necessário, você verá advertências sobre a utilização de placas diferentes para vários projetos. A maioria dos projetos usa o Arduino Uno.

Você começa a explorar a funcionalidade básica fornecida em toda placa Arduino. Depois, você examina as diferenças entre cada placa moderna para poder tomar uma decisão informada ao escolher uma placa para usar em seu próximo projeto.

Funcionalidade do Arduino

Todas as placas Arduino têm algumas características e funções específicas. Dedique um tempo para examinar o Arduino Uno (veja a Figura 1-1); será seu equipamento básico. Esses são alguns componentes-chave com que você vai lidar:

- Microcontrolador Atmel
- Interface(s) de programação/comunicação USB
- Regulador de tensão e conexões de alimentação
- Pinos de interrupção de E/S
- LEDs de depuração, energia e RX/TX
- Botão de reset
- Conector(es) de programação serial no circuito (ICSP)

Capítulo 1 ■ Ligando o Arduino e fazendo-o piscar

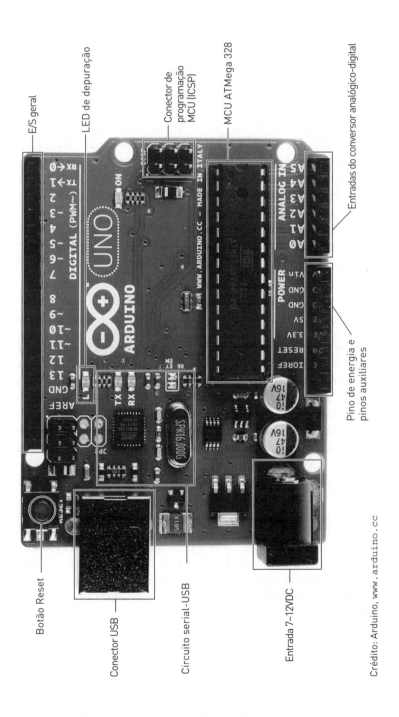

Figura 1-1: Componentes da placa Arduino Uno

Microcontroladores Atmel

No coração de cada Arduino está uma unidade microcontroladora (MCU) Atmel. A maioria das placas Arduino, incluindo o Arduino Uno, usa um microcontrolador AVR ATMega. O Arduino Uno na Figura 1-1 utiliza um 328p ATMega. O Due é uma exceção; ele usa um microcontrolador ARM Cortex. Esse microcontrolador é responsável por manter a totalidade de seu código compilado e executar os comandos que você especifica. A linguagem de programação Arduino dá acesso aos periféricos do microcontrolador, incluindo conversores analógico-digitais (ADCs), pinos de entrada/saída (E/S) de uso geral, barramento de comunicação (incluindo I2C e SPI) e interfaces seriais. Toda essa funcionalidade útil é obtida a partir dos minúsculos pinos no microcontrolador da placa Arduino nos quais você pode conectar fios ou shields usando conectores fêmeas. Um ressonador cerâmico de 16MHz é ligado aos pinos do clock da ATMEGA, que serve como referência por meio da qual todos os comandos de programa são executados. Você pode usar o botão Reset para reiniciar a execução de seu programa. A maioria das placas Arduino vem com um LED de depuração já ligada ao pino 13, que permite que você execute seu primeiro programa (fazer um LED piscar) sem conectar quaisquer circuitos adicionais.

Interfaces de programação

Normalmente, os programas de microcontroladores ATMega são escritos em C ou Assembly e programados por meio da interface ICSP usando um programador dedicado (veja a Figura 1-2). Talvez a característica mais importante de um Arduino é que você pode programá-lo facilmente via USB, sem utilizar um programador separado. Essa funcionalidade é possível graças ao bootloader, ou sistema de inicialização, do Arduino. O bootloader é carregado de fábrica no ATMega (usando o cabeçalho ICSP), que permite que uma USART (Universal Synchronous/Asynchronous Receiver/Transmitter) carregue seu programa no Arduino sem o uso de um programador separado. (Você pode aprender mais sobre como funciona o bootloader no quadro "A configuração do bootloader e do firmware do Arduino".)

No caso do Arduino Uno e do Mega 2560, um microcontrolador secundário (um ATMega 16U2 ou 8U2 dependendo de sua revisão) serve como uma interface entre um cabo USB e os pinos USART seriais no microcontrolador principal. O Arduino Leonardo, que usa um ATMega 32U4 como o microcontrolador principal, tem uma USB integrada, de modo que um microcontrolador secundário não é necessário. Em placas Arduino mais antigas, um chip FTDI USB-serial era usado como a interface entre a porta serial USART do ATMega e uma conexão USB.

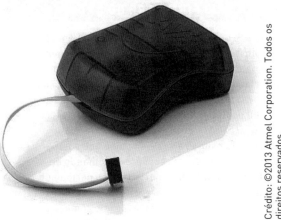

Figura 1-2: Programador AVR ISP MKII

E/S geral e ADCs

A parte do Arduino que mais lhe interessa em seus projetos são os pinos de E/S de uso geral e os pinos ADC. Todos esses pinos podem ser tratados individualmente por meio dos programas que você vai escrever. Todos eles podem servir como entradas e saídas digitais. Os pinos ADC também podem atuar como entradas analógicas que podem medir tensões entre 0 e 5V (normalmente a partir de sensores resistivos). Muitos desses pinos também são multiplexados para servir a funções adicionais, que você vai explorar durante seus projetos. Essas funções especiais incluem várias interfaces de comunicação, interfaces seriais, saídas de largura de pulso modulada, e as interrupções externas.

Suprimentos de energia

Para a maioria de seus projetos, você simplesmente vai usar a energia de 5V que é fornecida pelo seu cabo USB. Mas quando estiver pronto para desconectar seu projeto do computador, você tem outras opções de energia. O Arduino pode aceitar entre 6V e 20V (7-12V recomendados) via conector de corrente contínua (DC) direto, ou pelo pino Vin. O Arduino tem reguladores de 5V e 3,3V integrados:

- 5V é usado para toda a lógica na placa. Em outras palavras, quando alterna um pino de E/S digital, você está alternando entre 5V e 0V.
- 3,3V é derivado para um pino a fim de acomodar shields e circuitos externos de 3,3V.

8 Parte I ▪ Fundamentos de engenharia do Arduino

> **A CONFIGURAÇÃO DO BOOTLOADER E DO FIRMWARE DO ARDUINO**
>
> Um *bootloader*, ou sistema de inicialização, é um pequeno código que reside em um espaço reservado na memória de programa do MCU principal do Arduino. Em geral, os microcontroladores AVR são programados com um ICSP, que conversa com o microcontrolador por meio de uma interface periférica serial (SPI). A programação por meio desse método é bastante simples, mas exige que o usuário tenha um programador de hardware, como um STK500 ou um programador AVR ISP MKII (veja a Figura 1-2).
>
> Quando você inicializa a placa Arduino pela primeira vez, o Arduino entra no bootloader, que roda por alguns segundos. Se o Arduino receber um comando de programação a partir do IDE pela UART da MCU (interface serial) nesse período de tempo, ele carrega o programa que você está enviando para ele no resto da memória de programa da MCU. Se não receber um comando de programação, ele começa a rodar seu sketch mais recentemente carregado, que reside no resto da memória do programa.
>
> Quando você envia um comando de "upload" a partir do IDE Arduino, ele instrui o chip USB para serial (um ATMega 16U2 ou 8U2 no caso do Arduino Uno) para resetar a MCU principal, forçando-o assim a entrar no bootloader. Em seguida, o computador imediatamente começa a enviar o conteúdo do programa, que a MCU está pronta para receber através de sua conexão UART (facilitada pelo conversor USB para serial).
>
> Bootloaders são necessários, porque eles permitem programação simples via USB sem hardware externo. Mas eles têm duas desvantagens:
>
> - Primeiro, eles ocupam espaço valioso de programa. Se você escreveu um sketch complicado, os cerca de 2 KB de espaço ocupado pelo bootloader podem fazer falta.
>
> - Em segundo lugar, usar um bootloader implica que o programa irá sempre ser retardado por alguns segundos na inicialização enquanto o bootloader verifica se há uma solicitação de programação.
>
> Se você tiver um programador (ou outro Arduino que possa ser programado para funcionar como um programador), pode remover o bootloader de sua ATMega e programá-lo diretamente, conectando seu programador no cabeçalho ICSP e usando o comando File ➪ Upload Using Programmer a partir de dentro do IDE.

Placas Arduino

Este livro não pode cobrir todas as placas Arduino disponíveis; há muitas, e os fabricantes estão constantemente lançando novas com vários recursos. A seção a seguir destaca algumas das características das placas Arduino oficiais.

A placa Uno (veja a Figura 1-3) é o carro-chefe do Arduino e será muito usado neste livro. Ela usa um chip USB para serial conversor 16U2 e uma ATMega 328p como a MCU principal. Ela está disponível tanto em versões DIP como SMD (que define se a MCU é removível).

Figura 1-3: A placa Arduino Uno

A placa Leonardo (veja a Figura 1-4) usa o 32U4 como o microcontrolador principal, que tem uma interface USB integrada. Portanto, não é necessário uma MCU secundária para realizar a conversão serial para USB. Isso reduz o custo e permite que você faça coisas únicas, como emular um joystick ou um teclado em vez de um dispositivo serial simples. Você vai aprender como usar esses recursos no Capítulo 6, "USB e comunicação serial".

Figura 1-4: A placa Arduino Leonardo

A placa Mega 2560 (veja a Figura 1-5) emprega um ATMega 2560 como MCU principal, que tem 54 E/S de uso geral para que você possa interagir com muitos outros dispositivos. A Mega também tem mais canais ADC, e tem quatro interfaces seriais de hardware (em contrapartida da única interface serial encontrada na placa Uno).

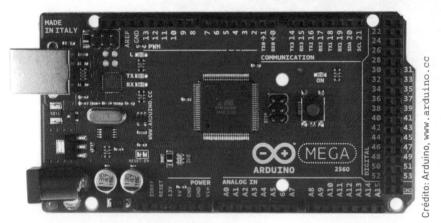

Figura 1-5: A placa Arduino Mega 2560

Ao contrário de todas as outras variantes de Arduino, que usam MCUs AVR de 8 bits, a Due (veja a Figura 1-6) usa uma MCU ARM Cortex M3 SAM3X de 32 bits. A placa Due oferece ADCs de maior precisão, modulação por largura de pulso com resolução selecionável (PWM), conversores digital-analógicos (DACs), um conector de host USB e uma velocidade de clock de 84MHz.

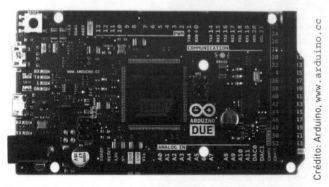

Figura 1-6: A placa Arduino Due

A Nano (veja a Figura 1-7) é projetada para ser montada diretamente em um soquete de prototipagem ou protoboard. Seu pequeno tamanho a torna perfeita para uso em projetos mais elaborados.

Figura 1-7: A placa Arduino Nano

A Mega ADK (veja a Figura 1-8) é muito semelhante à Mega 2560, exceto pela funcionalidade de host USB, que permite conectá-la a um telefone Android para comunicação com aplicativos que você escreve.

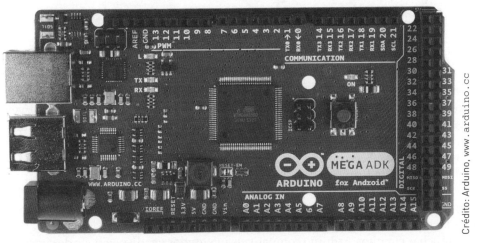

Figura 1-8: A placa Arduino Mega ADK

A LilyPad (veja a Figura 1-9) é única porque é projetada para ser costurada em roupas. Usando fio condutor, você pode conectá-la a sensores costuráveis, LEDs etc. Para manter o tamanho pequeno, você precisa programá-lo usando um adaptador FTDI.

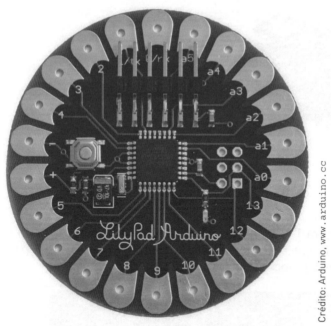

Figura 1-9: A placa Arduino Lilypad

Como explicado na introdução deste livro, o Arduino é um hardware *open source*. Como resultado, você pode encontrar dezenas e dezenas de dispositivos "compatíveis com Arduino" disponíveis para venda que vão funcionar muito bem com o IDE Arduino e todos os projetos que você vai fazer neste livro. Algumas das placas de terceiros populares incluem o Seeeduino, a placa de prototipagem (*breakout board*) Adafruit 32U4, e as placas SparkFun Pro Mini Arduino. Muitas placas de terceiros são projetadas para aplicações bem específicas, com funcionalidades adicionais já incorporadas à placa. Por exemplo, o ArduPilot é uma placa de piloto automático para uso em quadricópteros autônomos do tipo "faça você mesmo" (*do it youself*, ou DIY) (veja a Figura 1-10). Você pode até achar circuitos Arduino compatíveis integrados em dispositivos de consumo como as impressoras MakerBot Replicator e Replicator 2 3D.

Figura 1-10: Quadricóptero e controlador ArduPilot Mega

Criando seu primeiro programa

Agora que entende o hardware que vai usar por todo este livro, você pode instalar o software e executar seu primeiro programa. Comece fazendo o download do software Arduino IDE para seu computador.

Baixando e instalando o IDE Arduino

Acesse o site do Arduino em www.arduino.cc e baixe a versão mais recente do IDE a partir da página de download (veja a Figura 1-11).

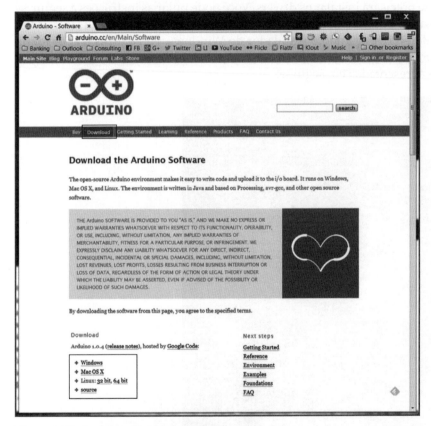

Figura 1-11: A página de download Arduino.cc

Após completar o download, descompacte o arquivo. Dentro, você encontrará o IDE Arduino. Novas versões do Windows IDE estão disponíveis como um instalador que você pode baixar e executar, em vez de baixar um arquivo ZIP.

Executando o IDE e conectando-se ao Arduino

Agora que o IDE está baixado e pronto para ser executado, você pode conectar o Arduino ao computador via USB, como mostrado na Figura 1-12. Máquinas Mac e Linux instalam os drivers (em sua maior parte) automaticamente.

Se estiver usando OS X, na primeira vez em que você conectar uma placa Uno ou uma Mega 2560, você receberá uma notificação de que foi adicionado um novo dispositivo de rede. Clique no botão Network Preferences. Na nova janela, clique em Apply. Ainda que placa apareça como "Not Configured" na lista de dispositivos de rede, ela estará pronta para uso. Agora, saia de System Preferences.

Se estiver usando um Arduino moderno em um computador Windows, você provavelmente precisará instalar os drivers. Você pode pular as instruções a seguir, se não estiver usando um computador com Windows que precisa ter os drivers instalados. Se você instalou o IDE usando o instalador do Windows, então essas etapas foram concluídas para você. Se baixou o ZIP em seu computador Windows, você terá de seguir as instruções apresentadas em seguida.

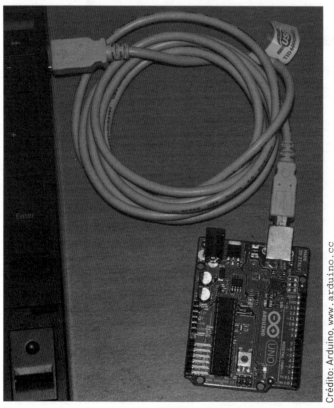

Figura 1-12: A placa Arduino Uno conectado a um computador via USB

Capítulo 1 ■ Ligando o Arduino e fazendo-o piscar   15

No computador Windows, siga estes passos para instalar os drivers (instruções adaptadas a partir do site Arduino.cc):

1. Espere o processo de instalação automática falhar.

2. Abra o menu Iniciar, clique com o botão direito do mouse em Meu Computador e selecione Propriedades.

3. Escolha Gerenciador de Dispositivos.

4. Olhe sob Portas (COM e LPT) para o Arduino que você conectou.

5. Clique com o botão direito do mouse e escolha Atualizar driver.

6. Escolha Procurar software no computador.

7. Selecione o controlador apropriado a partir do diretório drivers do IDE Arduino que você acabou de baixar (não o diretório de drivers FTDI).

8. O Windows agora irá concluir a instalação do controlador.

Agora, inicie o IDE Arduino. Você está pronto para carregar seu primeiro programa no Arduino. Para garantir que tudo está funcionando conforme o esperado, você poderá carregar o programa de exemplo Blink, que começa a fazer piscar o LED onboard. A maioria dos Arduinos possui um LED conectado ao pino 13. Navegue até File ➪ Examples ➪ Basic, e clique no programa Blink. Isso abre uma nova janela IDE com o programa Blink já escrito para você. Primeiro, você vai programar o Arduino com esse sketch de exemplo, e então vai analisar o programa para compreender os componentes importantes e poder começar a escrever seus próprios programas no próximo capítulo.

Antes de carregar o programa, você precisa dizer ao IDE qual tipo de Arduino conectou e em qual porta ele está conectado. Vá a Tools ➪ Board e certifique-se de que a placa certa está selecionada. Esse exemplo usa a placa Uno, mas se você estiver usando uma diferente, selecione a placa (supondo que ela também tem um LED conectado ao pino 13).

O último passo antes da programação é informar ao IDE a porta em que sua placa está conectada. Navegue para Tools ➪ Serial Port e selecione a porta apropriada. Em máquinas Windows, essa porta será `COM*`, onde * é um número que representa o número da porta serial.

> **DICA**   Se você tiver vários dispositivos seriais conectados ao computador, tente desligar sua placa para ver qual porta COM desaparece a partir do menu; em seguida, conecte-o novamente e selecione essa porta COM.

Em computadores Linux e Mac, a porta serial é algo como `/dev/tty.usbmodem*` ou `/dev/tty.usbserial*`, onde * é uma sequência de caracteres alfanuméricos.

16   Parte I ■ Fundamentos de engenharia do Arduino

Você está pronto para carregar seu primeiro programa no Arduino. Clique no botão Upload (⊕) na parte superior do IDE. A barra de status na parte inferior do IDE mostra uma barra de progresso à medida que compila e carrega o programa. Depois que o programa carrega, o LED amarelo no Arduino deve estar piscando uma vez por segundo. Parabéns! Você acabou de carregar seu primeiro programa Arduino.

Analisando seu primeiro programa

Dedique um tempo para analisar o programa Blink a fim de entender a estrutura básica dos programas escritos para o Arduino. Considere a Figura 1-13. Os textos explicativos numerados mostrados na figura correspondem à seguinte lista.

Eis como o código funciona, parte por parte:

1. Esse é um comentário de várias linhas. Comentários são importantes para documentar seu código. Tudo o que você escreve entre esses símbolos não serão compilados e nem mesmo vistos pelo Arduino. Comentários de várias linhas começam com /* e terminam com */. Comentários de várias linhas são geralmente usados quando você tem muito a dizer (como a descrição do programa).

2. Esse é um comentário de uma única linha. Quando você colocar //em qualquer linha, o compilador ignora todo o texto após esse símbolo na mesma linha. Isso é ótimo para a anotação de linhas específicas de código ou para desativar uma determinada linha de código que você acredita que pode estar causando problemas.

3. Esse código é uma declaração de variável. Uma variável é um lugar na memória do Arduino que contém informações. As variáveis têm diferentes tipos. Nesse caso, ela é do tipo int, o que significa que irá armazenar um número inteiro. Então, uma variável do tipo inteiro chamada led está sendo definida com o valor de 13, o pino a que o LED está conectado no Arduino Uno. Durante todo o resto do programa, podemos simplesmente usar led sempre que quisermos controlar o pino 13. Configurar variáveis é útil porque você pode simplesmente mudar essa linha se mais tarde você conectar o LED a um pino de E/S diferente; o resto do código ainda funcionará como esperado.

4. void setup() é uma das duas funções que devem ser incluídos em todo programa Arduino. Uma *função* é um trecho de código que faz uma tarefa específica. O código dentro das chaves da função setup() é executado uma vez no início do programa. Isso é útil para configurações que você só faz uma vez, como configurar a direção de pinos, inicializar interfaces de comunicação e assim por diante.

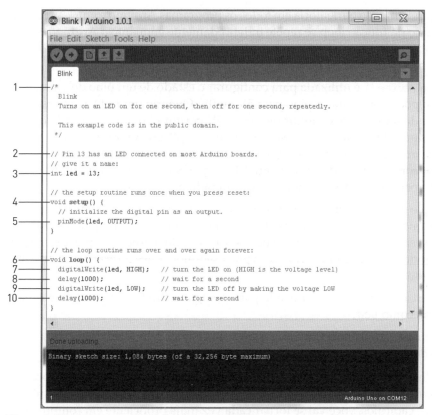

Figura 1-13: Os componentes do programa Blink

5. Pinos digitais do Arduino podem funcionar como entrada ou saídas. Para configurar sua direção, use o comando `pinMode()`. Esse comando usa dois argumentos. Um *argumento* fornece informações aos comandos sobre como estes devem funcionar. Argumentos são colocados dentro dos parênteses que se seguem a um comando. O primeiro argumento para `pinMode` determina o pino que está tendo sua direção configurada. Como você configurou a variável `led` no início do programa, você está dizendo ao comando que quer configurar a direção do pino 13. O segundo argumento configura a direção do pino: INPUT ou OUTPUT. Os pinos são entradas por padrão e, portanto, você precisa configurá-los explicitamente como saídas se quiser que eles funcionem como saídas. Como você quer acender um LED, o pino de led deve ser configurado como uma saída (corrente está fluindo a partir do pino de E/S). Note que você tem de fazer isso apenas uma vez. O pino funcionará então como uma saída para o resto do programa, ou até que você o modifique para uma entrada.

18   Parte I ▪ Fundamentos de engenharia do Arduino

6. A segunda função obrigatória em todos os programas Arduino é `void loop()`. O conteúdo da função loop se repete indefinidamente enquanto o Arduino estiver ligado. Se quiser que o Arduino faça algo somente uma vez na inicialização, você ainda precisa incluir a função de loop, mas pode deixá-la vazia.

7. `digitalWrite()` é utilizada para configurar o estado de um pino de saída. Essa função pode configurar o pino para 5V ou 0V. Quando um LED e um resistor é conectado a um pino, configurá-lo como 5V permitirá que você acenda o LED. (Você aprenderá mais sobre isso no próximo capítulo.) O primeiro argumento para `digitalWrite()` é o pino que você quer controlar. O segundo argumento é o valor com que você deseja configurá-lo, o que pode ser `HIGH` (5V) ou `LOW` (0V). O pino permanece nesse estado até ser alterado no código.

8. A função `delay()` aceita um argumento: um tempo de retardo em milissegundos. Ao chamar `delay()`, o Arduino deixa de fazer qualquer coisa pelo período de tempo especificado. Nesse caso, você está atrasando o programa por 1000ms, ou 1 segundo. Isso faz o LED ficar aceso por 1 segundo antes de executar o próximo comando.

9. Aqui, `digitalWrite()` é utilizada para desligar o LED, configurando o estado do pino como `LOW`.

10. Novamente, atrasamos por 1 segundo para manter o LED no estado desligado antes de o loop se repetir e mudar para o estado ligado de novo.

Isso é tudo que há para saber sobre esse código. Não se deixe intimidar, se você não entender completamente todo o código ainda. À medida que mais exemplos são juntados nos próximos capítulos, você vai se tornar cada vez mais proficiente em compreender o fluxo do programa, e escrever seu próprio código.

Resumo

Neste capítulo, você aprendeu:

- Todos os componentes de uma placa Arduino
- Como o bootloader Arduino permite programar o firmware Arduino por meio de uma conexão USB
- As diferenças entre as várias placas Arduino disponíveis
- Como se conectar e instalar o Arduino com seu sistema
- Como carregar e executar seu primeiro programa

CAPÍTULO

2

Entradas e saídas digitais, e modulação por largura de pulso

Peças que você precisa para este capítulo:

Arduino Uno

Protoboard pequena

Fios jumper

1 resistor de 10kΩ

3 resistores de 220Ω

Cabo USB

Chave tátil

LED de 5mm de cor única

LED RGB de 5mm de cátodo comum

CÓDIGO E CONTEÚDO DIGITAL PARA ESTE CAPÍTULO

Links para baixar código, vídeos e outros conteúdos digitais para este capítulo podem ser encontrados em `www.exploringarduino.com/content/ch2`.

Além disso, os códigos também podem ser encontrados em `www.altabooks.com.br`, procurando pelo nome do livro. Outra opção é em `www.wiley.com/go/exploringarduino`, na guia Download Code. Eles estão no arquivo chapter 02 download e individualmente nomeados de acordo com seus nomes ao longo do capítulo.

20   Parte I ▪ Fundamentos de engenharia do Arduino

Fazer um LED piscar é legal, como você aprendeu no capítulo anterior, mas o que torna a plataforma microcontroladora Arduino tão útil é que o sistema está equipado com entradas e saídas. Combinando estas duas, suas oportunidades são quase ilimitadas. Por exemplo, você pode usar interruptor de lâminas magnético para ouvir música quando sua porta se abre, criar um cofre eletrônico, ou construir um instrumento musical iluminado pelo ritmo!

Neste capítulo, você começa a aprender as habilidades que precisa para construir projetos como esses. Você explora a capacidade de entrada digital do Arduino, aprende sobre resistores pull-up e pull-down, e aprende a controlar saídas digitais. A maioria das placas Arduino não tem saídas analógicas, mas é possível utilizar modulação de largura de pulso digital para emulá-las em muitos cenários. Você aprende sobre a geração de sinais modulados por largura de pulso neste capítulo. Você também vai aprender a fazer o debounce de comutadores digitais, uma habilidade fundamental ao ler entrada humana. No final do capítulo, você será capaz de construir e programar um LED RGB (Red, Green, Blue) nightlight controlável.

> **NOTA**   Você pode acompanhar com um vídeo enquanto eu falo sobre entra-
> das e saídas digitais, debounce e modulação por largura de pulso (PWM): www.
> jeremyblum.com/2011/01/10/arduino-tutorial-2-now-with-more-blinky-
> things/.
>
> Se você quiser saber mais sobre alguns dos princípios básicos de engenharia elé-
> trica abordados neste capítulo, assista ao vídeo: www.jeremyblum.com/2011/01/17/
> electrical-engineering-basics-in-arduino-tutorial-3/.

Saídas digitais

No Capítulo 1, "Ligando o Arduino e fazendo-o piscar", você aprendeu a fazer um LED piscar. Neste capítulo, você irá explorar ainda mais as capacidades de saída digital do Arduino, incluindo os seguintes tópicos:

- Configurando pinos como saídas
- Conectando componentes externos
- Novos conceitos de programação, incluindo laços `for` e constantes
- Saída digital *versus* analógica e modulação por largura de pulso (PWM)

Conectando um LED e usando placas protoboards ou matrizes de contatos

No Capítulo 1, você aprendeu a fazer o LED piscar na placa, mas que diversão é essa? Agora é hora de sacar a protoboard e conectar um LED externo ao pino 9 do Arduino. Adicionar esse LED externo será um trampolim para ajudar você a compreender como conectar circuitos externos mais complexos nos próximos capítulos. Além disso, o pino

Capítulo 2 ■ Entradas e saídas digitais, e modulação por largura de pulso

9 é compatível com PWM (modulação por largura de pulso), o que lhe permitirá seguir os exemplos de saída analógica, mais adiante neste capítulo.

Trabalhando com protoboards ou matrizes de contatos

É importante entender como protoboards funcionam para poder usá-las de forma eficaz para os projetos deste livro. Uma *protoboard* (também chamada de breadboard, protoplaca e matriz de contato) é uma ferramenta de prototipagem simples que permite conectar facilmente circuitos simples sem ter de soldar peças em uma placa de circuito impresso customizada. Primeiro, considere as linhas azuis e vermelhas que correm ao longo da placa. Os pinos adjacentes a essas linhas codificadas por cores foram concebidos para serem utilizados como barramentos de energia e aterramento. Todos os pinos vermelhos estão ligados eletricamente entre si e são geralmente usados para o fornecimento de energia. No caso da maioria das placas Arduino e dos projetos deste livro, isso será geralmente em 5V. Todos os pinos azuis estão ligados eletricamente entre si e são utilizados para o barramento de aterramento. Todos os pinos alinhados verticalmente também estão conectados em linhas, com uma divisão no meio para facilitar a montagem de circuitos integrados na protoboard. A Figura 2-1 destaca como os pinos são conectados eletricamente, com todas as linhas grossas representando orifícios conectados.

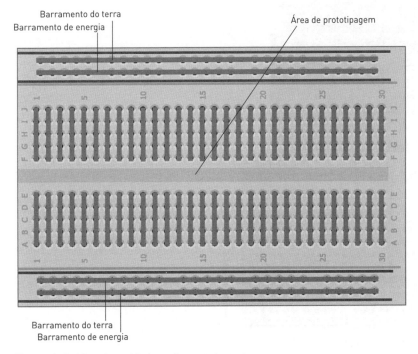

Figura 2-1: Ligações elétricas de protoboards

Conectando LEDs

LEDs quase certamente serão uma das peças mais usadas em seus projetos ao longo deste livro. LEDs são polarizados. O fio positivo é chamado de *ânodo*, e o condutor negativo é chamado de *cátodo*. Se olharmos para a parte superior transparente do LED, sempre haverá uma parte plana na borda do invólucro. Esse lado é o cátodo. Outra maneira de determinar qual lado é o ânodo e qual é o cátodo é examinando os terminais. O terminal mais curto é o cátodo.

Como você provavelmente já sabe, LED significa *light-emitting diode*, ou diodo emissor de luz. Como todos os diodos, LEDs permitem que a corrente flua em uma única direção — a partir do ânodo para o cátodo. Como a corrente flui de positivo para negativo, o ânodo do LED deve ser ligado à fonte de corrente (um sinal digital 5V nesse caso), e o cátodo deverá ser ligado ao terra. O resistor pode ser inserido em série de ambos os lados do LED. Resistores não são polarizados e, portanto, você não precisa se preocupar com sua orientação.

Você vai ligar o LED no pino 9 em série com um resistor. LEDs devem sempre ser ligados em série com uma resistência para servir como um limitador de corrente. Quanto maior o valor do resistor, mais ele restringe o fluxo de corrente e menos o LED brilha. Nesse cenário, você usa um resistor 220Ω. Conecte-o, como mostrado na Figura 2-2.

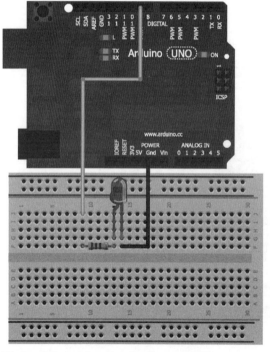

Figura 2-2: Arduino Uno ligada a um LED

A LEI DE OHM E A EQUAÇÃO DE POTÊNCIA

A equação mais importante para qualquer engenheiro elétrico saber é a lei de Ohm. A lei de Ohm determina a relação entre a tensão (medida em volts), a corrente (medida em amperes) e a resistência (medida em ohms ou Ω) em um circuito. Um circuito é um laço fechado com uma fonte de energia elétrica (tal como uma bateria de 9V) e uma carga (algo para consumir a energia, como um LED). Antes de nos aprofundarmos na lei, é importante entender o que significa cada termo, pelo menos em um nível básico:

- *Tensão* representa a diferença de potencial elétrico entre dois pontos.
- A *corrente* flui de um ponto de maior energia potencial para um de menor energia potencial. Você pode pensar na corrente como um fluxo de água, e tensão como uma elevação. Água (ou corrente) sempre flui de alta altitude (alta tensão) para elevação mais baixa (terra, ou uma tensão mais baixa). A corrente, como a água em um rio, sempre vai seguir o caminho da menor resistência em um circuito.
- A *resistência*, nessa analogia, é representada pela facilidade com que a corrente flui. Quando a água (a corrente) flui por um tubo estreito, menos dela pode passar pela mesma quantidade de tempo, como por um tubo maior. O tubo estreito é equivalente a um valor de resistência elevada, porque a água vai ter dificuldade para fluir através do tubo. O tubo mais largo é equivalente a um valor de baixa resistência (como um fio), porque a corrente pode fluir livremente através dele.

A lei de Ohm é definida como se segue:

$V = I \times R$

Onde V é a diferença de tensão em volts, I é a corrente em ampères, e R é a resistência em ohms.

Em um circuito, toda a tensão é consumida, e cada componente oferece alguma resistência que reduz a tensão. Sabendo disso, a equação acima é útil para coisas como descobrir o valor do resistor para corresponder a um LED. LEDs têm uma queda de tensão predefinida por meio deles e são projetados para funcionar com um valor de corrente específico. Quanto maior a corrente através do LED, mais brilhante o LED ilumina, até um limite. Para os LEDs mais comuns, a corrente máxima projetada para passar por um LED é 20miliampères (um miliampère é 1/1000 de um ampère e é normalmente abreviado como mA). A queda de tensão através de um LED é definida em sua especificação. Um valor comum é cerca de 2V. Considere o circuito LED mostrado na Figura 2-3.

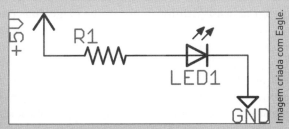

Figura 2-3: Circuito de LED simples

Continua

continuação

Você pode usar a lei de Ohm para decidir sobre um resistor de valor para esse circuito. Suponha que esse é um LED padrão com 20mA de corrente para frente e uma queda de 2V através dele. Como a tensão da fonte é de 5V e termina no terra, um total de 5V deve cair através desse circuito. Uma vez que o LED tem uma queda de 2V, os outros 3V devem cair através do resistor. Sabendo que você quer que aproximadamente 20mA fluam através desses componentes, você pode encontrar o valor do resistor, resolvendo para R:

$R = V/I$

Onde $V = 3V$ e $I = 20mA$.

Resolvendo para R, $R = 3V/0,02A = 150\Omega$. Assim, com um valor de resistor de 150Ω, 20mA fluem através tanto do resistor como do LED. À medida que aumenta o valor da resistência, menos corrente pode fluir. 220Ω é um pouco mais do que 150Ω, mas ainda permite que o LED brilhe com luz suficiente, e é um valor de resistor muito comumente disponível.

Outra equação útil para manter em mente é a equação de potência. A equação de potência lhe diz quanta energia, em watts, é dissipada através de um determinado componente resistivo. Como o aumento de potência está associado ao aumento da dissipação de calor, em geral os componentes têm uma potência nominal máxima. Você quer garantir que não excederá a potência máxima para resistores, porque caso contrário eles podem superaquecer. A potência comum para resistores é 1/8 de um watt (abreviado como W, miliwatts como mW). A equação de potência é a seguinte:

$P = IV$

Onde P é a potência em watts, e I e V ainda são definidos como corrente e tensão.

Para o resistor definido anteriormente, com uma queda de tensão de 3V e uma corrente de 20mA, $P = 3V \times 0,02A = 60mW$, bem abaixo da classificação de resistência de 1/8W, ou 125mW. Assim, você não precisa se preocupar com o superaquecimento da resistência; que está bem dentro de seus limites de operação.

Programando saídas digitais

Por padrão, todos os pinos do Arduino são configurados para entradas. Se você quiser tornar um pino uma saída, é preciso primeiro dizer ao Arduino como o pino deve ser configurado. Na linguagem de programação Arduino, o programa exige duas partes: `setup()` e `loop()`.

Como você aprendeu no Capítulo 1, a função `setup()` é executada uma vez no início do programa, e a função `loop()` é executada repetidamente. Como você geralmente configura cada pino para servir quer como uma entrada, quer uma saída, é prática comum configurar todos os seus pinos como entradas ou saídas na configuração. Você começa escrevendo um programa simples que configura o pino 9 como uma saída e o ativa quando o programa inicia.

Capítulo 2 ■ Entradas e saídas digitais, e modulação por largura de pulso   25

Para escrever esse programa, utilize o comando `pinMode()` para configurar a direção do pino 9, e `digitalWrite()` para tornar a saída de alta (5V) (veja a Listagem 2-1).

Listagem 2-1: Ligando um LED — led.ino

```
const int LED=9;            // define LED como o pino 9
void setup()
{
  pinMode (LED, OUTPUT);    // Configura o pino de LED como uma saída
  digitalWrite(LED, HIGH);  // Configura o pino de LED como alto
}

void loop()
{
  // não estamos fazendo nada no loop!
}
```

Carregue esse programa no Arduino ligado, como mostrado na Figura 2-2. Nesse programa, também observe que usei o operador `const` antes de configurar a variável do tipo inteiro do pino. Normalmente, você vai usar variáveis para armazenar valores que podem mudar durante a execução do programa. Ao colocar `const` antes da declaração da variável, você está dizendo ao compilador que a variável é "somente leitura" e não vai mudar durante a execução do programa. Todas as instâncias de `LED` em seu programa serão "substituídas" por 9 quando forem chamadas. Quando você define valores que não vão mudar, é recomendável usar o qualificador `const`. Em alguns dos exemplos mais adiante neste capítulo, você vai definir variáveis não constantes que podem mudar durante a execução do programa.

Você deve especificar o tipo para qualquer variável que declarar. No caso anterior, a variável é um inteiro (pinos sempre serão inteiros), então você deve configurá-la como tal. Agora você pode facilmente modificar esse sketch para coincidir com o que fez no Capítulo 1, movendo o comando `digitalWrite()` para o loop e adicionando alguns retardos. Experimente diferentes valores de retardo e faça o LED piscar em diferentes velocidades.

Usando laços for

Frequentemente é necessário usar laços com valores variáveis para ajustar os parâmetros de um programa. No caso do programa que acabou de escrever, você pode implementar um laço `for` para ver como diferentes velocidades de piscamento afetam o funcionamento de seu sistema. Você pode visualizar diferentes velocidades de piscamento usando um laço `for` para alternar entre várias velocidades. O código na Listagem 2-2 faz isso.

26 Parte I ■ Fundamentos de engenharia do Arduino

Listagem 2-2: LED com velocidades de piscamento variáveis — blink.ino

```
const int LED=9;              // define LED como o pino 9
void setup()
{
  pinMode (LED, OUTPUT); // Configura o pino de LED como uma saída
}

void loop()
{
  for (int i=100; i<=1000; i=i+100)
  {
    digitalWrite(LED, HIGH);
    delay(i);
    digitalWrite(LED, LOW);
    delay(i);
  }
}
```

Compile o código anterior e carregue-o no Arduino. O que acontece? Dedique um tempo para analisar o laço for a fim de entender como ele funciona. A declaração for sempre contém três entradas separadas por ponto e vírgula:

- A primeira entrada declara a variável de índice para o laço. Nesse caso, a variável índice é i e está configurada para começar em um valor de 100.

- A segunda entrada especifica quando o laço deve parar. O conteúdo do for será executado repetidamente enquanto a condição for verdadeira. <= indica menos que ou igual a. Assim, para esse loop, o conteúdo continuará executando enquanto a variável i for inferior ou igual a 1000.

- A entrada final especifica o que deve acontecer com a variável de índice no final de cada execução do laço. Nesse caso, i será configurada com seu valor atual, mais 100.

Para entender melhor esses conceitos, considere o que acontece em duas passagens pelo laço:

1. i é igual a 100. 100 é menor ou igual a 1000, portanto o conteúdo do loop é executado.

2. O LED é configurado como alto, e permanece alto por 100ms, o valor atual de i.

3. O LED é configurado como baixo, e permanece baixo por 100ms, o valor atual de i.

4. No final do laço, i é incrementado por 100, logo, ele agora é 200.

5. 200 é inferior ou igual a 1000, de modo que o laço repete novamente.

6. O LED é configurado como alto, e permanece alto por 200ms, o valor atual de i.

7. O LED é configurado como baixo, e permanece baixo por 200ms, o valor atual de i.

8. No final do laço, i é incrementado por 100, logo, ele agora é 200.

Capítulo 2 ▪ Entradas e saídas digitais, e modulação por largura de pulso   27

9. Esse processo se repete até que i ultrapasse 1000 e a função do for externo se repete, configurando o valor de i de volta para 100 e iniciando o processo novamente.

Agora que gerou saídas digitais a partir do Arduino, você vai aprender a usar PWM para criar saídas analógicas a partir dos pinos de E/S no Arduino.

Modulação por largura de pulso com analogWrite()

Então, você dominou a técnica de controle digital dos pinos. Isso é ótimo para fazer LEDs piscarem, controlar relés e girar motores a uma velocidade constante. Mas e se você quiser enviar para a saída uma tensão diferente de 0V ou 5V? Bem, você não pode — a não ser que esteja usando os pinos conversores digital-analógico (DAC) na placa Due ou se estiver usando um chip DAC externo.

Mas você pode ficar muito perto de gerar valores de saída analógicos usando um truque chamado de *modulação por largura de pulso* (*pulse-width modulation*, PWM). Selecione pinos em que o Arduino possa usar o comando analogWrite() para gerar sinais PWM que podem emular um sinal analógico puro quando utilizado com certos periféricos. Esses pinos são marcados com um ~ na placa. Na Arduino Uno, os pinos 3, 5, 6, 9, 10 e 11 são pinos PWM. Se estiver usando uma Uno, você pode continuar a utilizar o circuito da Figura 2-1 para testar o comando analogWrite() com seu LED. Presumivelmente, se você pode diminuir a tensão que está sendo diminuída através do resistor, o LED deve brilhar menos, porque menos corrente irá fluir. Isso é o que você vai tentar realizar usando PWM via comando analogWrite(). O comando analogWrite() aceita dois argumentos: o pino para controlar e o valor a gravar nele.

A saída da PWM é um valor de 8 bits. Em outras palavras, você pode escrever os valores de 0 a 2^8-1 ou 0 a 255. Tente usar uma estrutura de laço for semelhante à que você usou anteriormente a fim de alternar entre diferentes valores de brilho (veja a Listagem 2-3).

Listagem 2-3: Sketch para alterar gradualmente a intensidade do LED — fade.ino

```
const int LED=9;   // define LED como o pino 9
void setup()
{
  pinMode (LED, OUTPUT);    // Configura o pino de LED como uma saída
}

void loop()
{
  for (int i=0; i<256; i++)
  {
    analogWrite(LED, i);
    delay(10);
  }
```

```
for (int i=255; i>=0; i--)
{
  analogWrite(LED, i);
  delay(10);
}
}
```

O que o LED faz quando você executa esse código? Você deve observar que o LED diminui de intensidade gradualmente até apagar e depois aumenta gradualmente até ficar completamente aceso. Claro, como tudo isso está no circuito principal, esse padrão se repete *ad infinitum*. Observe algumas diferenças nesse laço for. No primeiro laço for, i++ é apenas uma abreviação do código para representar i=i+1. Da mesma forma, i-- é funcionalmente equivalente a i=i-1. O primeiro laço for faz o LED diminuir de intensidade gradualmente, e o segundo laço for aumenta de intensidade gradualmente.

O controle PWM pode ser usado em muitas circunstâncias para emular controle analógico puro, mas não pode sempre ser usado quando você realmente precisa de um sinal analógico. Por exemplo, a PWM é ótima para conduzir motores de corrente contínua (DC) direta a velocidades variáveis (você experimentará isso em capítulos posteriores), mas não funciona bem para alto-falantes, a menos que você o suplemente com alguns circuitos externos. Dedique um tempo para examinar como a PWM realmente funciona. Considere os gráficos mostrados na Figura 2-4.

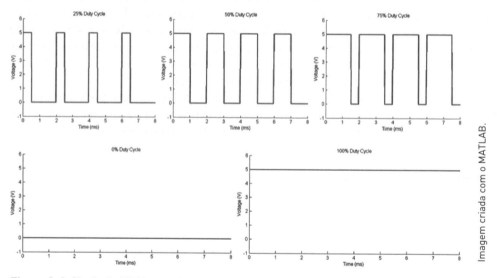

Figura 2-4: Sinais de PWM com diferentes ciclos de funcionamento

A PWM funciona modulando o ciclo de trabalho de uma onda quadrada (um sinal que liga e desliga). *Ciclo de trabalho* refere-se à porcentagem de tempo que uma onda quadrada está alta *versus* baixa. Provavelmente, você está mais familiarizado com ondas quadradas que têm um ciclo de trabalho de 50% — elas estão altas metade do tempo, e baixas metade do tempo.

Capítulo 2 ■ Entradas e saídas digitais, e modulação por largura de pulso   29

O comando `analogWrite()` configura o ciclo de trabalho de uma onda quadrada, dependendo do valor que você passa para ele:

- Um valor de 0 com `analogWrite()` indica uma onda quadrada com um ciclo de trabalho de 0 por cento (sempre baixo).
- Um valor de 255 indica uma onda quadrada com um ciclo de trabalho de 100 por cento (sempre alto).
- Um valor de 127 indica uma onda quadrada com um ciclo de trabalho de 50 por cento (alto metade do tempo, baixo metade do tempo).

Os gráficos na Figura 2-4 mostram que, para um sinal com um ciclo de trabalho de 25 por cento, está alto 25 por cento do tempo, e baixo 75 por cento do tempo. A frequência dessa onda quadrada, no caso da Arduino, é de cerca de 490Hz. Em outras palavras, o sinal varia entre alto (5V) e baixo (0V) cerca de 490 vezes por segundo.

Então, se você não está realmente mudando a tensão que está sendo entregue a um LED, por que você a vê diminuir de intensidade à medida que você diminui o ciclo de trabalho? De fato, isso é um resultado de seus olhos pregando uma peça em você! Se o LED ligar e desligar a cada 1ms (que é o caso com um ciclo de trabalho de 50 por cento), parece estar operando com cerca de metade do brilho porque está piscando mais rápido do que os olhos podem perceber. Portanto, seu cérebro realmente calcula a média do sinal e engana você fazendo-o acreditar que o LED está operando com metade do brilho.

Lendo entradas digitais

Agora é o momento para o outro lado da equação. Você conseguiu *gerar* com sucesso ambas as saídas, digital e analógica. O próximo passo é *ler* entradas digitais, tais como interruptores e botões, para que você possa interagir com seu projeto em tempo real. Nesta seção, você aprende a ler entradas, implementar e resistores pull-up e pull-down, e fazer o debounce de um botão no software.

Lendo entradas digitais com resistores pull-down

Você deve começar modificando o circuito que construiu primeiro a partir da Figura 2-1. Seguindo a Figura 2-5, você vai adicionar um botão e um resistor pull-down conectado a um pino de entrada digital.

> **DICA**   Certifique-se também de conectar os barramentos de aterramento da protoboard à placa Arduino. Agora que você está usando vários dispositivos na protoboard, isso será útil.

Antes de escrever o código para ler o botão, é importante entender o significado do resistor pull-down usado com esse circuito. Quase todas as entradas digitais usam um resistor pull-up ou pull-down para configurar o "estado padrão" do pino de entrada.

Imagine o circuito na Figura 2-5, sem o resistor de 10kΩ. Nesse cenário, o pino, obviamente, leria um valor alto quando o botão fosse pressionado.

Mas, o que acontece quando o botão não está sendo pressionado? Nesse cenário, o pino de entrada que você estaria lendo está essencialmente ligado a nada — dizemos que o pino de entrada está "flutuando". E como o pino não está fisicamente conectado a 0V ou 5V, lê-lo poderia causar resultados inesperados uma vez que ruído elétrico nos pinos nas proximidades faz com que seu valor flutue entre alto e baixo. Para remediar essa situação, o resistor pull-down é instalado, como mostrado na Figura 2-5.

Agora, considere o que acontece quando o botão não está pressionado com o resistor de pull-down no circuito: o pino de entrada será conectado através de um resistor de 10kΩ para o solo. Embora a resistência restrinja o fluxo de corrente, ainda existe fluxo de corrente suficiente para assegurar que o pino de entrada irá ler um valor lógico baixo. 10kΩ é um valor de resistor pull-down bastante comum. Dizemos que valores maiores são *pull-downs fracos* porque é mais fácil superá-los, e dizemos que valores de resistor menores são *pull-downs fortes* porque é mais fácil a corrente fluir através deles para a terra. Quando o botão é pressionado, o pino de entrada está ligado diretamente a 5V através do botão.

Agora, a corrente tem duas opções:

- Ela pode fluir através de um caminho de resistência quase zero para a trilha de 5V.
- Ela pode fluir através de um caminho de alta resistência para a trilha do terra.

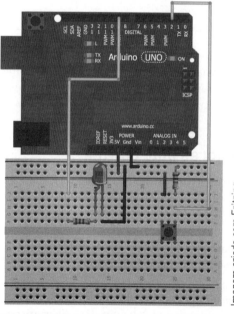

Figura 2-5: Conectando uma placa Arduino a um botão e um LED

Capítulo 2 ▪ Entradas e saídas digitais, e modulação por largura de pulso   31

Lembre-se de que, como explicado no quadro anterior sobre a lei de Ohm e a equação de potência, a corrente vai sempre seguir o caminho da menor resistência em um circuito. Nesse cenário, a maior parte da corrente flui através do botão, e um nível lógico alto é gerado no pino de entrada, porque esse é o caminho de menor resistência.

NOTA   Esse exemplo usa um resistor pull-down, mas você também pode usar um resistor pull-up ligando o resistor a 5V em vez do terra e conectando o outro lado do botão ao terra. Nessa configuração, o pino de entrada lê um valor de lógica alta quando o botão não está pressionado e um valor de lógica baixa quando o botão estiver pressionado.

Resistores pull-down e pull-up são importantes porque garantem que o botão não criará um curto-circuito entre 5V e terra quando pressionado e que o pino de entrada nunca é deixado em um estado flutuante.

Agora é hora de escrever o programa para esse circuito! Neste primeiro exemplo, você só fará o LED permanecer aceso enquanto o botão estiver pressionado, e apagá-lo quando o botão for solto (consulte a Listagem 2-4).

Listagem 2-4: Controle de LED simples com um botão — led_button.ino

```
const int LED=9;          // O LED está ligado ao pino 9
const int BUTTON=2;       // O botão está ligado ao pino 2

void setup()
{
  pinMode (LED, OUTPUT);     // Configura o pino de LED como uma saída
  pinMode (BUTTON, INPUT);   // Configura o botão como entrada (não
obrigatório)
}

void loop()
{
  if (digitalRead(BUTTON) == LOW)
  {
    digitalWrite(LED, LOW);
  }
  else
  {
    digitalWrite(LED, HIGH);
  }
}
```

Note aqui que o código implementa alguns conceitos novos, incluindo digitalRead e if/else. A nova instrução const int foi adicionada ao pino do botão. Além disso, esse código configura o pino do botão como entrada na função setup. Isso, porém, não é explicitamente necessário porque os pinos são entradas por padrão; isso é mostrado para que o exemplo fique completo. digitalRead() lê o valor de uma entrada. Nesse caso, está lendo o valor do pino BUTTON. Se o botão for pressionado, digitalRead()

retorna um valor de HIGH, ou 1. Se ele não está sendo pressionado, ele retorna LOW, ou 0. Quando colocado na instrução if(), você está verificando o estado do pino e avaliando se ele corresponde à condição que você declarou. Nessa instrução if(), você está verificando se o valor retornado pelo digitalRead() é LOW. O == é um operador de comparação que testa se o primeiro item (digitalRead()) é igual ao segundo (LOW). Se isso for verdade (ou seja, o botão não está sendo pressionado), o código dentro das chaves é executado, e o LED configurado como LOW. Se isso não for verdade (o botão está sendo pressionado), a instrução else é executada, e o LED é configurado como HIGH.

É isso aí! Programe o circuito com esse código e confirme que ele funciona como esperado.

Trabalhando com botões de pulso

Quando foi a última vez que você teve que manter um botão pressionado para manter uma luz acesa? Provavelmente nunca. Faz mais sentido ser capaz de clicar no botão uma vez para acendê-la e clicar no botão novamente para apagá-la. Dessa forma, você não tem que segurar o botão pressionado para manter a luz acesa. Infelizmente, isso não é tão fácil como se poderia adivinhar primeiro. Você não pode simplesmente olhar para o valor do interruptor para mudar de baixo para alto; você precisa se preocupar com um fenômeno chamado *switch bouncing*, o efeito de pulso de um botão.

Botões são dispositivos mecânicos que funcionam como um sistema mola-amortecedor. Em outras palavras, ao pressionar um botão, o sinal que você lê não apenas sobe e desce, ele pulsa e cai rapidamente entre esses dois estados por alguns milésimos de segundo antes de se estabilizar. A Figura 2-6 ilustra o comportamento esperado ao lado do comportamento real que você pode ver ao analisar o botão usando um osciloscópio (embora essa figura tenha sido gerada usando um script de MATLAB):

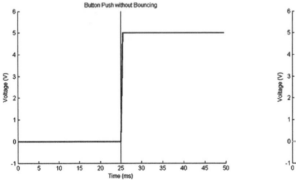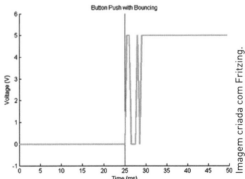

Figura 2-6: Efeitos de pulso (*bouncing*) de um botão

O botão é pressionado fisicamente na marca de 25ms. Você esperaria que o estado do botão fosse imediatamente lido como um nível lógico alto como o gráfico à esquerda

Capítulo 2 ■ Entradas e saídas digitais, e modulação por largura de pulso   33

mostra. Mas na realidade o botão pulsa para cima e para baixo rapidamente antes de se estabilizar, como o gráfico acima mostra.

Se você sabe que o interruptor fará isso, é relativamente fácil lidar com a comutação no software. A seguir, você escreverá um programa de *switch-debouncing* que procura uma mudança de estado do botão, aguarda o pulso terminar, e, então, lê o estado do interruptor novamente. Essa lógica de programação pode ser expressa assim:

1. Armazene o estado anterior e o estado atual de um botão (inicializado como LOW).

2. Leia o estado atual do botão.

3. Se o estado atual do botão difere do estado anterior, espere 5ms porque o botão deve ter mudado de estado.

4. Depois de 5ms, releia o estado do botão e use isso como seu estado atual.

5. Se o estado anterior do botão for baixo, e o estado atual do botão estiver configurado como alto, alterne o estado do LED.

6. Configure o estado anterior como o estado atual do botão.

7. Volte ao passo 2.

Essa é uma oportunidade perfeita para explorar o uso de *funções* pela primeira vez. *Funções* são blocos de código que podem aceitar argumentos como entrada, executar código com base nesses argumentos, e opcionalmente retornar um resultado. Sem perceber, você já usou funções predefinidas em seus programas. Por exemplo, `digitalWrite()` é uma função que aceita um pino e um estado, e grava esse estado no pino determinado. Para simplificar seu programa, você pode configurar suas próprias funções para encapsular as ações que você usa frequentemente.

Dentro do fluxo do programa (listado nos passos anteriores) está uma série de passos repetidos que precisam ser aplicados aos valores das variáveis. Como você vai querer fazer o debounce do valor do interruptor repetidamente, é útil definir os passos do debouncing como uma função que pode ser chamada a cada vez. Essa função deve aceitar o estado do botão anterior como entrada e produzir o estado atual do botão depois do debouncing. O programa a seguir realiza as etapas anteriores e muda o estado do LED a cada vez que o botão é pressionado. Para este exemplo, você vai usar o mesmo circuito do exemplo anterior. Experimente carregá-lo no Arduino e ver como funciona (veja a Listagem 2-5).

Listagem 2-5: Alternância de estado do botão depois do debounce — debounce.ino

```
const int LED=9;            // O LED está ligado ao pino 9
const int BUTTON=2;         // O botão está ligado ao pino 2
boolean lastButton = LOW;   // Variável contendo o anterior
                            // estado do botão
boolean currentButton = LOW; // Variável contendo o atual
                            // estado do botão
boolean ledOn = false;      // O estado atual do LED (on/off)
```

34   Parte I ■ Fundamentos de engenharia do Arduino

```
void setup()
{
  pinMode (LED, OUTPUT);      // Configura o pino de LED como uma saída
  pinMode (BUTTON, INPUT);    // Configura o botão como entrada (não
                             // obrigatório)
}


/*
* Função debouncing
* Passe o estado anterior do botão,
* e receba de volta o estado atual depois do debounce.
*/
boolean debounce(boolean last)
{
  boolean current = digitalRead(BUTTON);    // Lê o estado do botão
  if (last != current)                      // se for diferente...
  {
    delay(5);                               // espera 5ms
    current = digitalRead(BUTTON);          // lê de novo
  }
  return current;                           // retorna o valor atual
}

void loop()
{
  currentButton = debounce(lastButton);               // lê o estado depois do
                                                      // debounce
  if (lastButton == LOW && currentButton == HIGH)     // Se foi pressionado...
  {
    ledOn = !ledOn;                                   // alterne o valor do LED
  }
  lastButton = currentButton;                         // redefine o valor do
                                                      // botão

  digitalWrite(LED, ledOn);                           // alterna o estado de LED

}
```

Agora, analise o código na Listagem 2-5. Em primeiro lugar, os valores constantes são definidos para os pinos conectados ao botão e ao LED. Em seguida, três *variáveis booleanas* são declaradas. Quando o qualificador const não é colocado antes de uma declaração de variável, você está indicando que essa variável pode mudar dentro do programa. Ao configurar esses valores na parte superior do programa, você está declarando-as como variáveis *globais* que podem ser utilizadas e modificadas por qualquer função dentro desse sketch. As três variáveis booleanas também declaradas na parte desse sketch são *inicializadas*, bem como, o que significa que elas foram configuradas com um valor inicial (LOW, LOW e false, respectivamente). Mais adiante no programa, os valores dessas variáveis podem ser alterados com um operador de atribuição (um único sinal de igual: =).

Capítulo 2 ■ Entradas e saídas digitais, e modulação por largura de pulso   35

Considere a definição da função no código anterior: `boolean debounce(boolean last)`. Essa função aceita um booleano (um tipo de dado que tem apenas dois estados: verdadeiro/falso, alto/baixo, ligado/desligado, 1/0) que é variável de entrada chamada `last` e retorna um valor booleano que representa o valor do pino atual depois do debounce. Essa função compara o estado atual do botão com o estado anterior (`last`) que foi passado para ela como um argumento. O `!=` representa a desigualdade e é usado para diferenciar os valores atuais e anteriores do botão no comando `if`. Se eles diferem, então, o botão deve ter sido pressionado e o `comando if` vai executar seu conteúdo. A instrução `if` espera 5ms antes de verificar o estado do botão novamente. Esse 5ms dá tempo suficiente para o botão parar de pulsar. O botão é então verificado novamente para determinar seu valor estável. Como você aprendeu anteriormente, funções podem, opcionalmente, retornar valores. No caso dessa função, a instrução `return current` retorna o valor atual da variável booleana quando a função é chamada. `current` é uma variável *local* — ela é declarada e utilizada apenas dentro da função debounce. Quando a função de estabilização é chamada a partir do loop principal, o valor retornado é gravado na variável `currentButton` *global* que foi definida na parte superior do sketch. Como a função foi definida como debounce, você pode chamar a função escrevendo `currentButton = debounce(lastButton)` dentro das funções `setup` ou `loop`. `CurrentButton` será configurado como igual ao valor que é retornado pela função `debounce`.

Depois de ter chamado a função e preenchida a variável `currentButton`, você pode facilmente compará-la com o estado anterior do botão usando a instrução `if` no código. O `&&` é um operador lógico que significa "E". Pela união de duas ou mais instruções de igualdade com um `&&` em uma instrução `if`, você está indicando que o conteúdo do bloco de instrução `if` deve executar apenas se as duas igualdades forem avaliadas como `true`. Se o botão era anteriormente `LOW`, e agora é `HIGH`, você pode assumir que o botão foi pressionado, e pode inverter o valor da variável `ledOn`. Ao pôr `!` na frente da variável `LedOn`, você redefine a variável para o oposto do que é atualmente. O loop é finalizado atualizando a variável do estado anterior do botão e gravando o estado atualizado do LED.

Esse código deve alterar o estado do LED toda vez que o botão for pressionado. Se você tentar fazer a mesma coisa sem fazer o debouncing do botão, vai se deparar com resultados imprevisíveis, com o LED funcionando às vezes como esperado e às vezes não.

Construindo um LED RGB Nightlight controlável

Neste capítulo, você aprendeu a controlar saídas digitais, ler botões depois do debounce e usar a PWM para alterar o brilho do LED. Usando essas habilidades, agora você pode ligar um LED RGB e um botão depois do debounce para fazer um LED nightlight controlável alternar entre algumas cores RGB. É possível misturar cores com um LED RGB, alterando o brilho de cada cor.

Nesse cenário, você usa um LED de cátodo comum. Isso significa que o LED tem quatro ligações. Um deles é um pino do cátodo que é compartilhado entre todos os três diodos, enquanto os outros três pinos se conectam aos ânodos de cada cor do diodo. Conecte esse LED nos três pinos PWM através dos resistores limitadores de corrente em uma placa Arduino, como mostrado no diagrama de fiação na Figura 2-7.

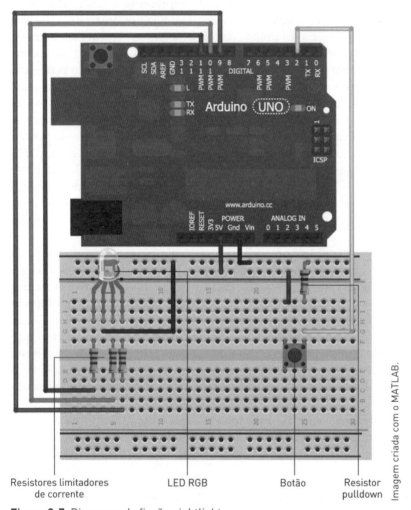

Figura 2-7: Diagrama de fiação nightlight

Você pode configurar um botão depois do debounce para percorrer uma seleção de cores cada vez que o pressiona. Para fazer isso, é útil adicionar outra função para configurar o LED RGB como o próximo estado no loop de cor. No programa a seguir (veja a Listagem 2-6), eu defini sete estados de cor no total, mais um estado apagado para o LED. Usando a função `analogWrite()`, você pode escolher suas próprias combinações

Capítulo 2 ▪ Entradas e saídas digitais, e modulação por largura de pulso 37

de mistura de cores. A única alteração para o `loop()` do exemplo anterior é que, em vez de mudar um único estado LED, um contador de estado LED é incrementado cada vez que o botão é pressionado, e é redefinido para zero depois de passar por todas as opções. Carregue isso no Arduino conectado ao circuito que você acabou de construir e desfrute de suas "luzes noturnas". Modifique os estados de cor alterando os valores de `analogWrite()` para fazer suas próprias opções de cores.

Listagem 2-6: Alternando o LED nightlight — rgb_nightlight.ino

```
const int BLED=9;      // LED azul no pino 9
const int GLED=10;     // LED verde no pino 10
const int RLED=11;     // LED vermelho no pino 11
const int BUTTON=2;      // O botão está ligado ao pino 2

boolean lastButton = LOW;      // Último estado do botão
boolean currentButton = LOW; // Estado atual do botão
int ledMode = 0;              // Alterna entre estados do LED

void setup()
{
  pinMode (BLED, OUTPUT);    // Configura o LED azul como saída
  pinMode (GLED, OUTPUT);    // Configura o LED verde como saída
  pinMode (RLED, OUTPUT);    // Configura o LED vermelho como saída
  pinMode (BUTTON, INPUT);   // Configura o botão como entrada (não
                             // obrigatório)
}


/*
* Função debouncing
* Passe o estado anterior do botão,
* e receba de volta o estado atual depois do debounce.
*/
boolean debounce(boolean last)
{
  boolean current = digitalRead(BUTTON);     // Lê o estado do botão
  if (last != current)                       // se for diferente...
  {
    delay(5);                                // espera 5ms
    current = digitalRead(BUTTON);           // lê de novo
  }
  return current;                            // retorna o valor atual
}

/*
* Seleção do modo de LED
* Passa um número para o estado do LED e configura-o de acordo.
*/
```

38   Parte I ■ Fundamentos de engenharia do Arduino

```c
void setMode(int mode)
{
  // VERMELHO
  if (mode == 1)
  {
    digitalWrite(RLED, HIGH);
    digitalWrite(GLED, LOW);
    digitalWrite(BLED, LOW);
  }
  // VERDE
  else if (mode == 2)
  {
    digitalWrite(RLED, LOW);
    digitalWrite(GLED, HIGH);
    digitalWrite(BLED, LOW);
  }
  // AZUL
  else if (mode == 3)
  {
    digitalWrite(RLED, LOW);
    digitalWrite(GLED, LOW);
    digitalWrite(BLED, HIGH);
  }
  // ROXO (VERMELHO+AZUL)
  else if (mode == 4)
  {
    analogWrite(RLED, 127);
    analogWrite(GLED, 0);
    analogWrite(BLED, 127);
  }
  // VERDE-AZULADO (AZUL+VERDE)
  else if (mode == 5)
  {
    analogWrite(RLED, 0);
    analogWrite(GLED, 127);
    analogWrite(BLED, 127);
  }
  // LARANJA (VERDE+VERMELHO)
  else if (mode == 6)
  {
    analogWrite(RLED, 127);
    analogWrite(GLED, 127);
    analogWrite(BLED, 0);
  }
  // BRANCO (VERDE+AZUL+VERMELHO)
  else if (mode == 7)
  {
    analogWrite(RLED, 85);
    analogWrite(GLED, 85);
    analogWrite(BLED, 85);
  }
```

Capítulo 2 ■ Entradas e saídas digitais, e modulação por largura de pulso 39

```
  // OFF (mode = 0)
  else
  {
    digitalWrite(RLED, LOW);
    digitalWrite(GLED, LOW);
    digitalWrite(BLED, LOW);
  }
}

void loop()
{
  currentButton = debounce(lastButton);      // lê o estado depois do debounce
  if (lastButton == LOW && currentButton == HIGH) // Se foi pressionado...
  {
    ledMode++;                               // incrementa o valor do LED
  }
  lastButton = currentButton;                // redefine o valor do botão
  // se você passou por todas as diferentes opções,
  // redefine o contador para 0
  if (ledMode == 8) ledMode = 0;
  setMode(ledMode);                          // alterna o estado de LED
}
```

Isso pode parecer um monte de código, mas não é nada mais do que uma junção de trechos de código que você já escreveu ao longo deste capítulo.

De que outra forma você pode modificar esse código? Você poderia adicionar mais teclas para controlar independentemente uma das três cores. Você também pode adicionar modos intermitentes, usando o código a partir do Capítulo 1, que fez o LED piscar. As possibilidades são ilimitadas.

Resumo

Neste capítulo, você aprendeu:

- ■ Como uma protoboard funciona
- ■ Como escolher um resistor para limitar a corrente de um LED
- ■ Como conectar um LED externo à placa Arduino
- ■ Como usar PWM para escrever valores "analógicos" para LEDs
- ■ Como ler um botão
- ■ Como fazer o debounce de um botão
- ■ Como usar loops `for`
- ■ Como utilizar resistores pull-up e pull-down

CAPÍTULO

3

Lendo sensores analógicos

Peças que você precisa para este capítulo

Arduino Uno

Protoboard pequena

Fios jumper

Potenciômetro de 10kΩ

Resistor de 10kΩ (x 2)

Resistor de 220Ω (× 3)

Cabo USB

Fotorresistor

Sensor de temperatura TMP36 (ou qualquer outro sensor analógico de 5V)

LED RGB de cátodo comum de 5mm (Todos os exemplos neste livro usam um LED RGB de cátodo comum. Se usar um LED RGB de ânodo comum, você precisará inverter a lógica de controle do LED, conectar o ânodo ao 5V, e conectar cada um dos pinos de cátodo através de resistores a pinos de E/S.)

CÓDIGO E CONTEÚDO DIGITAL PARA ESTE CAPÍTULO

Downloads de código, vídeo e outros conteúdos digitais para este capítulo podem ser encontrados em www.exploringarduino.com/content/ch3.

42 Parte I ■ Fundamentos de engenharia do Arduino

Além disso, os códigos também podem ser encontrados em `www.altabooks.com.br`, procurando pelo nome do livro. Outra opção é em `www.wiley.com/go/exploringarduino`, na guia Download Code. Eles estão no arquivo chapter 03 download e individualmente identificados de acordo com seus nomes ao longo do capítulo.

O mundo ao seu redor é analógico. Ainda assim, você pode ouvir que o mundo está na "era digital", a maioria de características observáveis em seu ambiente será sempre de natureza analógica. O mundo pode assumir um número infinito de estados potenciais, se você está considerando a cor da luz solar, a temperatura do oceano, ou a concentração de contaminantes no ar. Este capítulo se concentra no desenvolvimento de técnicas para a discretização dessas infinitas possibilidades em valores digitais palatáveis que podem ser analisados com um sistema de microcontrolador como o Arduino.

Neste capítulo, você aprenderá sobre as diferenças entre os sinais analógicos e digitais e como converter entre os dois, assim como vários sensores analógicos que pode interagir com o Arduino. Usando as habilidades que adquiriu no capítulo anterior, você irá adicionar sensores de luz para ajustar automaticamente seu nightlight. Você também vai aprender como enviar dados analógicos do Arduino para o computador através de uma conexão USB para serial, o que abre enormes possibilidades para o desenvolvimento de sistemas mais complexos que podem transmitir dados ambientais para seu computador.

> **NOTA** Você pode acompanhar com um vídeo enquanto eu discuto a leitura de entradas analógicas: `www.jeremyblum.com/2011/01/24/arduino-tutorial -4-analog-inputs/`.

> **Se você quiser saber mais sobre as diferenças entre sinais analógicos e digitais, confira este vídeo que explica cada um em profundidade**: `www.jeremyblum. com/2010/06/20/lets-get-digital-or-analog/`.

Entendendo sinais analógicos e digitais

Se você quiser que seus dispositivos façam interface com o mundo, eles inevitavelmente farão interação com dados analógicos. Considere os projetos que você completou no capítulo anterior. Você usou um interruptor para controlar um LED. Um interruptor é uma entrada digital — ele tem apenas dois estados possíveis: ligado ou desligado, alto ou baixo, 1 ou 0, e assim por diante. A informação digital (o que seu computador ou o Arduino processa) é uma série de dados binários (ou digitais). Cada bit só tem um de dois valores.

O mundo ao seu redor, porém, raramente expressa informações de apenas duas maneiras. Dê uma olhada para fora através da janela. O que você vê? Se é de dia, você provavelmente vê a luz do sol, árvores balançando ao vento e talvez carros passando ou pessoas caminhando. Todas essas coisas que você percebe não podem ser facilmente classificadas como dados binários. A luz solar não está ligada ou desligada; seu brilho varia ao longo de um dia. Da mesma forma, o vento não tem apenas dois estados; ele sopra a diferentes velocidades todo o tempo.

Comparando sinais analógicos e digitais

Os gráficos na Figura 3-1 mostram como sinais analógicos e digitais se comparam. À esquerda está uma onda quadrada que varia entre apenas dois valores: 0 e 5 volts. Assim como com o botão que você usou no capítulo anterior, esse sinal é apenas um valor "alto lógico" ou "baixo lógico". À direita está parte de uma onda de cosseno. Embora seus limites ainda sejam de 0 e 5 volts, o sinal assume um número infinito de valores entre essas duas tensões.

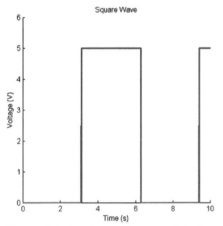
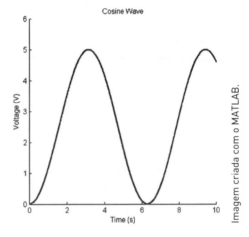

Figura 3-1: Sinais analógicos e digitais

Os sinais analógicos são aqueles que não podem ser classificados de forma discreta; que variam dentro de uma gama, teoricamente assumindo em um número infinito de possíveis valores dentro desse intervalo. Pense na luz solar como um exemplo de uma entrada analógica que você pode querer medir. Naturalmente, há um intervalo razoável sobre o qual você pode medir a luz solar. Muitas vezes medido em lux, ou fluxo luminoso por unidade de área, você pode razoavelmente esperar medir valores entre 0 lux (para escuridão profunda) e 130.000 lux sob luz solar direta. Se o dispositivo de medição fosse infinitamente preciso, você poderia medir um número infinito de valores entre os dois. Uma configuração em ambientes internos pode ser 400 lux. Se fosse ligeiramente mais brilhante, poderia ser 401 lux, então, 401,1 lux, então, 401,11 lux, e assim por diante. Um sistema de computador nunca poderia medir um número infinito de casas decimais para um valor analógico porque a memória e poder de computação devem ter valores finitos. Se esse fosse o caso, como você poderia interagir com o Arduino no "mundo real"? A resposta é conversores analógico-digitais (ADC), que podem converter valores analógicos em representações digitais com uma quantidade finita de precisão e rapidamente.

Convertendo um sinal analógico em um digital

Suponha que você queira medir o brilho de seu quarto. Presumivelmente, um bom sensor de luz poderia produzir uma tensão de saída variável que muda com o brilho do ambiente. Quando o quarto estivesse em escuridão profunda, o dispositivo de saída seria 0V, e quando estivesse completamente saturado pela luz, isso seria saída de 5V, com valores intermediários correspondendo à quantidade variável de luz. Muito bem, mas como é que você vai ler esses valores com um Arduino para descobrir o quão brilhante está o quarto? Você pode usar os pinos conversores analógico-digitais do Arduino (ADC) para converter valores de tensão analógicos em representações numéricas com que você pode trabalhar.

A precisão de um ADC é determinada pela resolução. "10 bits" significa que o ADC pode subdividir (ou quantizar) um sinal analógico em 2^{10} valores diferentes. Se fizer as contas, você vai descobrir que $2^{10} = 1024$; Assim, o Arduino pode atribuir um valor de 0 a 1023 a qualquer valor analógico que você dê a ele. Embora seja possível mudar a tensão de referência, você pode usar a referência de 5V padrão para o trabalho analógico que faz neste livro. A tensão de referência determina a tensão máxima que você espera e, portanto, o valor que vai ser mapeado para 1023. Assim, com uma tensão de referência de 5V, colocar 0V em um pino de ADC retorna um valor de 0, 2,5V retorna um valor de 512 (metade de 1023), e 5V retorna um valor de 1023. Para entender melhor o que está acontecendo aqui, considere o que um ADC de 3 bits faria, como mostrado na Figura 3-2.

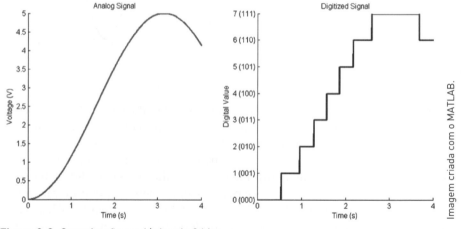

Figura 3-2: Quantização analógica de 3 bits

> **NOTA** Se você quiser aprender mais sobre como usar sua própria tensão de referência ou usar uma referência de tensão interna diferente, consulte a página *analogReference()* no site do Arduino: www.arduino.cc/en/Reference/AnalogReference.

Um ADC de 3 bits tem 3 bits de resolução. Como $2^3 = 8$, existem 8 níveis lógicos no total, de 0 a 7. Portanto, qualquer valor analógico que seja passado a um ADC de 3 bits terá de receber um valor de 0 a 7. Observando a Figura 3-2, você pode ver que os níveis de tensão são convertidos em valores digitais discretos que podem ser usados pelo microcontrolador. Quanto maior a resolução, mais passos estão disponíveis para representar cada valor. No caso do Arduino Uno, há 1024 passos, em vez dos 8 mostrados aqui.

Lendo sensores analógicos com o Arduino: analogRead()

Agora que você entende como converter sinais analógicos em valores digitais, é possível integrar esse conhecimento em seus programas e circuitos. Diferentes arduinos têm diferentes números de pinos de entrada analógica, mas você lê todos da mesma maneira, usando o comando `analogRead()`. Primeiro, você vai experimentar com um potenciômetro e um sensor analógico integrado. Então, você vai aprender como divisores de tensão funcionam, e como pode usá-los para fazer seus próprios sensores analógicos a partir de dispositivos que variam sua resistência em resposta a algum tipo de entrada.

Lendo um potenciômetro

O sensor analógico mais fácil de ler é um potenciômetro simples (um pot para abreviar). É provável que você tenha muitos desses em sua casa em seus aparelhos de som, alto-falantes, termostatos, carros e em outros lugares. Potenciômetros são divisores de tensão variável (discutidos mais adiante neste capítulo) que se parecem com botões. Eles são produzidos em vários tamanhos e formas, mas todos têm três pinos. Você conecta um dos pinos exteriores ao terra, e o outro ao 5V. Potenciômetros são simétricos, de modo que não importa o lado em que você conecta o 5V e o terra. Você deve conectar o pino do meio à entrada analógica 0 no Arduino. A Figura 3-3 mostra como conectar corretamente um potenciômetro a um Arduino.

Conforme gira o potenciômetro, você varia a tensão que está alimentando a entrada analógica 0 entre 0V e 5V. Se quiser, você pode confirmar isso com um multímetro no modo de medição de tensão ligando-o como mostra a Figura 3-4 e lendo o visor conforme você gira o botão. A sonda vermelha (positivo) deve ser ligada ao pino do meio, e a sonda preta (negativo) deve ser ligada a qualquer lado que esteja ligado ao terra. Observe que seu potenciômetro e seu multímetro podem ser diferentes dos mostrados aqui.

46   Parte I ■ Fundamentos de engenharia do Arduino

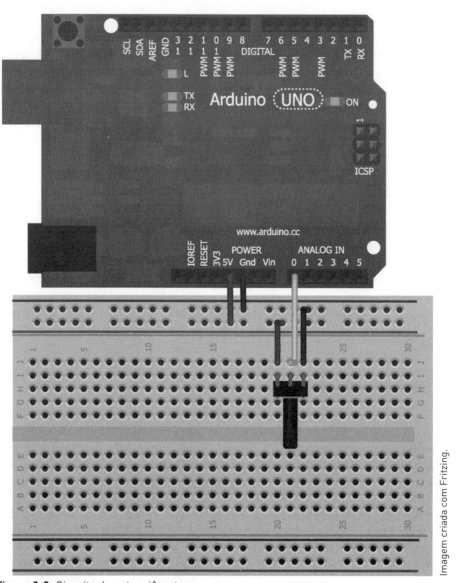

Figura 3-3: Circuito de potenciômetro

Antes de usar o potenciômetro para controlar outra peça de hardware, utilize a funcionalidade de comunicação serial do Arduino para imprimir o valor ADC do potenciômetro no computador conforme ele muda. Use a função `analogRead()` para ler o valor do pino analógico conectado ao Arduino e a função `Serial.println()` para imprimi-lo no monitor serial do IDE Arduino. Comece escrevendo e fazendo o upload do programa na Listagem 3-1 para o Arduino.

Capítulo 3 ■ Lendo sensores analógicos 47

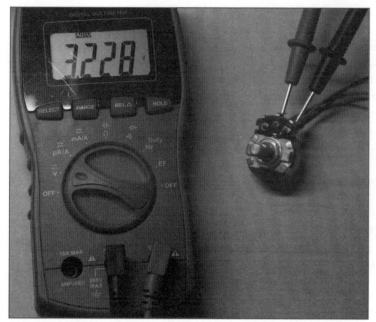

Figura 3-4: Medição de multímetro

Listagem 3-1: Sketch de leitura de potenciômetro — pot.ino

```
// Programa de leitura de potenciômetro

const int POT=0; // Pot no pino analógico 0
int val = 0;     // variável para conter a leitura analógica a partir do POT

void setup()
{
  Serial.begin(9600);
}

void loop()
{
  val = analogRead(POT);
  Serial.println(val);
  delay(500);
}
```

Você vai investigar mais a funcionalidade da interface serial nos próximos capítulos. Por enquanto, apenas esteja ciente de que a interface serial para o computador deve ser iniciada no setup. Serial.begin() tem um argumento que especifica a velocidade de comunicação, ou taxa de transmissão. A *taxa de transmissão* (*baud rate*) especifica o número de bits a serem transferidos por segundo. Taxas de transmissão mais rápidas permitem que você transmita mais dados em menos tempo, mas também podem introduzir erros de transmissão em alguns sistemas de comunicação. 9600 é um valor comum, e é o que você usa ao longo deste livro.

A cada iteração pelo loop, a variável val é configurada com o valor atual que o ADC reporta a partir do pino analógico 0. O comando analogRead() requer o número do pino ADC a ser passado para ele. O número do pino é zero (Ø), pois a porta ADR é a zero (Ø). A Ø é usada quando utilizamos a porta analógica como a porta digital. Depois que o valor foi lido (um número entre 0 e 1023), Serial.println() imprime esse valor pela serial no terminal serial do computador, seguido por uma "nova linha" que avança o cursor para a próxima linha. O loop, então, retarda por meio segundo (para que os números não rolem mais rápido do que você possa lê-los), e o processo se repete.

Depois de colocar isso no Arduino, você notará que o LED TX no Arduino pisca a cada 500ms (ou pelo menos deveria piscar). Esse LED indica que o Arduino está transmitindo dados através da ligação USB para o terminal serial no computador. Você pode usar qualquer um dos vários programas de terminal existentes para ver o que o Arduino está enviando, mas o IDE Arduino convenientemente tem um integrado! Clique no botão circulado mostrado na Figura 3-5 para iniciar o monitor serial.

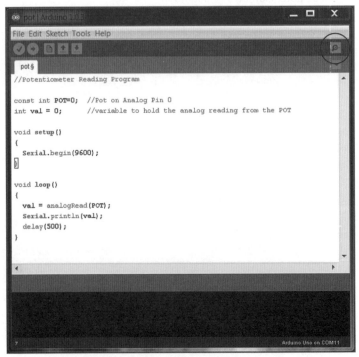

Figura 3-5: Botão de monitor serial

Capítulo 3 ▪ Lendo sensores analógicos

Depois de carregar o monitor serial, você deverá ver uma janela com números passando. Gire o botão e você verá os números subirem e descerem para corresponder com a posição do potenciômetro. Se você girar tudo em uma direção, os números devem se aproximar de 0, e se girar tudo em outra direção, os números devem se aproximar de 1023. Será parecido com o exemplo mostrado na Figura 3-6.

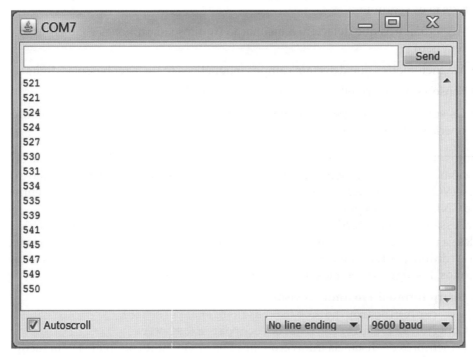

Figura 3-6: Dados seriais de entrada

NOTA Se você receber caracteres estranhos, certifique-se de que configurou a taxa de transmissão corretamente. Como foi configurada como 9600 no código, você precisará configurá-la para 9600 nessa janela também.

Você já conseguiu girar um dial com sucesso e fazer alguns números mudarem; muito emocionante, não? Não? Bem, esse é apenas o primeiro passo. A seguir, você aprenderá sobre outros tipos de sensores analógicos e como pode usar os dados de sensores analógicos para controlar outras peças de hardware. Por enquanto, você usará o LED familiar, mas nos próximos capítulos usará motores e outros dispositivos de saída para visualizar suas entradas analógicas.

Usando sensores analógicos

Embora potenciômetros gerem um valor de tensão analógico em um pino, eles não são realmente sensores no sentido tradicional. Eles "sentem" você girar o dial, mas isso fica chato muito rapidamente. A boa notícia é que todos os tipos de sensor geram valores de saída analógicos correspondentes à ação do "mundo real". Exemplos desses sensores são os seguintes:

- Acelerômetros que detectam a inclinação (muitos smartphones e tablets agora têm isso)

- Magnetômetros que detectam campos magnéticos (para fazer bússolas digitais)

- Sensores infravermelhos que detectam a distância a um objeto

- Os sensores de temperatura que podem dar informações sobre o ambiente operacional de seu projeto

Muitos desses sensores são concebidos para operar de um modo semelhante ao potenciômetro que você acabou de experimentar: Você fornece a eles uma conexão de energia (VCC) e uma de terra (GND), e eles geram uma saída de tensão analógica entre VCC e GND no terceiro pino que conecta ao ADC do Arduino.

Para essa próxima experiência, você começa escolhendo o tipo de sensor analógico que deseja usar. Todos eles geram como saída um valor entre 0V e 5V quando conectado a um Arduino; portanto, todos eles vão funcionam da mesma maneira para seus propósitos. Eis alguns exemplos de sensores que você pode usar:

- **Sharp Infrared Proximity Sensor**
  `www.exploringarduino.com/parts/IR-Distance-Sensor`
  Conector: `www.exploringarduino.com/parts/JST-Wire`
  Os sensores de distância infravermelhos Sharp são muito populares para medir a distância entre seu projeto e outros objetos. À medida que você se move para mais longe do objeto para o qual está apontando, a saída de tensão diminui. A Figura 5 na página web de especificações da peça citada acima mostra a relação entre a tensão e a distância medida.

- **TMP36 Temperature Sensor**
  `www.exploringarduino.com/parts/TMP36`

  O sensor de temperatura TMP36 correlaciona facilmente leituras de temperatura em Celsius com níveis de tensão de saída. Uma vez que cada 10mV corresponde a 1°C, você pode facilmente criar uma correlação linear para converter a tensão que mede na temperatura absoluta do ambiente: °C = [(Vout em mV) – 500]/10. O deslocamento de –500 é para lidar com temperaturas abaixo de 0°C. O gráfico da Figura 3-7 (extraído das especificações) mostra essa conversão.

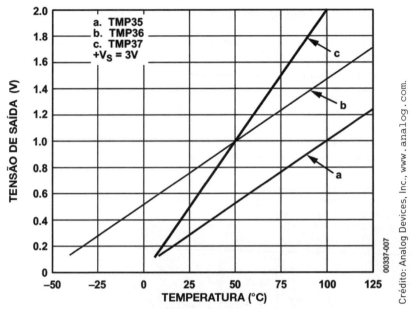

Figura 3-7: Correlação da tensão com a temperatura

- **Triple Axis Analog Accelerometer**
  www.exploringarduino.com/parts/TriAxis-Analog-Accelerometer

  Acelerômetros de triplo eixo são ótimos para a detecção de orientação. Acelerômetros analógicos geram como saída um valor analógico correspondente a cada um dos eixos de movimento: X, Y e Z (cada um em um pino diferente). Usando um pouco de matemática inteligente (trigonometria e conhecimento da gravidade), você pode usar esses valores de tensão para determinar a posição de seu projeto no espaço 3D! É importante ressaltar que muitos desses sensores são 3,3V, assim você vai precisar usar o comando analogReference() junto com o pino AREF para configurar uma referência de tensão de 3,3V para poder obter a resolução total do sensor.

- **Dual Axis Analog Gyroscope**
  www.exploringarduino.com/parts/DualAxis-Analog-Gyroscope

  Giroscópios, ao contrário de acelerômetros, não são afetados pela gravidade. Suas tensões de saída analógica flutuam de acordo com a aceleração angular em torno de um eixo. Essas tensões revelam-se particularmente úteis para detectar movimentos de giro. Para um exemplo de um giroscópio em ação com um Arduino, confira meu SudoGlove, uma luva que eu projetei que captura gestos para controlar equipamentos como sintetizadores de música e carros guiados por controle remoto (RC): www.sudoglove.com. Assim como ocorre com os acelerômetros, esteja ciente de que muitos giroscópios são equipamentos de 3,3V.

Agora que você já escolheu um sensor, é hora de colocar esse sensor em uso.

Trabalhando com sensores analógicos para detectar a temperatura

Este exemplo simples usa o sensor de temperatura TMP36 mencionado na seção anterior. Mas sinta-se livre para usar qualquer sensor analógico que possa chegar a suas mãos. Experimente com um dos exemplos listados anteriormente, ou encontre seu próprio. (Ele deve ser compatível com 5V se você estiver usando o Arduino Uno.) Os passos seguintes são basicamente os mesmos para qualquer sensor analógico que você pode querer usar.

Para começar, conecte o LED RGB como você fez no capítulo anterior, e conecte o sensor de temperatura na entrada analógica 0, conforme mostrado na Figura 3-8.

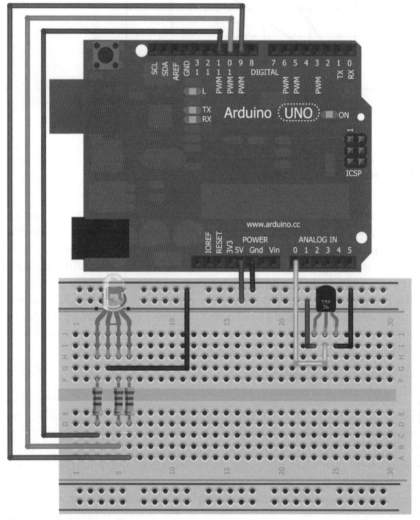

Figura 3-8: Circuito sensor de temperatura

Usando esse circuito, você vai fazer um sistema de alerta de temperatura simples. A luz fica verde quando a temperatura está dentro de uma faixa aceitável, ficará vermelha quando ficar muito quente, e ficará azul quando ficar muito frio.

Primeiro de tudo, você precisa saber quais os valores que deseja usar como seus pontos de corte. Usando o mesmo desenho exato da Listagem 3-1, utilize o monitor serial para descobrir quais valores analógicos correspondem aos valores críticos de temperatura que você deseja. Meu quarto está em cerca de 20°C, o que corresponde a uma leitura analógica de cerca de 143. Esses números podem ser diferentes para você; portanto, inicie o sketch antes, abra o terminal serial e examine as leituras que está recebendo. Você pode confirmar os valores matematicamente usando o gráfico da Figura 3-7. Em meu caso, um valor de 143/1023 corresponde a uma entrada de tensão de cerca de 700mV. Derivando das especificações, a seguinte equação pode ser usada para converter entre a temperatura (°C) e a tensão (mV):

$$\text{Temperatura (°C)} \times 10 = \text{tensão (mV)} - 500$$

Conectando o valor de 700mV, você pode confirmar que ela equivale a uma temperatura de 20°C. Usando essa mesma lógica (ou simplesmente observando a janela serial e escolhendo um valor), você pode determinar que 22°C é um valor digital de 147 e 18°C é um valor digital de 139. Esses valores servirão como pontos de corte que irão mudar a cor do LED para indicar que ele está muito quente ou muito frio. Usando as instruções if, a função digitalWrite, e a função analogRead que já aprendeu, você pode facilmente ler a temperatura, determinar o intervalo em que ela cai e definir o LED de acordo.

> **NOTA** Antes de copiar o código na Listagem 3-2, tente escrever isso você mesmo e veja se pode fazê-lo funcionar. Depois de fazer um teste, compare-o com o código aqui. Como você se saiu?

Listagem 3-2: Sketch de alerta de temperatura — tempalert.ino

```
// Alerta de temperatura!
const int BLED=9;          // LED azul no pino 9
const int GLED=10;         // LED verde no pino 10
const int RLED=11;         // LED vermelho no pino 11
const int TEMP=0;          // O sensor de temperatura está no pino A0

const int LOWER_BOUND=139; // Limiar inferior
const int UPPER_BOUND=147; // Limiar superior

int val = 0;               // Variável para manter a leitura analógica

void setup()
{
  pinMode (BLED, OUTPUT); // Configura o LED azul como saída
  pinMode (GLED, OUTPUT); // Configura o LED verde como saída
```

54   Parte I ▪ Fundamentos de engenharia do Arduino

```
  pinMode (RLED, OUTPUT); // Configura o LED vermelho como saída
}

void loop()
{
  val = analogRead(TEMP);

  if (val < LOWER_BOUND); // Temperatura fria
  {
    digitalWrite(RLED, LOW);
    digitalWrite(GLED, LOW);
    digitalWrite(BLED, HIGH);
  }
  else if (val > UPPER_BOUND); // Temperatura quente
  {
    digitalWrite(RLED, HIGH);
    digitalWrite(GLED, LOW);
    digitalWrite(BLED, LOW);
  }
  else; // Temperatura média
  {
    digitalWrite(RLED, LOW);
    digitalWrite(GLED, HIGH);
    digitalWrite(BLED, LOW);
  }
}
```

Essa listagem de código não introduz novos conceitos; em vez disso, combina o que você aprendeu até agora para fazer um sistema que usa as entradas e saídas para interagir com o ambiente. Para testá-lo, aperte o sensor de temperatura com os dedos ou bafeje nele para aquecê-lo. Sopre-o para esfriá-lo.

Usando resistores variáveis para fazer seus próprios sensores analógicos

Graças à física, inúmeros dispositivos mudam de resistência como resultado da ação física. Por exemplo, algumas tintas condutoras mudam de resistência quando comprimidas ou flexionadas (sensores de força e sensores de flexão), alguns semicondutores mudam de resistência quando uma luz incide neles (fotorresistores), e alguns polímeros mudam de resistência quando aquecidos ou resfriados (termistores). Esses são apenas alguns exemplos de componentes que você pode aproveitar para construir seus próprios sensores analógicos. Como esses sensores estão mudando de resistência e não de tensão, você precisa criar um circuito divisor de tensão para poder medir sua mudança de resistência.

Usando divisores de tensão resistivos

Um divisor de tensão resistivo utiliza dois resistores para gerar como saída uma tensão que é uma fração da tensão de entrada. A tensão de saída é uma função diretamente relacionada com o valor dos dois resistores. Assim, se um dos resistores é um resistor variável, é possível monitorar a alteração na tensão do divisor de tensão que resulta da variação de resistência. O tamanho do outro resistor pode ser utilizado para ajustar a sensibilidade do circuito, ou você pode utilizar um potenciômetro para fazer o ajuste de sensibilidade.

Primeiro, considere um divisor de tensão fixa e as equações associadas a ele, como mostrado na Figura 3-9. A0 na Figura 3-9 refere-se ao pino analógico 0 no Arduino.

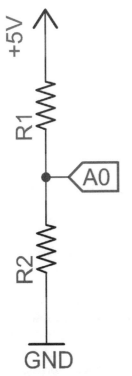

Figura 3-9: Circuito divisor de tensão simples

A equação para um divisor de tensão é a seguinte:

$$Vout = Vin \times (R2/(R1 + R2))$$

Nesse caso, a entrada de tensão é 5V, e a tensão de saída é o que você usará para alimentar um dos pinos analógicos do Arduino. No caso em que R1 e R2 são combinados (ambos 10kΩ, por exemplo), o 5V são divididos por 2 para fazer 2,5V na entrada analógica. Confirme isso colocando valores na equação:

$$Vout = 5V \times (10k/(10k + 10k)) = 5V \times 0,5 = 2,5V$$

Suponha agora que um desses resistores é substituído por uma resistência variável, tal como um fotorresistor. Fotorresistores (veja a Figura 3-10) mudam de resistência dependendo da quantidade de luz que incide neles. Nesse caso, eu vou optar por usar um fotorresistor de 200kΩ. Quando em completa escuridão, sua resistência é de cerca de 200kΩ; quando saturado com luz, a resistência cai praticamente para zero. Quer você escolha substituir R1 ou R2, o valor que escolher para fazer o resistor fixo afetará a escala e a precisão das leituras que receberá. Experimente com diferentes configurações e usando o monitor serial para ver como seus valores mudam. Como exemplo, vou escolher substituir R1 pelo fotorresistor, e vou fazer de R2 um resistor de 10kΩ (veja a Figura 3-11). Você pode deixar o LED RGB no local por agora, embora só vá usar uma das cores para esse exercício.

Figura 3-10: Fotorresistor

Carregue seu sketch de impressão serial novamente (Listagem 3-1) e tente mudar as condições de iluminação sobre o fotorresistor. Aproxime-o de uma fonte de luz e depois cubra-o com as mãos. Provavelmente você não vai abarcar todo o intervalo de 0 a 1023 porque o resistor variável nunca terá uma resistência de zero. Em vez disso, você provavelmente descobrirá os valores máximos e mínimos que pode receber. Você pode usar os dados de seu fotorresistor para fazer um nightlight mais inteligente. O nightlight deve ficar mais brilhante à medida que a sala fica mais escura, e vice-versa. Usando seu sketch de monitor serial, escolha os valores que representam quando seu quarto fica inundado de luz ou mergulhado na escuridão. Em meu caso, descobri que um quarto escuro tem um valor de cerca de 200 e uma sala completamente brilhante tem um valor de cerca de 900. Esses valores irão variar para você de acordo com suas condições de iluminação, o valor do resistor que está usando e o valor de seu fotorresistor.

Usando entradas analógicas para controlar saídas analógicas

Lembre-se de que você pode usar o comando `analogWrite()` para definir o brilho de um LED. Mas é um valor de 8 bits; isto é, ele aceita valores entre 0 e 255 somente, enquanto o ADC retornará valores tão altos como 1023. Convenientemente, a linguagem de programação Arduino tem duas funções que são úteis para mapear entre os dois grupos de valores: as funções `map()` e `constrain()`. A função `map()` se parece com isto:

```
output = map(value, fromLow, fromHigh, toLow, toHigh)
```

Capítulo 3 ■ Lendo sensores analógicos   57

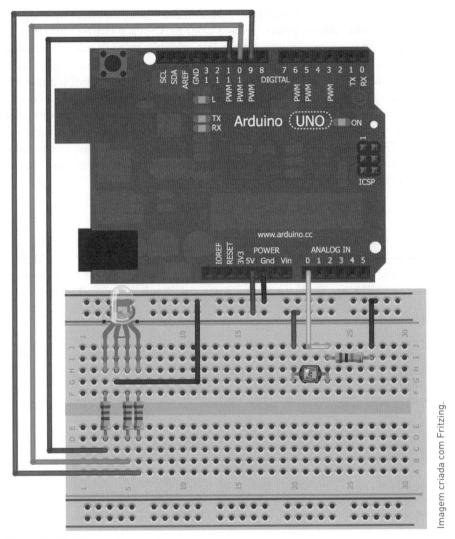

Figura 3-11: Circuito fotorresistor

value é a informação com que você está começando. No caso, essa é a leitura mais recente da entrada analógica. fromLow e fromHigh são os limites de entrada. Esses são valores que você encontrou para corresponder ao brilho máximo e mínimo no quarto. Em meu caso, eles foram 200 e 900. toLow e toHigh são os valores para os quais você quer mapeá-los. Como analogWrite() espera um valor entre 0 e 255, você usa esses valores. Mas queremos um ambiente mais escuro para mapear a um LED mais brilhante. Portanto, quando a entrada do ADC é um valor baixo, você quer que a saída para o LED seja um valor alto, e vice-versa.

58 Parte I ▪ Fundamentos de engenharia do Arduino

Convenientemente, a função map pode lidar com isso automaticamente; simplesmente inverta os valores de alto e baixo de modo que o valor baixo seja 255 e o valor alto seja 0. A função map() cria um mapeamento linear. Por exemplo, se seus valores fromLow e fromHigh forem 200 e 900, respectivamente, e seus valores toLow e toHigh forem 255 e 0, respectivamente, 550 mapeia para 127 porque 550 é meio caminho entre 200 e 900, e 127 é meio caminho entre 255 e 0. É importante notar, porém, que a função map() não restringe esses valores. Assim, se o fotorresistor na realidade medir um valor abaixo de 200, ele é mapeado para um valor acima de 255 (porque você está invertendo o mapeamento). Obviamente, você não quer isso, porque não pode passar um valor maior que 255 para a função analogWrite(). Você pode lidar com isso usando a função constrain(). A função constrain() se parece com isto:

```
output = constrain(value, min, max)
```

Se passar a saída da função map para a função constrain, você pode definir min como 0 e max como 255, garantindo que todos os números acima ou abaixo desses valores são restringidos para 0 ou 255. Por fim, você pode então usar esses valores para comandar seu LED! Agora, dê uma olhada nesse sketch final (veja a Listagem 3-3).

Listagem 3-3: Sketch de nightlight automático — nightlight.ino

```
// Nightlight automático

const int RLED=9;        // LED vermelho no pino 9 (PWM)
const int LIGHT=0;       // Sensor de luz no pino analógico 0
const int MIN_LIGHT=200; // Valor mínimo de luz esperado
const int MAX_LIGHT=900; // Valor de luminosidade máxima esperada
int val = 0;             // variável para armazenar a leitura analógica

void setup()
{
  pinMode(RLED, OUTPUT); // Configure o pino do LED como saída
}

void loop()
{
  val = analogRead(LIGHT);                     // Lê o sensor de luz
  val = map(val, MIN_LIGHT, MAX_LIGHT, 255, 0); // Mapeia a leitura da luz
  val = constrain(val, 0, 255);                // Restringe o valor da luz
  analogWrite(RLED, val);                      // Controlar o LED
}
```

Observe que esse código reutiliza a variável `val`. Você pode, alternativamente, usar uma variável diferente para cada chamada de função. Em funções como `map()` onde `val` é tanto a entrada como a saída, o valor anterior de `val` é usado como entrada, e seu valor é redefinido para o valor atualizado quando a função termina.

Brinque com seu nightlight. Será que funciona como esperado? Lembre-se: você pode ajustar a sensibilidade, alterando os limites máximo e mínimo da função de mapeamento e/ou alterar o valor do resistor fixo. Use o monitor serial para observar as diferenças com configurações diferentes até encontrar uma que funciona melhor. Você pode combinar esse sketch com o nightlight de seleção de cores que projetou no capítulo anterior? Tente adicionar um botão para alternar entre as cores e usar o fotorresistor para ajustar o brilho de cada cor.

Resumo

Neste capítulo, você aprendeu:

- As diferenças entre os sinais analógicos e digitais
- Como converter sinais analógicos em sinais digitais
- Como ler um sinal analógico de um potenciômetro
- Como exibir dados usando o monitor serial
- Como interfacear com sensores analógicos integrados
- Como criar seus próprios sensores analógicos
- Como mapear e restringir leituras analógicas para conduzir saídas analógicas

PARTE II

Controlando seu ambiente

Nesta parte

Capítulo 4: Usando transistores e motores de condução
Capítulo 5: Produzindo sons
Capítulo 6: USB e comunicação serial
Capítulo 7: Registradores de deslocamento

CAPÍTULO 4

Usando transistores e motores de tração

Peças que você precisa para este capítulo:

Arduino Uno

Cabo USB

Bateria de 9V

Clipe de bateria de 9V

Regulador linear L4940V5 de 5V

Capacitor eletrolítico de 22uF

Capacitor eletrolítico de 0,1uF

Capacitor cerâmico de 1uF

LEDs azuis (×4)

Resistores de 1kΩ (×4)

Transistor PN2222 NPN BJT

Fios jumper

Sensor de distância Sharp GP2Y0A41SK0F IR com cabo

Cola quente ou fita

Servo motor padrão

Motor DC

Matriz de contato ou Protoboard

Potenciômetro

Circuito integrado de ponte H SN754410

Diodo 1N4004

CÓDIGO E CONTEÚDO DIGITAL PARA ESTE CAPÍTULO

Links para baixar código, vídeos e outros conteúdos digitais para este capítulo podem ser encontrados em www.exploringarduino.com/content/ch4.

Os downloads de códigos também podem ser encontrados em www.altabooks. com.br, procurando pelo nome do livro. Outra opção é em www.wiley.com/go/ exploringarduino, na guia Download Code. Os códigos estão no arquivo chapter 04 download e individualmente nomeados de acordo com seus nomes ao longo do capítulo.

Você agora é um mestre em *observar* informações do mundo ao seu redor. Mas como você pode *controlar* esse mundo? Piscar LEDs e ajustar automaticamente nightlights é um bom começo, mas você pode fazer muito mais. Usando diversos tipos de motores e atuadores, e com a ajuda de transistores, você pode usar o Arduino para gerar ação física no mundo real. Combinando motores com o Arduino, você pode guiar robôs, construir braços mecânicos, acrescentar um grau adicional de liberdade para sensores de distância, e muito mais.

Neste capítulo, você aprenderá a controlar cargas indutivas como motores de corrente contínua (*diret current*, DC), usar transistores para comutar dispositivos de alta corrente, e a integrar com atuadores de precisão (isto é, servomotores). No final deste capítulo, você construirá um sensor de distância de varredura capaz de identificar a localização de obstáculos próximos. Esse sensor é perfeito para a montagem sobre um carro robótico autoguiado, por exemplo. Depois de concluir este capítulo, você terá todas as habilidades necessárias para construir uma máquina com que pode realmente interagir!

> **NOTA**   Se você quiser aprender tudo sobre motores e transistores, veja este vídeo: www.jeremyblum.com/2011/01/31/arduino-tutorial-5-motors -and-transistors/.

> **ATENÇÃO**   Neste capítulo, você usa uma bateria de 9V para poder alimentar motores que exigem mais energia do que aquela que o Arduino pode fornecer. Essas tensões ainda não são altas o suficiente para representar um perigo para você, mas se ligadas indevidamente, essas baterias podem danificar os componentes eletrônicos. À medida que avança pelos exercícios neste capítulo, siga os diagramas e instruções cuidadosamente. Evite curtos-circuitos (ligação de energia diretamente ao terra), e enquanto estiver compartilhando a linha do terra entre as fontes de alimentação, não tente conectar duas fontes de tensão separadas uma na outra. Por exemplo, não tente ligar a fonte de 9V e a fonte de 5V do Arduino na mesma linha de alimentação da matriz de contato.

Acionando motores DC

Motores DC, que você pode encontrar em vários dispositivos pela sua casa, giram continuamente quando uma tensão DC é aplicada através deles. Esses motores são comumente encontrados como motores de condução em carros controlados via rádio (RC), e como motores que fazem os discos girar em seu leitor de DVD. Motores DC são ótimos porque são produzidos em uma enorme variedade de tamanhos e são geralmente muito baratos. Ao ajustar a tensão que aplica a eles, você pode alterar sua velocidade de rotação. Ao inverter a direção da tensão aplicada a eles, você pode mudar seu sentido de rotação também. Isso geralmente é feito utilizando uma ponte H, sobre a qual você aprenderá mais adiante neste capítulo.

Motores DC escovados, como o que você usará neste capítulo, empregam ímãs estacionários e uma bobina de fio de cobre. A eletricidade é transferida para a bobina usando "escovas", daí a razão de eles serem chamados de motores DC *escovados*. Ao contrário de motores DC *sem escovas* (tais como motores de passo), motores DC escovados são baratos e oferecem controle de velocidade mais fácil. Mas motores DC escovados não duram tanto tempo porque as escovas podem desgastar-se ao longo do tempo. Esses motores funcionam por meio de uma força indutiva. Quando a corrente atravessa a bobina, ela gera um campo magnético que é atraído ou repelido pelos ímãs estacionários, dependendo da polaridade. Usando as escovas para trocar a polaridade a cada meia rotação, você pode gerar um momento angular. Exatamente a mesma configuração pode ser utilizada para criar um gerador se você girar manualmente o eixo. Isso gera um campo magnético flutuante que, por sua vez, gera corrente. É assim que os geradores das hidrelétricas funcionam — o fluxo de água move a turbina, e uma corrente é produzida. Essa capacidade de criar corrente na direção oposta é a razão por que você vai usar um diodo mais adiante neste capítulo a fim de garantir que o motor não possa enviar corrente de volta para seu circuito quando for forçosamente girado.

Manipulando cargas indutivas de corrente alta

Motores DC, em geral, exigem mais corrente do que fonte de alimentação integrada do Arduino pode oferecer, e eles podem criar picos de tensão prejudiciais devido à sua natureza indutiva. Para resolver esse problema, primeiro você aprende como efetivamente isolar do Arduino um motor DC e, então, como ligá-lo usando uma fonte secundária. Um transistor permite que o Arduino alterne o motor entre ligado e desligado com segurança, e serve também para controlar a velocidade usando as técnicas de modulação por largura de pulso (PWM) que você aprendeu no Capítulo 3, "Lendo sensores analógicos". Consulte o esquema mostrado na Figura 4-1 à medida que você aprende sobre os vários componentes que entram na conexão de um motor DC a uma placa Arduino com uma fonte de alimentação secundária. Certifique-se de compreender todos esses conceitos antes de realmente começar a fazer as conexões.

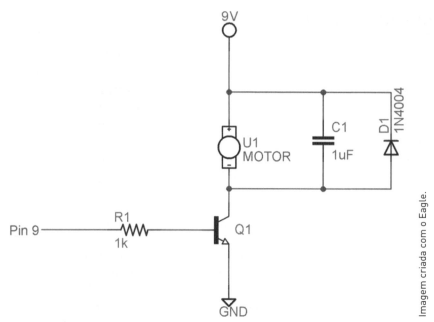

Figura 4-1: Diagrama esquemático do controle do motor DC

Antes de ligar seu motor DC, é importante entender o que todos esses componentes estão fazendo:

- Q1 é um transistor de junção bipolar (BJT) NPN utilizados para a comutação da fonte de 9V separada para o motor. Existem dois tipos de BJTs, NPN e PNP, os quais se referem às diferentes técnicas de "dopagem" de semicondutores utilizadas para criar o transistor. Este livro vai se concentrar em usar BJTs NPN. Você pode pensar de maneira simplista em um transistor NPN como um interruptor controlado por tensão que permite inibir ou permitir o fluxo de corrente.
- Um resistor de 1kΩ é usado para separar o pino de base do transistor do pino de controle do Arduino.
- U1 é o motor DC.
- C1 é para filtrar o ruído causado pelo motor.
- D1 é um diodo usado para proteger a fonte de alimentação de tensão inversa causada pelo motor agindo como um indutor.

Usando transistores como comutadores

Transistores podem fazer um número excepcional de tarefas, desde funcionar como amplificadores até funcionar como uma CPU dentro de seu computador e seu smartphone. Você pode usar um único transistor para criar um simples interruptor controlado eletricamente. Cada BJT tem três pinos (veja a Figura 4-2): o emissor (E), o coletor (C), e a base (B).

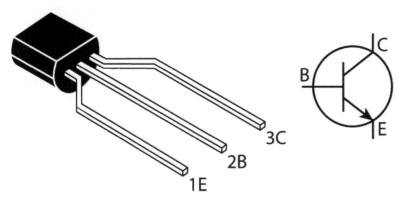

Figura 4-2: Um BJT NPN

A corrente atravessa o coletor e sai pelo emissor. Modulando o pino de base, você pode controlar se a corrente pode fluir. Quando uma tensão suficientemente alta é aplicada à base, permite-se que a corrente flua através do transistor e, como resultado, o motor gira. Os 5V gerados pelos pinos de E/S do Arduino são mais do que suficientes para ligar o transistor. Tirando proveito da PWM, você pode controlar a velocidade do motor, ligando e desligando rapidamente o transistor. Como o motor pode manter o momento, o trabalho do ciclo do sinal PWM determina a velocidade do motor. Basicamente, o transistor conecta e desconecta do terra um terminal do motor e determina quando um circuito completo pode ser fechado com a bateria.

Usando diodos de proteção

É importante considerar as questões causadas por motores DC agindo como indutores. (*Indutores* são dispositivos elétricos que armazenam energia em seus campos magnéticos e resistem a mudanças na corrente.) À medida que o motor DC gira, a energia é acumulada e armazenada na indutância das bobinas do motor. Se a energia for instantaneamente removida do motor, é dissipada sob a forma de um pico de tensão invertido, o que pode revelar-se prejudicial para a fonte de energia. É aí que entram em diodos de proteção. Ao colocar o diodo através do motor, garante-se que a corrente gerada pelo motor flua através do diodo e que a tensão inversa não possa exceder a tensão direta do diodo (porque os diodos permitem que a corrente flua em apenas um sentido). Isso também vai absorver toda a corrente gerada, por você forçosamente girar o motor.

Usando uma fonte de energia secundária

Observe, também, a partir do diagrama de circuito mostrado na Figura 4-1, que a fonte de alimentação para o motor é de 9V, em vez dos habituais 5V a partir da conexão USB que você usou até agora. Para os efeitos dessa experiência, uma bateria de 9V é suficiente, mas você também pode usar um adaptador de parede AC-DC. A razão para usar uma fonte de energia separada da fonte de 5V integrada do Arduino é dupla:

1. Usando uma fonte separada, você reduz as chances de que a fiação inadequada de um circuito de alta potência possa danificar o Arduino.

2. Você pode tirar vantagem de maiores limites de corrente e voltagens mais altas.

Alguns motores DC podem consumir mais corrente que a fonte de 5V do Arduino pode fornecer. Além disso, muitos motores têm voltagens mais altas que 5V. Embora possam girar em 5V, você pode alcançar sua velocidade máxima em apenas 9V ou 12V (dependendo das especificações do motor).

Note que você deve conectar o terra tanto de sua fonte de alimentação secundária quanto da fonte do Arduino. Essa ligação assegura um ponto de referência comum entre os níveis de tensão nas duas partes do circuito.

Conectando o motor

Agora que você entende os meandros de controlar um motor DC escovado, é hora de montá-lo em sua matriz de contato. Tente montá-lo apenas consultando o esquema anterior (mostrado na Figura 4-1). Depois de tentar montar o circuito usando apenas o esquema, consulte a versão gráfica mostrada na Figura 4-3 para confirmar que você o montou corretamente.

É importante ficar bom em leitura de esquemas elétricos, sem ter de olhar para um layout gráfico. Você o montou corretamente? Lembre-se de verificar o seguinte à medida que você monta o circuito:

1. Certifique-se de que você conectou o fio preto de sua bateria de 9V ao terra do Arduino. Você pode querer usar o barramento horizontal na placa de teste para fazer isso, como mostrado na Figura 4-3.

2. Certifique-se de que a fonte de 9V, fio vermelho, não está conectada à fonte de 5V. Na verdade, você nem precisa conectar a fonte de 5V à matriz de contato.

3. Certifique-se de que a orientação do transistor está correta. Se você não estiver usando o mesmo BJT NPN relacionado na lista de peças deste capítulo, consulte as especificações para garantir que o emissor, a base e o coletor estão conectados aos mesmos pinos. Caso contrário, corrija as conexões.

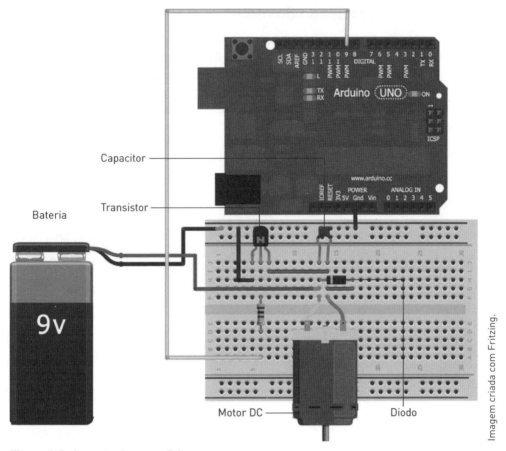

Figura 4-3: Conexão do motor DC

4. Certifique-se de que a orientação do diodo está correta. A corrente flui do lado sem listra para o lado listrado. A listra no dispositivo físico corresponde à linha no símbolo esquemático. Você usa um capacitor de cerâmica para esse exercício; portanto, a polaridade não importa.

Em seguida, é hora de começar a fazer esse motor girar. Você pode querer anexar um pedaço de fita ou uma rodinha à extremidade do motor para poder ver mais facilmente a velocidade em que ele está girando. Antes de escrever o programa, você pode confirmar que o circuito está funcionando corretamente, fornecendo energia para o Arduino através da conexão USB, ligando a bateria de 9V, e conectando o pino da base do transistor (depois do resistor) diretamente na alimentação de 5V do Arduino. Isso simula um comando alto lógico e deve fazer o motor girar. Conectar esse mesmo fio ao terra garantirá que ele não vai girar. Se isso não funcionar, verifique sua fiação antes de passar para a próxima etapa: programação.

Controlando a velocidade do motor com PWM

Primeiro, você pode usar um programa muito semelhante ao que você usou para ajustar brilho do LED de seu nightlight no Capítulo 3 para ajustar a velocidade do motor. Enviando sinais de ciclo de trabalho variáveis para o transistor, o fluxo da corrente através do motor inicia e para rapidamente, o que resulta em uma alteração na velocidade. Experimente o programa na Listagem 4-1 para repetidamente aumentar e diminuir a velocidade do motor.

Listagem 4-1: Controle automático de velocidade — motor.ino

```
// Programa simples de controle de velocidade de motor

const int MOTOR=9;     // Motor no pino digital 9

void setup()
{
    pinMode (MOTOR, OUTPUT);
}

void loop()
{
    for (int i=0; i<256; i++)
    {
        analogWrite(MOTOR, i);
        delay(10);
    }
    delay(2000);
    for (int i=255; i>=0; i--)
    {
        analogWrite(MOTOR, i);
        delay(10);
    }
    delay(2000);
}
```

Se tudo estiver ligado corretamente, esse código deve lentamente aumentar a velocidade do motor e, então, diminuí-la em um loop. Usando essas técnicas, você pode facilmente fazer um robô simples que se move.

Em seguida, você pode combinar seus novos conhecimentos sobre motores DC com seu conhecimento de sensores analógicos. Usando um potenciômetro, você pode ajustar manualmente a velocidade do motor. Para começar, adicione um potenciômetro ao pino analógico 0, como mostrado na Figura 4-4. Observe que você deve conectar o pino 5V do Arduino à trilha de alimentação na matriz de contato, se quiser conectar o potenciômetro a essa linha na placa.

Capítulo 4 ■ Usando transistores e motores de tração

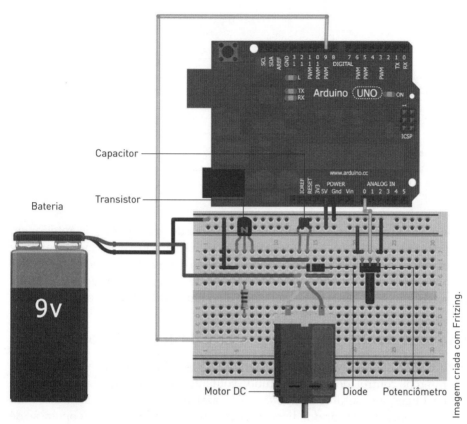

Figura 4-4: Adicionando um potenciômetro

Agora você pode modificar o programa para controlar a velocidade do motor com base na configuração atual do potenciômetro. Com o potenciômetro em zero, o motor para; com o potenciômetro girado totalmente, o motor funciona em velocidade máxima. Lembre-se de que o Arduino está sendo executado muito rápido; de fato, ele está passando pelo loop milhares de vezes a cada segundo! Portanto, você pode simplesmente verificar a velocidade do potenciômetro a cada passagem pelo loop e ajustar a velocidade do motor depois de cada verificação. Ele verifica frequentemente o bastante para que a velocidade do motor seja ajustada em tempo real com o potenciômetro. O código na Listagem 4-2 faz o truque. Crie um novo sketch (ou atualize seu sketch anterior para corresponder a esse código) e carregue-o no Arduino a partir do ambiente de desenvolvimento integrado (IDE).

Listagem 4-2: Controle de velocidade ajustável — motor_pot.ino

```
// Controle de velocidade do motor com um potenciômetro

const int MOTOR=9;   // Motor no pino digital 9

const int POT=0;   // POT no pino analógico 0
```

```
int val = 0;

void setup()
{
    pinMode (MOTOR, OUTPUT);
}

void loop()
{
    val = analogRead(POT);
    val = map(val, 0, 1023, 0, 255);
    analogWrite(MOTOR, val);
}
```

Grande parte desse código deve ser familiar a partir de sua experiência anterior em lidar com sensores analógicos. Note que a função constrain não é necessária quando se utiliza um potenciômetro, porque você pode usar todo o intervalo de entrada, e o valor nunca cairá abaixo de 0 ou acima de 1023. Depois de carregar o código no Arduino, ajuste o potenciômetro e observe a velocidade do motor mudar correspondentemente.

Usando uma ponte H para controlar a direção do motor DC

Assim, você pode alterar a velocidade do motor DC. Isso é ótimo para a fabricação de rodas de um robô controlado com o Arduino... contanto que você só queira que ele ande para frente. Qualquer motor DC útil deve ser capaz de girar em dois sentidos. Para conseguir isso, você pode usar um dispositivo prático chamado *ponte H*. A operação de uma ponte H pode ser melhor explicada com um diagrama (veja a Figura 4-5).

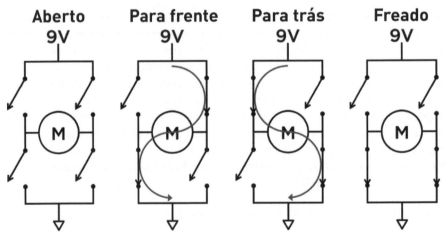

Figura 4-5: Operação da ponte H

Você pode imaginar por que isso é chamado de ponte H? Observe que o motor em combinação com os quatro comutadores forma um *H* maiúsculo. Embora o diagrama mostre-os como comutadores, os componentes de comutação são, na verdade, transistores, semelhantes aos usados no exercício anterior. Alguns circuitos adicionais, incluindo diodos de proteção, também são incorporados ao circuito integrado da ponte H.

A ponte H tem quatro estados principais de funcionamento: aberto, freado, para frente e para trás. No estado aberto, todos os comutadores estão abertos e o motor não irá girar. No estado para frente, dois comutadores diagonalmente opostos estão ligados, fazendo a corrente fluir de 9V, atravessar o motor e descer para o terra. Quando os comutadores estão invertidos, a corrente, então, atravessa o motor no sentido oposto, fazendo-o girar no sentido oposto. Se a ponte H for colocada no estado freado, todo o movimento residual causado pelo momento linear é cessado, e o motor para.

CRIANDO CURTOS-CIRCUITOS COM PONTES H

Esteja ciente de uma consideração extremamente importante quando se utiliza pontes H. O que aconteceria se ambos os comutadores à esquerda ou ambos à direita fossem <u>fechados</u>? Isso causaria um circuito direto entre os 9V e o terra. Se já deu curto em uma bateria de 9V antes, sabe que isso não é algo que você quer fazer. Uma bateria em curto aquece muito rapidamente, e, em algumas raras situações, poderia estourar ou vazar. Além disso, um curto poderia destruir a ponte H ou outras partes do circuito. Uma ponte H é um cenário raro em que você poderia destruir um pedaço de hardware programando alguma coisa errada. Para essa experiência, você usa um controlador SN754410 Quadruple Half-H. Esse chip tem um desligamento térmico integrado que deve ser acionado antes de um curto-circuito destruir algo, mas ainda é uma boa ideia ser cauteloso.

Para garantir que você não exploda nada, *sempre* desative o chip antes de inverter os estados de qualquer um dos comutadores. Isso garante que um curto não seja criado mesmo quando você alternar rapidamente entre as direções do motor. Você usará três pinos de controle: um para controlar os dois gates de cima, um para controlar os dois gates de baixo e um para habilitar o circuito.

Construindo um circuito de ponte H

Com as considerações anteriores em mente, é hora de construir o circuito. O chip de ponte H que você usará é o controlador SN754410 Quadruple Half-H. Dois condutores Half-H são combinados em um único controlador Full-H, como o mostrado na Figura 4-5. Para este exercício, basta usar dois dos quatro controladores Half-H para controlar um motor DC. Se quiser fazer um carro RC, por exemplo, você poderia usar esse chip para controlar dois motores DC (um para as rodas da esquerda e outro para as rodas da direita). Antes de realmente montar, dê uma olhada na pinagem e na tabela lógica das especificações da peça (veja a Figura 4-6).

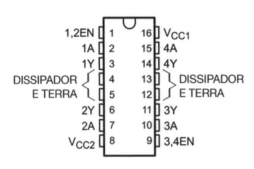

Figura 4-6: Pinagem e tabela lógica da ponte H

A numeração de pinos em circuitos integrados (CIs) sempre começa no pino superior esquerdo, desce até o último pino desse lado e sobe pelo outro lado no sentido anti-horário. Chips sempre terão algum tipo de indicador para mostrar qual pino é o Pino 1, de modo que você não ligue o CI de cabeça para baixo. Em peças *through-hole* (que é o que você vai usar exclusivamente neste capítulo), um semicírculo em uma extremidade do chip indica a parte superior do chip (onde o Pino 1 está localizado). Alguns chips podem ter um pequeno círculo marcado ao lado do pino 1 no encapsulamento plástico, além, ou em vez, do semicírculo.

Vamos percorrer os pinos e ver como você pode usá-los:

- **GND (pinos 4, 5, 12, e 13):** Os quatro pinos no meio conectam-se a um terra compartilhado entre suas fontes de 9V e 5V.

- **V_{CC2} (pino 8):** O V_{CC2} fornece a corrente do motor, assim você o conecta à fonte de 9V.

- **V_{CC1} (pino 16):** O V_{CC1} alimenta a lógica do chip, assim você o conecta à fonte 5V.

- **1Y e 2Y (pinos 3 e 6):** Essas são as saídas do controlador esquerdo. Os fios do motor conectam-se a esses pinos.

- **1A e 2A (pinos 2 e 7):** Os estados dos comutadores na esquerda são controlados por esses pinos, então eles estão conectados a pinos de E/S no Arduino para alternar.

- **1,2EN (pino 1):** Esse pino é usado para ativar ou desativar o controlador esquerdo. Ele é ligado a um pino de PWM no Arduino, de modo que a velocidade pode ser controlada dinamicamente.

- **3Y e 4Y (pinos 11 e 14):** Essas são as saídas do controlador direito. Como está usando apenas o controlador esquerdo, você pode deixá-las desconectadas.

- **3A e 4A (pinos 10 e 15):** Os estados dos comutadores direitos são controlados por esses pinos, mas você usará apenas o controlador esquerdo neste exemplo, assim pode deixá-los desconectados.

- **3,4EN (pino 9):** Esse pino é usado para ativar ou desativar o controlador direito. Como não usará o controlador direito, você pode desativá-lo, ligando esse pino diretamente no GND.

Para referência, confirme sua montagem com a Figura 4-7. Mantenha o potenciômetro conectado como estava antes.

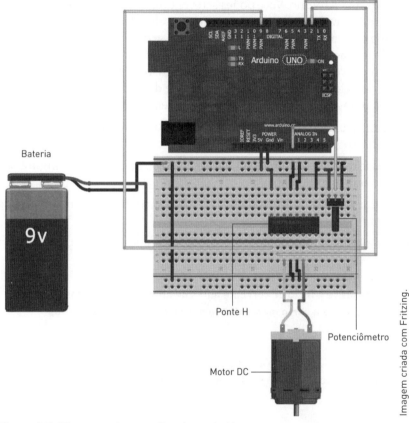

Figura 4-7: Diagrama de conexões da ponte H

Você pode confirmar que o circuito está funcionando antes de programá-lo ligando o pino enable em 5V, ligando um dos pinos *A* ao terra e o outro pino *A* em 5V. Você pode inverter a direção, invertendo a conexão dos pinos *A*.

ATENÇÃO Você deve desconectar a bateria de 9V, enquanto inverte os pinos *A* para garantir que não cause um curto-circuito acidental dentro da ponte H.

76 Parte II ∎ Controlando seu ambiente

Operando de um circuito de ponte H

Em seguida, você escreve um programa para controlar a direção do motor e velocidade através do potenciômetro e da ponte H. Configurar o potenciômetro no meio do intervalo para o motor, configurar o potenciômetro em um intervalo acima do meio aumenta a velocidade para frente, e configurar o potenciômetro em um intervalo abaixo do meio aumenta a velocidade para trás. Essa é mais uma oportunidade perfeita para empregar funções em seu programa Arduino. Você pode escrever uma função para parar o motor, uma para fazê-lo girar para frente a uma determinada velocidade, e uma para fazê-lo girar para trás a uma determinada velocidade. Certifique-se de desativar corretamente a ponte H no início da função antes de alterar o modo do motor; isso reduz a probabilidade de você cometer um erro e acidentalmente causar um curto na ponte H.

Seguindo o diagrama lógico da Figura 4-6, você pode descobrir rapidamente como precisa controlar os pinos para alcançar os resultados desejados:

- Para interromper o fluxo de corrente através do dispositivo, configure o pino enable como baixo.

- Para configurar os comutadores para a rotação em uma direção, configure um como alto e, o outro, como baixo.

- Para configurar os comutadores para a rotação no sentido oposto, inverta as configurações.

- Para fazer o motor parar imediatamente, configure ambos os comutadores como baixo.

> **NOTA** Sempre desative o fluxo de corrente antes de alterar o estado dos comutadores para garantir que um curto momentâneo não seja criado ao inverter os comutadores.

Primeiro, você deve planejar as funções que executam com segurança os movimentos descritos anteriormente. Crie um novo sketch Arduino e comece a escrever suas novas funções:

```
// O motor vai para frente em uma determinada velocidade (de 0 a 255)
void forward (int rate)
{
    digitalWrite(EN, LOW);
    digitalWrite(MC1, HIGH);
    digitalWrite(MC2, LOW);
    analogWrite(EN, rate);
}

// O motor vai para trás em uma determinada taxa (de 0 a 255)
void reverse (int rate)
{
    digitalWrite(EN, LOW);
    digitalWrite(MC1, LOW);
```

Capítulo 4 ■ Usando transistores e motores de tração 77

```
    digitalWrite(MC2, HIGH);
    analogWrite(EN, rate);
}

// Para o motor
void brake ()
{
    digitalWrite(EN, LOW);
    digitalWrite(MC1, LOW);
    digitalWrite(MC2, LOW);
    digitalWrite(EN, HIGH);
}
```

Observe que no início de cada função, o pino *EN* está sempre configurado para baixo, e, então, os pinos *MC1* e *MC2* (os pinos de controle do motor) são ajustados. Quando isso é feito, o fluxo de corrente pode ser reativado. Para variar a velocidade, é só usar a mesma técnica que você usou antes. Ao usar PWM, você pode alterar o trabalho para o qual o pino *EN* é alternado, controlando, assim, a velocidade. A *taxa* variável deve estar entre 0 e 255. O loop principal se encarrega de criar a *taxa* certa a partir dos dados do potenciômetro de entrada.

Em seguida, considere o loop principal do programa:

```
void loop()
{
    val = analogRead(POT);

    // vai para frente
    if (val > 562)
    {
        velocity = map(val, 563, 1023, 0, 255);
        forward(velocity);
    }

    // vai para trás
    else if (val < 462)
    {
        velocity = map(val, 461, 0, 0, 255);
        reverse(velocity);
    }

    // freia
    else
    {
        brake();
    }
}
```

No loop principal, o valor do potenciômetro é lido, e a função apropriada pode ser chamada com base no valor do potenciômetro. Lembre-se que as entradas analógicas são convertidas em valores digitais entre 0 e 1023. Consulte a Figura 4-8 para entender melhor o esquema de controle e compare isso com o código do loop anterior.

Figura 4-8: Plano de controle do motor

Quando o potenciômetro está dentro das 100 unidades que cercam o ponto médio, a função brake é chamada. À medida que o valor do potenciômetro aumenta de 562 para 1023, a velocidade para frente aumenta. Da mesma forma, velocidade aumenta na direção inversa entre os valores 462 e 0 do potenciômetro. A função map deve lhe parecer familiar a partir do capítulo anterior. Aqui, ao determinar a velocidade inversa, observe a ordem das variáveis: 461 é mapeado para 0, e 0 é mapeado para 255; a função map pode inverter o mapeamento quando as variáveis são passadas em ordem decrescente. Combinando o loop com as funções e o setup, você obtém um programa completo parecido com o mostrado na Listagem 4-3. Certifique-se de que seu programa corresponde ao mostrado aqui e carregue-o no Arduino.

Listagem 4-3: Controle de motor com potenciômetro de ponte H — hbridge.ino

```
// Controle de motor de ponte H
const int EN=9;    // Half Bridge 1 Enable
const int MC1=3;   // Controle 1 de motor
const int MC2=2;   // Controle 2 de motor
const int POT=0;   // POT no pino analógico 0

int val = 0;       // para armazenar a leitura do potenciômetro
int velocity = 0;  // Para armazenar a velocidade desejada (de 0 a 255)

void setup()
{
    pinMode(EN, OUTPUT);
    pinMode(MC1, OUTPUT);
    pinMode(MC2, OUTPUT);
    brake(); // Inicializa com motor parado
}

void loop()
{
    val = analogRead(POT);
    
    // vai para frente
    if (val > 562)
    {
```

Capítulo 4 ■ Usando transistores e motores de tração   79

```
        velocity = map(val, 563, 1023, 0, 255);
        forward(velocity);
    }

    // vai para trás
    else if (val < 462)
    {
        velocity = map(val, 461, 0, 0, 255);
        reverse(velocity);
    }

    // freia
    else
    {
        brake();
    }
}

// O motor vai para frente em uma determinada velocidade (de 0 a 255)
void forward (int rate)
{
    digitalWrite(EN, LOW);
    digitalWrite(MC1, HIGH);
    digitalWrite(MC2, LOW);
    analogWrite(EN, rate);
}

// O motor vai para trás em uma determinada velocidade (de 0 a 255)
void reverse (int rate)
{
    digitalWrite(EN, LOW);
    digitalWrite(MC1, LOW);
    digitalWrite(MC2, HIGH);
    analogWrite(EN, rate);
}

// Para o motor
void brake ()
{
    digitalWrite(EN, LOW);
    digitalWrite(MC1, LOW);
    digitalWrite(MC2, LOW);
    digitalWrite(EN, HIGH);
}
```

Tudo funciona como esperado? Se não, certifique-se de que você montou seu circuito corretamente. Como um desafio adicional, pegue um segundo motor DC e conecte-o à outra metade do chip de ponte H. Você deve ser capaz de fazer funcionar dois motores simultaneamente, com mínimo esforço.

Acionando servomotores

Motores DC servem como excelentes motores de tração, mas eles não são tão ideais para trabalhos de precisão, porque nenhuma retroalimentação ocorre. Em outras palavras, sem a utilização de algum tipo de tacógrafo ou cortador de pulsos externo, você nunca sabe a posição absoluta de um motor DC. Servomotores, ou servos, em contraposição, são únicos no sentido de que você os comanda para rodar para uma posição angular particular e eles ficam lá até que diga a eles para se mover para uma nova posição. Isso é importante para quando você precisa mover seu sistema para uma posição conhecida. Exemplos incluem fechaduras de portas de acionamento, mover induzidos para rotações específicas e controlar com precisão um movimento de abertura. Nesta seção, você aprenderá sobre os servos motores e como controlá--los a partir do Arduino.

Compreendendo a diferença entre rotação contínua e servos padrão

Você pode comprar tanto um servo de rotação padrão como um de rotação contínua. Servos não modificados têm sempre um intervalo fixo (normalmente de 0 a 180 graus), porque existe um potenciômetro em linha com o eixo de transmissão, o qual é utilizado para fornecer informações sobre a posição atual. O servo-controle é conseguido enviando um pulso de um determinado comprimento. O comprimento do pulso, no caso de um servo de rotação padrão, determina a posição absoluta para a qual o servo irá girar. Se você remover o potenciômetro, porém, o servo fica livre para rodar continuamente, e o comprimento de pulso define a velocidade do motor.

Neste livro, você usa servos padrão que giram para uma posição absoluta. Você pode experimentar com servos de rotação contínua, seja abrindo um servo padrão e cuidadosamente removendo o potenciômetro, seja comprando servos pré-modificados configurados para rotação contínua.

Entendendo o servo controle

Ao contrário de seus correspondentes em motor DC, servo motores têm três pinos: energia (geralmente vermelho), terra (geralmente marrom ou preto) e sinal (geralmente branco ou laranja). Esses fios são codificados por cores, normalmente na mesma ordem, e geralmente se parecem com os mostrados na Figura 4-9. Alguns fabricantes podem usar ordenação não padrão, por isso sempre se certifique de verificar as especificações para garantir que você está fazendo a fiação do servo corretamente.

A coloração pode variar ligeiramente entre servos, mas os esquemas de cores listados anteriormente são os mais comuns. (Verifique a documentação do servo se não tiver certeza.) Como motores DC, servos podem consumir mais corrente (geralmente mais do que o Arduino pode fornecer). Embora às vezes possa executar um ou dois servos diretamente da fonte de 5V do Arduino aqui, você aprende a usar uma fonte de alimentação separada para os servos de modo que tem a opção de adicionar mais se precisar.

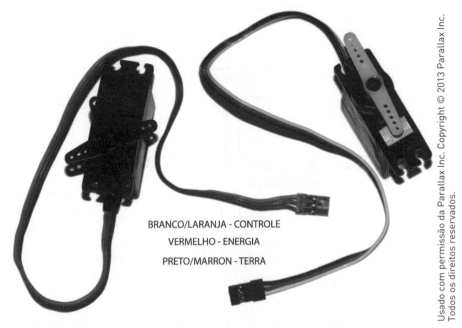

Figura 4-9: Servomotores

Servos têm um pino de controle dedicado, ao contrário de motores DC, que os instrui sobre a posição em que virar. As linhas de energia e terra de um servo devem sempre ser conectadas a uma fonte de energia constante.

Servos são controlados usando larguras de pulso ajustáveis na linha do sinal. Para um servo padrão, o envio de um pulso de 1ms 5V vira o motor para 0 graus, e o envio de um pulso de 2ms 5V vira o motor 180 graus, com comprimentos de pulso no meio escalonando linearmente. Um pulso 1,5ms, por exemplo, gira o motor em 90 graus. Uma vez que um pulso foi enviado, o servo volta para essa posição e permanece lá até que outra instrução pulso seja recebida. Mas se você quiser que um servo "segure" sua posição (resista a ser empurrado e tente manter a posição exata), basta reenviar o comando uma vez a cada 20ms. Os comandos do servo Arduino que posteriormente empregará cuidam disso para você. Para entender melhor como funciona o controle de servo, estude o diagrama de tempo mostrado na Figura 4-10.

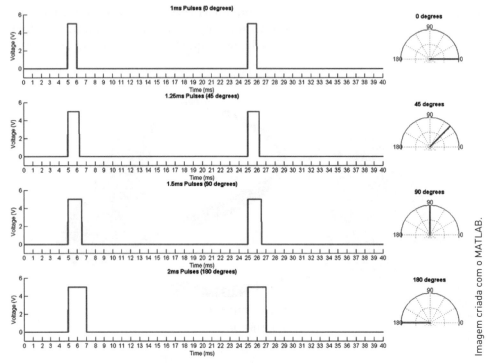

Figura 4-10: Diagrama de tempo do servomotor

Observe que em cada um dos exemplos na Figura 4-10 o pulso é enviado a cada 20ms. Com o aumento da duração do pulso de 1ms para 2ms, o ângulo de rotação do motor (mostrado à direita do gráfico de pulso) aumenta de 0 para 180 graus.

Como mencionado antes, servos podem consumir mais corrente do que o Arduino pode ser capaz de fornecer. Mas a maioria dos servos é projetada para funcionar em 5V, não 9V ou 12V como um motor DC. Ainda que a tensão seja a mesma que a do Arduino, você quer usar uma fonte de energia separada que pode fornecer mais corrente.

Para fazer isso, você aprende aqui como usar uma bateria de 9V e um regulador linear para gerar uma fonte de 5V a partir de sua bateria de 9V. Um regulador linear é um dispositivo extremamente simples, que geralmente tem três pinos: tensão de entrada, tensão de saída e terra. O pino terra está ligado tanto ao terra da fonte de alimentação de entrada como ao terra da saída. No caso dos reguladores de tensão linear, a tensão de entrada deve ser sempre maior que a tensão de saída, e a tensão de saída é configurada em um valor fixo de acordo com o regulador que você utiliza.

A queda de tensão entre a entrada e a saída é consumida na forma de calor, e o regulador cuida de assegurar que a saída permaneça sempre a mesma, mesmo que a tensão da entrada caia (no caso de a bateria descarregar ao longo do tempo). Para essas experiências, você usa um regulador de tensão L4940V5 de 5V. Ele é capaz de fornecer até 1,5 amps a 5V. A Figura 4-11 mostra um esquema de como ligar o regulador.

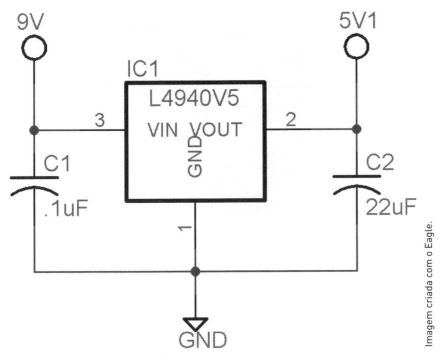

Figura 4-11: Diagrama esquemático do regulador linear de 5V

Observe os capacitores em cada lado do regulador. Esses são chamados de *capacitores de desacoplamento*; eles são usados para suavizar o sinal da tensão de cada fonte de alimentação carregando e descarregando em ondas opostas na tensão. A maioria das especificações de regulador linear inclui um circuito que sugere valores ideais e tipos para esses capacitores com base em seu cenário de caso de uso. Também tenha em mente que a trilha de 5V criada por esse regulador deve ser mantido separada do barramento de alimentação de 5V do Arduino. Seus terras, porém, devem ser conectados juntos.

Usando todas essas informações, é hora de conectar um servo. Fazendo referência à Figura 4-12, conecte o servo, o regulador 5V e o potenciômetro. Deixe o potenciômetro ligado ao pino analógico 0, conecte o pino de controle de servo ao pino 9 e garanta que o regulador de 5V forneça a energia do servo.

Ao fazer as conexões, tenha em mente algumas coisas importantes. Em primeiro lugar, garanta que você tenha a orientação correta do regulador. Com a guia de metal no lado mais distante de você, conecte a bateria ao pino mais à esquerda, o terra ao pino central, e a linha de alimentação do servo ao pino direito. Em segundo lugar, se estiver usando capacitores eletrolíticos polarizados (como na Figura 4-12), certifique-se de colocá-los na direção correta. A faixa indica o terminal negativo e deve ser conectado ao terra comum. Certifique-se de que os pinos não se toquem; caso contrário, poderá provocar um curto. Depois que você tiver conectado tudo, passe para a próxima seção para aprender a programar o controlador do servo.

84 Parte II ▪ Controlando seu ambiente

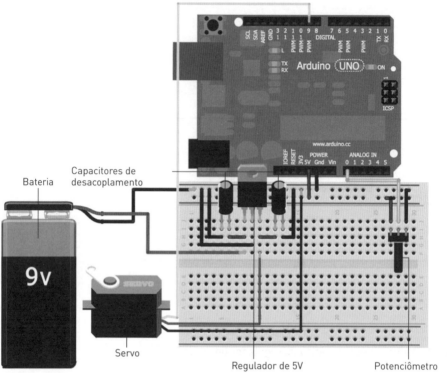

Figura 4-12: Diagrama de conexões do experimento de servo

ENTENDENDO OS REGULADORES LINEARES E OS LIMITES DAS FONTES DE ENERGIA DO ARDUINO

Por que é necessário usar uma fonte de alimentação externa quando certos itens requerem mais corrente? Existem alguns motivos. Os pinos de E/S não podem fornecer mais de 40 miliampères (mA) cada. Como um DC ou servo motor pode consumir centenas de miliampères, os pinos de E/S não são capazes de alimentá-los diretamente. Mesmo que fossem, você não iria querer por causa dos danos que podem ser causados por picos de tensão indutivos.

Faz sentido que você precise usar uma fonte externa com um motor DC, porque precisa da tensão mais alta, mas por que um servo precisa de uma fonte externa, se essa tem a mesma tensão que o Arduino? O Arduino gera os 5V usados para a lógica diretamente da USB ou usando um regulador linear integrado com a tomada DC como a tensão de alimentação. Quando você usa USB, um máximo de 500mA está disponível para o Arduino e todos seus periféricos, porque é isso que a especificação USB permite. Quando você usa uma fonte externa de corrente suficiente, o regulador integrado pode fornecer até 1 A para os componentes na trilha de 5V.

> Servos têm uma tendência a consumir corrente em rajadas conforme giram. Em geral, consomem pouca corrente enquanto estão parados, e consomem várias centenas de miliampères por alguns milissegundos quando são acionados. Esses picos de corrente podem repercutir na linha de 5V, e podem ser vistos até em outros componentes, como LEDs. Ao manter a fonte para o servo em uma trilha separada, você garante que isso não aconteça.
>
> Corrente insuficiente para um servo também pode fazer com que ele se comporte de maneira errática. Quando você terminar o projeto final para este capítulo, tente ligar o pino de alimentação servo no trilho de 5V integrado. (Não se preocupe, isso não vai danificar nada.) Quando o servo é alimentado por USB, você poderá ver o servo fazendo todo tipo de movimento inesperado devido a um fornecimento de corrente insuficiente. Naturalmente, o grau desse comportamento depende da especificação de seu servo em particular.

Controlando um servo

O IDE Arduino inclui uma biblioteca integrada que torna controlar servos uma moleza. Uma biblioteca de software é uma coleção de código que é útil, mas nem sempre necessário em sketches. O IDE Arduino contém um número de bibliotecas para tarefas comuns. A biblioteca servo abstrai as rotinas de tempo que você precisa a fim de escrever seu próprio código para pulsar o pino do servo. Tudo que você tem de fazer é anexar um "objeto" servo de um pino específico e fornecer-lhe um ângulo em que girar. A biblioteca cuida do resto, até de configurar o pino como uma saída. A maneira mais simples de testar a funcionalidade de seu servo é mapear o potenciômetro diretamente para posições do servo. Girar o potenciômetro para 0 move o servo para 0 grau, e girá-lo para 1023 move o servo para 180 graus. Crie um novo sketch com o código da Listagem 4-4 e carregue-o no Arduino para ver essa funcionalidade em ação.

Listagem 4-4: Controle de servo com potenciômetro — servo.ino

```
// Controle de servo com potenciômetro

#include <Servo.h>

const int SERVO=9; // Servo no pino 9
const int POT=0;   // POT no pino analógico 0

Servo myServo;
int val = 0;       // para armazenar a leitura do potenciômetro

void setup()
{
    myServo.attach(SERVO);
}
```

Parte II ▪ Controlando seu ambiente

```
void loop()
{
    val = analogRead(POT);          // Lê o potenciômetro
    val = map(val, 0, 1023, 0, 179); // converte para a escala do intervalo
                                     // do servo
    myServo.write(val);             // configura o servo
    delay(15);                      // espera o servo
}
```

A instrução include na parte superior do programa adiciona a funcionalidade da biblioteca servo ao seu sketch. Servo myServo cria um objeto servo chamado myServo. Em seu código, sempre que quiser dizer ao servo o que fazer, você se refere a myServo. Em setup(), anexar o servo inicializa tudo o que é necessário para controlar o servo. Você pode adicionar vários servos chamando os objetos de diferentes coisas e anexando um pino diferente a cada um. No loop(), o potenciômetro é lido, convertido para a escala apropriada para o controle do servo e, então, é "gravado" no servo pulsando o pino apropriado. O delay de 15ms garante que o servo chega a seu destino antes de tentar enviar-lhe outro comando.

Construindo um sensor de distância por varredura

Para encerrar este capítulo, você aplica o conhecimento adquirido nos últimos capítulos para construir um sensor de distância com varredura de luz. O sistema consiste de um sensor de distância infravermelho (IR) montado sobre um servo motor e quatro LEDs. Conforme o servomotor gira, ele faz o sensor de distância varrer a sala, o que lhe permite determinar aproximadamente onde os objetos estão próximos e onde eles estão distantes. Os quatro LEDs correspondem a quatro quadrantes da varredura e muda o brilho dependendo da proximidade em que está um objeto nesse quadrante.

Como a luz IR é uma parte do espectro eletromagnético que os seres humanos não podem ver, um sistema como esse pode ser implementado para criar "visão noturna". O sensor de distância IR funciona acendendo um LED IR e utilizando alguns circuitos bastante complexos para calcular o ângulo em que essa luz IR retorna a um sensor fotográfico montado ao lado do LED IR. Usando voltagens analógicas criadas pelas leituras dos fotossensores IR, a distância é calculada e convertida em um sinal de tensão analógico que você pode ler no microcontrolador. Mesmo que a sala esteja escura e você não possa ver o quão perto um objeto está, esse sensor pode porque ele está usando um comprimento de onda de luz que o olho humano não consegue detectar.

Diferentes modelos de telêmetros IR podem ter diferentes interfaces. Se você estiver usando um telêmetro que é diferente do que foi utilizado neste exemplo, consulte as especificações para certificar-se de que ele envia uma tensão variável como uma saída.

NOTA Você pode assistir online a um vídeo de demonstração do sensor de distância por varredura: www.exploringarduino.com/content/ch4.

Comece colando o sensor de distância com cola quente na parte superior de um servomotor, como mostrado na Figura 4-13. Eu gosto de usar cola quente, porque fixa bem e é bastante fácil de remover, se necessário. Mas você também pode usar supercola, massa de vidraceiro ou fita adesiva para fazer o trabalho.

Figura 4-13: Sensor de distância IR montado para o servo

Em seguida, conecte seu servo no Arduino, usando o regulador de 5V para ligá-lo, assim como você fez antes. O sensor de distância IR substitui o potenciômetro e se conecta no pino analógico 0. Quatro LEDs são conectados aos pinos 3, 5, 6, e 11 através de resistores de 1kΩ. O Arduino Uno tem um total de seis pinos PWM, mas os pinos 9 e 10 não podem criar sinais PWM (usando analogWrite) quando você estiver usando a biblioteca servo. A razão disso é que a biblioteca servo usa o mesmo temporizador de hardware que o utilizado para controlar a PWM sobre esses dois pinos. Por isso, os outros quatro pinos PWM foram escolhidos. (Se você quiser fazer esse projeto com mais LEDs, use o Arduino Mega ou implemente uma solução de software PWM, algo que este livro não cobre.) Siga o diagrama de conexões da Figura 4-14 para confirmar que você conectou tudo corretamente. Escolhi LEDs azuis, mas você pode usar a cor que quiser. Depois de conectar tudo, considere fixar tudo com fita adesiva, como mostrado na Figura 4-13.

88   Parte II ■ Controlando seu ambiente

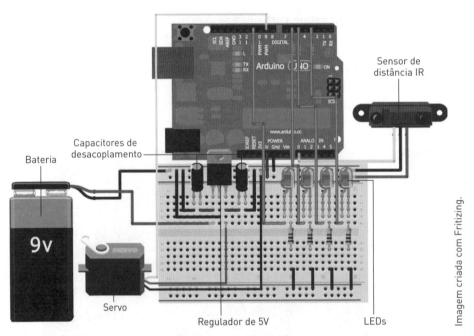

Figura 4-14: Diagrama de conexões do sensor de distância por varredura

O último passo é programar o sensor. O sistema funciona da seguinte forma: ele gira para uma determinada posição, mede a distância, converte-a em um valor que pode ser utilizado para o LED, muda o brilho do diodo emissor de luz, move-se para a posição seguinte, e assim por diante, sucessivamente. A Listagem 4-5 mostra o código para fazer isso. Copie-o para um novo sketch e carregue-o no Arduino.

Listagem 4-5: Sensor de distância por varredura — sweep.ino

```
// Sensor de distância por varredura
#include <Servo.h>

const int SERVO   =9;    // Servo no pino 9
const int IR      =0;    // Sensor de distância IR no pino analógico 0
const int LED1    =3;    // Saída LED 1
const int LED2    =5;    // Saída LED 2
const int LED3    =6;    // Saída LED 3
const int LED4    =11;   // Saída LED 4

Servo myServo;           // Objeto servo
int dist1 = 0;           // Distância do quadrante 1
int dist2 = 0;           // Distância do quadrante 2
int dist3 = 0;           // Distância do quadrante 3
int dist4 = 0;           // Distância do quadrante 4
```

Capítulo 4 ▪ Usando transistores e motores de tração   89

```
void setup()
{
    myServo.attach(SERVO); // Anexa o servo
    pinMode(LED1, OUTPUT); // Configura o LED para saída
    pinMode(LED2, OUTPUT); // Configura o LED para saída
    pinMode(LED3, OUTPUT); // Configura o LED para saída
    pinMode(LED4, OUTPUT); // Configura o LED para saída
}

void loop()
{
    // Varre o servo em 4 regiões e muda os LEDs
    dist1 = readDistance(15);      // Mede a distância IR em 15 graus
    analogWrite(LED1, dist1);      // Ajuste o brilho do LED

    delay(300);                    // delay antes da próxima medição

    dist2 = readDistance(65);      // Mede a distância IR em 65 graus
    analogWrite(LED2, dist2);      // Ajuste o brilho do LED
    delay(300);                    // delay antes da próxima medição

    dist3 = readDistance(115);     // Mede a distância IR em 115 graus
    analogWrite(LED3, dist3);      // Ajuste o brilho do LED
    delay(300);                    // delay antes da próxima medição

    dist4 = readDistance(165);     // Mede a distância IR em 165 graus
    analogWrite(LED4, dist4);      // Ajuste o brilho do LED
    delay(300);                    // delay antes da próxima medição
}

int readDistance(int pos)
{
    myServo.write(pos);                     // Mover para determinada posição
    delay(600);                             // Espera o servo se mover
    int dist = analogRead(IR);              // Lê o sensor IR
    dist = map(dist, 50, 500, 0, 255);      // converte para a escala do
                                            // intervalo do LED
    dist = constrain(dist, 0, 255);         // Restringe o valor
    return dist;                            // Retorna a distância escalonada
}
```

O programa emprega uma função simples que roda o servo no grau requerido, lê a medida da distância, converte seu valor para a escala do LED, e, então, retorna esse valor para o `loop()`. A escolha do mapa para o intervalo do LED depende da configuração do sistema. Em minha experiência, o objeto mais próximo que eu queria detectar estava em torno de 500, e o objeto mais distante estava em cerca de 50, assim configurei a função `map()` de acordo com isso. `Loop()` executa essa função para cada um dos quatro LEDs e, então, se repete. Quando concluído, o sistema deve funcionar de forma semelhante ao mostrado no vídeo de demonstração listado no início desta seção.

Resumo

Neste capítulo, você aprendeu:

- Motores DC usam indução eletromagnética para criar ação mecânica a partir de mudanças na corrente.

- Motores são cargas indutivas que devem utilizar proteção e circuitos de energia adequados para interagir seguramente com o Arduino.

- A velocidade e a direção do motor DC podem ser controladas com PWM e uma ponte H.

- Servomotores permitem um posicionamento preciso e podem ser controlados usando a biblioteca Arduino Servo.

- Um regulador linear pode ser utilizado para criar uma fonte secundária de 5V a partir de uma bateria de 9V.

- Sensores de distância IR retornam valores analógicos que representam distâncias detectadas fazendo uma luz infravermelha refletir de objetos.

- Comentar código é fundamental para facilitar depuração e compartilhamento.

CAPÍTULO

5

Produzindo sons

Peças que você precisa para este capítulo

Arduino Uno

Cabo USB

Botões de pressão (×5)

Resistores de 10KΩ (×5)

Resistor de 150Ω

Fios jumper

Matriz de contato

Potenciômetro de 10KΩ

Alto-falante de 8Ω

CÓDIGO E CONTEÚDO DIGITAL PARA ESTE CAPÍTULO

Downloads de código, vídeo e outros conteúdos digitais para este capítulo podem ser encontrados em www.exploringarduino.com/content/ch5.

Os downloads de códigos também podem ser encontrados em www.altabooks. com.br, procurando pelo nome do livro. Outra opção é em www.wiley.com/go/ exploringarduino, na guia Download Code. Os códigos estão no arquivo chapter 05 download e individualmente nomeados de acordo com seus nomes ao longo do capítulo.

Os seres humanos têm cinco sentidos. Como deve ter adivinhado, você não vai integrar seu sentido do paladar com muitos produtos eletrônicos; lamber o Arduino é uma má ideia. Da mesma maneira, cheiros geralmente não entram na brincadeira. De fato, se você pode cheirar sua eletrônica, algo provavelmente está queimando (e deve parar o que está fazendo). Isso só deixa os sentidos do tato, visão e audição. Você já interfaceou com potenciômetros e botões que tiram vantagem de seu sentido do tato, e conectou LEDs que interagem com seu sentido da visão. Agora, o que acontece com seus sentidos auditivos? Este capítulo se concentra em como usar o Arduino para fazer sons de modo que você possa mais facilmente obter feedback de seus projetos.

É possível gerar som com um Arduino de várias maneiras. O método mais simples é usar a função `tone()`, que este capítulo focaliza mais fortemente. Mas você também pode usar vários shields que adicionam capacidades de reprodução de música mais complexos ao Arduino com a ajuda de algum processamento externo. (Shields são placas suplementares que se conectam ao Arduino para adicionar funcionalidades específicas. Você não vai usar nenhuma neste capítulo, mas usará diversos shields em alguns dos capítulos posteriores.) Se você tem uma Arduino Due, pode usar seu verdadeiro conversor digital-analógico (DAC) para produzir sons.

Entendendo como funcionam os alto-falantes

Antes de poder fazer sons com o Arduino, você precisa entender o que são os sons e como os seres humanos os percebem. Nessa primeira seção, você aprenderá sobre como as ondas sonoras são geradas, suas propriedades e como a manipulação dessas propriedades pode produzir música, vozes etc.

As propriedades do som

O som é transmitido através do ar como uma onda de pressão. Assim como um alto--falante, um tambor ou um sino vibra, esse objeto também vibra o ar em torno dele. Ao vibrar, as partículas de ar transferem energia para as partículas em torno delas, vibrando essas partículas também. Desse modo, uma onda de pressão é transferida a partir da fonte para o tímpano, criando uma reação em cadeia de partículas vibrantes. Então, por que você precisa saber isso para entender como fazer sons com o Arduino?

Você pode controlar duas propriedades dessas partículas vibrantes com o Arduino: frequência e amplitude. A *frequência* representa o quão rapidamente as partículas do ar vibram para frente e para trás, e a *amplitude* representa a magnitude de suas vibrações. No sentido físico, sons de amplitude mais elevada são mais altos, e sons de amplitude mais baixas são mais silenciosos. Sons de alta frequência são um tom mais alto (como um soprano), e sons de baixa frequência são um tom mais baixo (como o baixo). Considere o diagrama na Figura 5-1, que mostra representações senoidais de ondas sonoras de várias amplitudes e frequências.

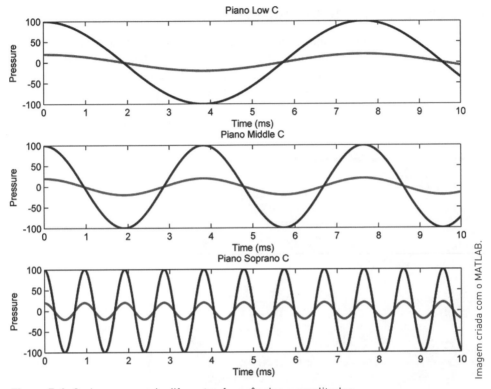

Figura 5-1: Ondas sonoras de diferentes frequências e amplitudes

A Figura 5-1 mostra três notas de piano: C baixo, médio e soprano. Cada uma mostra as frequências dadas em ambas as amplitudes, baixa e alta. Como exemplo, para entender frequência e amplitude, concentre-se no C médio. O C médio tem uma frequência de 261,63 Hertz (Hz). Em outras palavras, um alto-falante, uma corda de guitarra, ou uma corda de piano completaria 261,63 oscilações por segundo. Tomando o recíproco desse valor, você pode encontrar o período da onda, que é fácil ver na Figura 5-1. 1/261,63 equivale a 3,822 milissegundos, que é a largura de uma oscilação completa no gráfico. Usando o Arduino, você pode definir esse período para uma onda quadrada e, assim, ajustar o tom da nota.

É importante notar que o Arduino (excluindo o verdadeiro DAC da Due) não pode realmente fazer uma onda sinusoidal que você poderia observar no mundo real. Uma onda quadrada é uma onda periódica digital — ela também oscila entre um valor alto e um baixo, mas muda instantaneamente, em vez de lentamente como uma onda senoidal. Isso ainda cria uma onda de pressão que resulta em som, mas não soa "belo" como uma onda sinusoidal.

Quanto à amplitude, você pode controlá-la mudando a quantidade de corrente que flui através do alto-falante. Usando um potenciômetro em linha com o alto-falante, você pode ajustar dinamicamente o nível de volume do alto-falante.

Como um alto-falante produz som

Alto-falantes, assim como os motores sobre os quais você aprendeu no capítulo anterior, tiram proveito de forças eletromagnéticas para transformar eletricidade em movimento. Tente segurar um pedaço de metal na parte traseira de seu alto-falante. Você notou alguma coisa interessante? O metal provavelmente é atraído para a parte de trás do alto-falante, porque todos os alto-falantes têm um ímã considerável permanente montado atrás. A Figura 5-2 mostra um corte transversal de um alto-falante comum.

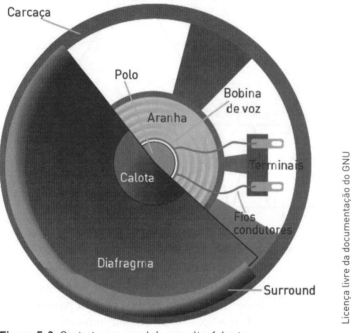

Figura 5-2: Corte transversal de um alto-falante

O ímã permanente é montado atrás da bobina de voz e o polo mostrados na imagem. Conforme você envia um sinal de tensão sinusoidal (ou uma onda quadrada, no caso do Arduino) para os fios da bobina, a mudança de corrente induz um campo magnético que faz com que a bobina de voz e o diafragma vibrem para cima e para baixo enquanto o magneto permanente é atraído e, então, repelido pelo campo magnético que você gerou. Essa vibração em vaivém, por sua vez, vibra o ar na frente do alto-falante, efetivamente criando uma onda sonora que pode viajar para seu tímpano.

Usando tone() para fazer sons

O IDE Arduino inclui uma função integrada para criar facilmente sons de frequências arbitrárias. A função de tone() gera uma onda de frequência quadrada selecionada no pino de saída de sua escolha. A função tone() aceita três argumentos, embora o último seja opcional:

- O primeiro configura o pino que gera o tom.
- O segundo configura a frequência do tom.
- O terceiro (opcional) configura a duração do tom. Se o terceiro argumento não for configurado, o tom continua tocando até que você chame noTone().

Como tone() usa um dos temporizadores de hardware do ATMEGA, você pode começar um tom e fazer outras coisas com o Arduino enquanto continua a reproduzir o som em segundo plano.

Nas seções a seguir, você aprende a tocar sequências sonoras arbitrárias. Uma vez que você tenha obtido esse trabalho, você pode usar tone() como uma resposta a vários insumos (botões, sensores de distância, acelerômetros etc.). No final do capítulo, você constrói um piano simples de cinco botões que pode tocar.

Incluindo um arquivo de definição

Quando se trata de reprodução de música, um arquivo de definição que mapeia frequências para nomes de notas se prova útil. Isso torna mais intuitivo reproduzir clipes musicais simples. Para aqueles familiarizados com a leitura de partituras, você sabe que as notas são indicadas com letras que representam sua altura ou *pitch*. O IDE Arduino inclui um arquivo de cabeçalho que correlaciona cada uma dessas notas com sua respectiva frequência. Em vez de cavar através do diretório de instalação do Arduino para encontrá-lo, basta visitar a página web Exploring Arduino Chapter 5, e baixe arquivo de pitch para seu desktop (www.exploringarduino.com/content/ch5). Você vai colocá-lo em seu diretório de sketches depois de criá-lo.

Em seguida, abra o IDE Arduino e salve o sketch em branco que é criado automaticamente quando você abre o IDE. Como provavelmente já percebeu, quando você salva um sketch, ele na realidade salva uma pasta com esse nome e coloca um arquivo .ino dentro dessa pasta. Ao adicionar outros arquivos a essa pasta, você pode incluí-los em seu programa, tudo enquanto mantém seu código melhor organizado. Copie o arquivo pitches.h que você salvou na área de trabalho para a pasta criada pelo IDE; em seguida, feche o IDE Arduino. Abra o arquivo .ino no IDE Arduino e observe as duas abas que aparecem agora (veja a Figura 5-3).

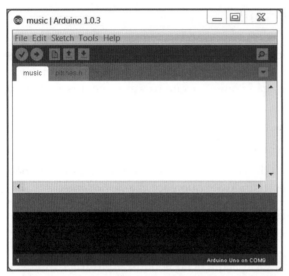

Figura 5-3: IDE Arduino com um arquivo de cabeçalho secundário

Clique na guia pitches.h para ver o conteúdo do arquivo. Repare que é apenas uma lista de instruções de definição, que mapeiam nomes legíveis para valores de frequência dados. Simplesmente ter o arquivo de cabeçalho no IDE não é suficiente, porém. Para garantir que o compilador realmente use essas definições ao compilar seu programa para o Arduino, você precisa dizer ao compilador para procurar o arquivo. Fazer isso é fácil. Basta adicionar esta linha de código para o início de seu arquivo .ino:

```
#include "pitches.h" // Arquivo de cabeçalho com as definições de pitch
```

Para o compilador, esse é essencialmente a mesma coisa que copiar e colar o conteúdo do arquivo de cabeçalho na parte superior de seu arquivo principal. Mas isso mantém o arquivo mais organizado e mais fácil de ler. Nas próximas seções, você escreve o código para o restante desse arquivo para poder realmente usar as definições de pitch que acabou de importar.

Conectando um alto-falante

Agora que você incluiu seu arquivo de cabeçalho de pitches, está pronto para construir um circuito de teste e escrever um programa simples que pode tocar um pouco de música. A instalação elétrica é bastante simples e envolve apenas ligar um alto-falante a um pino de saída do Arduino. Mas lembre-se do que você aprendeu nos capítulos anteriores sobre resistores limitadores de corrente.

Assim como com LEDs, você pretende colocar um resistor limitador de corrente em série com o alto-falante para garantir que não tente consumir muita corrente de um dos pinos E/S do Arduino. Como aprendeu anteriormente, cada pino de E/S pode fornecer apenas um máximo de 40mA, então escolha um resistor que impede você de superar isso. O alto-falante que vem com o kit deste livro tem uma resistência interna de 8Ω (como a maioria dos alto-falantes que você pode comprar); essa resistência vem da bobina que forma o eletroímã. Lembre-se que a lei de Ohm afirma que V = IR. Nesse cenário, o pino de E/S está enviando para a saída 5V, e você não quer exceder 40mA. Resolvendo para R, você descobre que a resistência mínima deve ser: R = 5V / 40mA = 125Ω. O alto-falante já responde por 8Ω; portanto, seu resistor em linha deve ter pelo menos 125Ω – 8Ω = 117Ω. O resistor comum mais próximo é 150Ω, então você pode usar isso. Ao ajustar esse valor resistor, você pode alterar o volume do alto-falante. Para tornar isso o mais fácil possível, você pode usar um potenciômetro em linha com o resistor de 150Ω, como mostrado na Figura 5-4. No esquema, o símbolo R1 representa o resistor de 150Ω, e R2 é o potenciômetro.

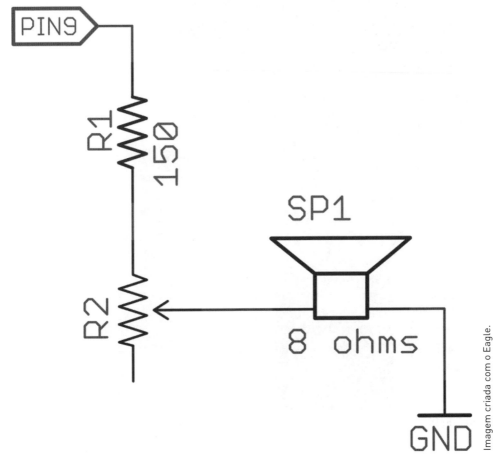

Figura 5-4: Conexão de um alto-falante com o botão de ajuste de volume

Observe que ao contrário de seus usos anteriores de potenciômetros essa configuração utiliza apenas dois pinos: o pino do meio (ou *wiper*) vai para o alto-falante, e qualquer um dos pinos das extremidades se conecta ao resistor de 150Ω. Quando o botão é girado completamente até o terminal desconectado, toda a resistência do potenciômetro é adicionada à resistência em série do resistor de 150Ω, e o volume diminui. Quando o botão é completamente girado em direção ao terminal conectado, isso não adiciona nenhuma resistência à série, e o alto-falante está no volume máximo. Consultando o esquema na Figura 5-4, conecte seu alto-falante ao Arduino. Em seguida, confirme a conexão usando o diagrama na Figura 5-5.

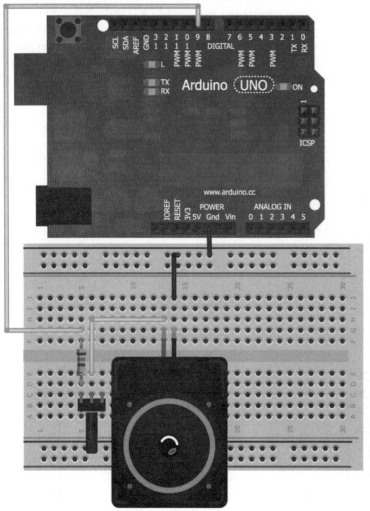

Figura 5-5: Diagrama esquemático de um alto-falante elétrico

Capítulo 5 ■ Produzindo sons **99**

Alto-falantes não têm uma polaridade; você pode conectá-los em qualquer direção. Depois de conectar seu alto-falante com sucesso, você está pronto para fazer música!

Criando sequências sonoras

Para reproduzir algumas músicas, você primeiro aprende a usar arrays para armazenar vários valores facilmente. Você, então, implementa um laço simples para percorrer os arrays de notas e reproduzi-las no alto-falante.

Usando arrays

Um array é uma sequência de valores que estão relacionados de alguma forma. Agrupá-los é a melhor maneira de iterar por eles. Você pode pensar em um array como uma lista numerada. Cada posição tem um índice que indica sua localização na lista, e cada índice tem um valor que você deseja armazenar. Você usa um array aqui para armazenar a lista de notas que quer tocar, na ordem em que você quer tocar.

Para garantir que a memória do Arduino esteja adequadamente gerenciada, você precisa declarar arrays com um comprimento conhecido. Você pode fazer isso especificando explicitamente o número de itens ou simplesmente preenchendo a array com todos os valores em que você está interessado. Por exemplo, se quiser fazer um array que contém quatro valores inteiros, você pode criá-lo como esse:

```
int numbers[4];
```

Opcionalmente, é possível inicializar os valores ao declará-los. Se você inicializar os valores, especificar o comprimento entre parênteses é opcional. Se não for especificado, o comprimento é assumido como sendo igual aos elementos numéricos que você inicializa:

```
// Ambos são aceitáveis
int numbers[4] = {-7, 0, 6, 234};
int numbers[] = {-7, 0, 6, 234};
```

Observe que os arrays são indexados começando em zero. Em outras palavras, o primeiro número é a posição 0, o segundo está na posição 1, e assim por diante. Você pode acessar os elementos de um array em qualquer dado índice, colocando o índice do valor relevante em um colchete após o nome da variável. Se você quiser definir o brilho de um LED conectado ao pino 9 como a terceira entrada em um array, por exemplo, você pode fazê-lo assim:

```
analogWrite(9,numbers[2]);
```

100 Parte II ▪ Controlando seu ambiente

Observe que como a numeração começa em zero, o índice de 2 representa o terceiro valor no array. Se você quiser alterar um dos valores do array, você pode fazê-lo de forma semelhante:

```
numbers[2] = 10;
```

Em seguida, você vai usar arrays (como mostrado nesses exemplos) para criar uma estrutura que pode conter a sequência de notas que você quer tocar em seu alto-falante.

Criando arrays de notas e durações

Para armazenar as informações sobre a música que quer tocar, você pode usar dois arrays com o mesmo comprimento. O primeiro contém a lista dos campos, e o segundo contém a lista de durações pelas quais cada nota deve tocar em milissegundos. Você pode então iterar pelos índices desses arrays e reproduzir sua música.

Usando as pobres habilidades musicais que guardei de minhas aulas de música no colégio, montei uma breve mais simpática melodia:

```
// Array de notas
int notes[] = {
 NOTE_A4, NOTE_E3, NOTE_A4, 0,
 NOTE_A4, NOTE_E3, NOTE_A4, 0,
 NOTE_E4, NOTE_D4, NOTE_C4, NOTE_B4, NOTE_A4, NOTE_B4, NOTE_C4, NOTE_D4,
 NOTE_E4, NOTE_E3, NOTE_A4, 0
};

// A duração de cada nota (em ms)
int times[] = {
 250, 250, 250, 250,
 250, 250, 250, 250,
 125, 125, 125, 125, 125, 125, 125, 125,
 250, 250, 250, 250
};
```

Observe que ambos os arrays têm o mesmo comprimento: 20 itens. Observe também que algumas das notas são especificadas como 0. Estas são pausas musicais (batidas não reproduzidas). Cada par de notas com uma duração proveniente do segundo array. Para aqueles familiarizados com a teoria musical, note que criei as semínimas em 250ms e as colcheias em 125ms. A música está no tempo "quatro por quatro", em termos musicais.

Experimente essa sequência de notas, primeiro; depois, experimente criar suas próprias!

NOTA Ouça uma gravação dessa música, tocada por um Arduino: www. exploringarduino.com/content/ch5.

Completando o programa

O último passo é realmente adicionar a funcionalidade de reprodução ao sketch. Isso pode ser feito com um simples laço que itera por cada índice no array, e reproduz a nota dada pela duração dada. Como provavelmente não quer ouvir isso repetidamente, você pode colocar a funcionalidade de reprodução na função setup() para que ele só aconteça uma vez. Você pode reiniciar a reprodução pressionando o botão Reset. A Listagem 5-1 mostra o programa de reprodução completo.

Listagem 5-1: Tocador de música Arduino — music.ino

```
// Toca uma música em um alto-falante

#include "pitches.h" // Arquivo de cabeçalho com as definições de pitch

const int SPEAKER=9;   // Pino do alto-falante

// Array de notas
int notes[] = {
 NOTE_A4, NOTE_E3, NOTE_A4, 0,
 NOTE_A4, NOTE_E3, NOTE_A4, 0,
 NOTE_E4, NOTE_D4, NOTE_C4, NOTE_B4, NOTE_A4, NOTE_B4, NOTE_C4, NOTE_D4,
 NOTE_E4, NOTE_E3, NOTE_A4, 0
};

// A duração de cada nota (em ms)
int times[] = {
 250, 250, 250, 250,
 250, 250, 250, 250,
 125, 125, 125, 125, 125, 125, 125, 125,
 250, 250, 250, 250
};

void setup()
{
 // Toca cada nota pela duração certa
 for (int i = 0; i < 20; i++)
 {
  tone(SPEAKER, notes[i], times[i]);
  delay(times[i]);
 }
}

void loop()
{
 // Pressione o botão Reset para tocar novamente.
}
```

102 Parte II ■ Controlando seu ambiente

Se você quiser fazer sua própria música, certifique-se de que os arrays permaneçam com comprimento igual e de alterar o limite superior do laço `for()`. Como a função de `tone()` pode ser executada em segundo plano, é importante usar a função de `delay()`. Ao retardar o código por uma quantidade de tempo igual à duração da nota, você garante que o Arduino não toque a próxima nota até que a anterior tenha terminado de tocar pelo tempo que você especificou.

Compreendendo as limitações da função tone()

A função `tone()` tem algumas limitações a considerar. Assim como a biblioteca servo, a função `tone()` conta com um temporizador de hardware que também é utilizado pela funcionalidade de modulação de largura de pulso (PWM) da placa. Se você usar a função `tone()`, a PWM não funciona direito nos pinos 3 e 11 (em placas que não sejam a Mega).

Lembre-se também que os pinos Arduino E/S não são conversores digital-analógicos (DACs). Assim, eles só enviam para saída uma onda quadrada com a frequência fornecida, não uma onda senoidal. Embora isso seja suficiente para fazer sons com um alto-falante, você vai achá-lo indesejável para a reprodução de música. Se você quer reproduzir arquivos de onda, as opções incluem o uso de um shield de reprodução de música (como o shield adafruit Wave ou o shield SparkFun MP3), a implementação de um conversor DAC, ou usando o DAC integrado disponível no Arduino Due usando a biblioteca de áudio exclusiva do Due.

A última limitação é que você pode usar a função `tone()` em apenas um pino de cada vez, o que não é o ideal para a condução de vários alto-falantes. Se quiser conduzir vários alto-falantes ao mesmo tempo a partir de um Arduino padrão, você tem que usar o de controle manual de interrupção por timer, algo sobre o que aprenderá mais no Capítulo 12, "Interrupções por hardware e por timer".

> **NOTA** Para ler um tutorial sobre controle avançado de múltiplos alto--falantes com um Arduino, visite www.jeremyblum.com/2010/09/05/ driving-5-speakers-simultaneously-with-an-arduino/.

Construindo um micropiano

Reproduzir sequências de notas é ótimo para adicionar um controle de áudio para projetos que você já criou. Por exemplo, considere substituir um LED verde de confirmação por um som de confirmação ou acrescentá-lo para trabalhar junto com o LED. Mas, e se você quiser controlar dinamicamente o som? Para encerrar este capítulo, você construirá um piano pentatônico simples. A escala pentatônica consiste em apenas cinco notas por oitava em vez das habituais sete. Curiosamente, as notas de escala pentatônica têm dissonância mínima entre os pitches, o que significa que sempre soam bem juntas. Assim, faz muito sentido usar notas pentatônicas para fazer um piano simples.

NOTA O SudoGlove, entre outras coisas, é uma luva de controle que pode sintetizar música usando a escala pentatônica. Você pode aprender mais sobre ele em www.sudoglove.com.

Para fazer seu piano Arduino, você usa esta escala pentatônica: C, D, E, G, A. Você pode escolher a oitava a ser usado de acordo com sua preferência. Escolhi usar a quarta oitava do cabeçalho do arquivo.

Primeiro, conecte cinco botões ao Arduino. Tal como acontece com os botões no Capítulo 2, "Entradas e saídas digitais, e modulação por largura de pulso" você usa resistores pull-down de 10KΩ com os botões. Nesse cenário, você não precisa fazer o debounce dos botões porque a nota será tocada somente enquanto o botão desejado estiver pressionado. Conecte os botões, como mostrado na Figura 5-6 e mantenha o alto-falante ligado como você fez anteriormente.

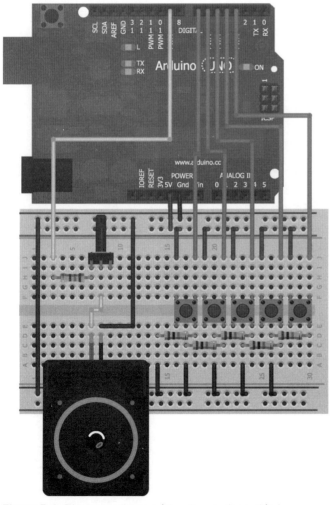

Imagem criada com Fritzing.

Figura 5-6: Diagrama esquemático de um piano elétrico

104 Parte II ∎ Controlando seu ambiente

O código para o piano é realmente muito simples. A cada iteração pelo loop, cada botão é verificado. Enquanto um botão é pressionado, uma nota é tocada. Aqui, o `tone()` é usado sem uma duração porque a nota vai tocar enquanto o botão for mantido pressionado. Em vez disso, `noTone()` é chamado no final do `loop()` para garantir que o alto-falante deixe de fazer barulho quando todos os botões forem liberados. Como são necessárias apenas algumas notas, você pode copiar os valores do arquivo de cabeçalho que lhe interessam diretamente para o arquivo principal do programa. Em um novo sketch, carregue o código mostrado na Listagem 5-2 e envie-o para o Arduino. Então, mande brasa em seu piano!

Listagem 5-2: Micropiano pentatônico — piano.ino

```
// Piano pentatônico
// CDEGA

#define NOTE_C  262 // Hz
#define NOTE_D  294 // Hz
#define NOTE_E  330 // Hz
#define NOTE_G  392 // Hz
#define NOTE_A  440 // Hz

const int SPEAKER=9;  // Alto-falante no pino 9

const int BUTTON_C=7;  // Pino do botão
const int BUTTON_D=6;  // Pino do botão
const int BUTTON_E=5;  // Pino do botão
const int BUTTON_G=4;  // Pino do botão
const int BUTTON_A=3;  // Pino do botão

void setup()
{
 // Nenhuma configuração necessária
 // A função tone configura as saídas
}

void loop()
{
 while (digitalRead(BUTTON_C))
  tone(SPEAKER, NOTE_C);
 while(digitalRead(BUTTON_D))
  tone(SPEAKER, NOTE_D);
 while(digitalRead(BUTTON_E))
  tone(SPEAKER, NOTE_E);
 while(digitalRead(BUTTON_G))
  tone(SPEAKER, NOTE_G);
 while(digitalRead(BUTTON_A))
  tone(SPEAKER, NOTE_A);

 // Para de tocar se todos os botões forem liberados
 noTone(SPEAKER);
}
```

Cada ciclo `while()` irá chamar continuamente a função `tone()` na frequência apropriada durante o tempo em que o botão for pressionado. O botão pode ser lido dentro da avaliação do laço `while()` para evitar ter que primeiro salvar a leitura para um valor temporário. `digitalRead()` retorna um valor booleano "true" sempre que um botão de entrada é alto; o valor pode ser diretamente avaliado pelo loop `while()`. Para manter seu código mais organizado, você não precisa usar parênteses para o conteúdo de um loop se o conteúdo é apenas uma linha, como neste exemplo. Se tiver várias linhas, você deve usar chaves como fez nos exemplos anteriores.

NOTA   Para assistir a um vídeo de demonstração do micropiano, visite www.exploringarduino.com/content/ch5.

Resumo

Neste capítulo, você aprendeu:

- Alto-falantes criam uma onda de pressão que viaja através do ar e é percebida como som por seus ouvidos.
- Alterar a corrente elétrica induz um campo magnético que pode ser utilizado para criar um som de um alto-falante.
- A função `tone()` pode ser usada para gerar sons de frequências e durações arbitrárias.
- A linguagem de programação Arduino suporta o uso de arrays para iterar por sequências de dados.
- O volume dos alto-falantes pode ser ajustado usando um potenciômetro em série com um alto-falante.

CAPÍTULO 6

USB e comunicação serial

Peças que você precisa para este capítulo

Arduino Uno

Arduino Leonardo

Cabo USB (A para B no Uno)

Cabo USB (A para Micro B no Leonardo)

LED

RGB LED (cátodo comum)

Resistor de 150Ω

Resistor de 220Ω (× 3)

Resistor de 10kΩ (x 2)

Botão de pressão

Fotorresistor

Sensor de temperatura TMP36

Joystick de dois eixos (SparkFun, Parallax ou adafruit sugeridos)

Fios jumper

Matriz de contato

Potenciômetro

108 Parte II ▪ Controlando seu ambiente

CÓDIGO E CONTEÚDO DIGITAL PARA ESTE CAPÍTULO

Downloads de código, vídeo e outros conteúdos digitais para este capítulo podem ser encontrados em `www.exploringarduino.com/content/ch6`.

Além disso, os códigos também podem ser encontrados em `www.altabooks.com.br`, procurando pelo nome do livro. Outra opção é em `www.wiley.com/go/exploringarduino`, na guia Download Code. Eles estão no arquivo chapter 06 download e individualmente nomeados de acordo com seus nomes ao longo do capítulo.

Talvez a parte mais importante de qualquer Arduino seja sua capacidade de ser programado diretamente por meio de uma porta serial USB. Esse recurso permite programar o Arduino sem qualquer hardware especial, como um AVR ISP MKII. Normalmente, microcontroladores contam com uma peça de hardware externo dedicado (como o MKII) para servir como um programador que se conecta entre seu computador e o microcontrolador que você está tentando programar. No caso do Arduino, esse programador é essencialmente incorporado à placa, em vez de ser uma peça de hardware externo. Além do mais, isso lhe oferece uma conexão direta com o USART (Universal Synchronous/Asynchronous Receiver and Transmitter) integrado. Usando essa interface, você pode enviar informações entre o computador host e o Arduino, ou entre o Arduino e outros componentes habilitados para comunicações seriais (incluindo outros Arduinos).

Este capítulo abrange praticamente tudo que você poderia querer saber sobre como conectar um Arduino ao computador via USB e transmitir dados entre os dois. Diferentes Arduinos têm diferentes capacidades seriais, assim este capítulo aborda cada um deles, e você construirá projetos de exemplo com cada tecnologia de comunicação serial para ficar familiarizado com a melhor maneira possível de tirar proveito delas. Observe que, como um resultado disso, a lista de peças inclui vários tipos de Arduinos. Dependendo de qual Arduino está tentando aprender, você pode escolher quais seções ler, quais exemplos explorar e quais partes da lista de peças que realmente precisa para suas explorações Arduino.

Entendendo as capacidades de comunicação serial do Arduino

Como já aludido na introdução deste capítulo, as diferentes placas Arduino oferecem um grande número de diferentes implementações seriais, tanto em termos de como o hardware implementa os adaptadores USB para serial como em termos de suporte de software para vários recursos. Em primeiro lugar, nesta seção, você aprenderá sobre as diversas interfaces de hardware de comunicação serial oferecidos em diferentes placas Arduino.

Capítulo 6 ■ USB e comunicação serial 109

NOTA Para saber tudo sobre comunicação serial, confira este tutorial:
www.jeremyblum.com/2011/02/07/arduino-tutorial-6-serial
-communication-and-processing/.

Para começar, você precisa entender as diferenças entre serial e USB. Dependendo de quantos anos tem, você pode até não se lembrar de portas seriais (ou, tecnicamente, RS-232), porque elas foram substituídas principalmente pela USB. A Figura 6-1 mostra como é uma porta serial padrão.

Figura 6-1: Porta serial

As placas Arduino originais vinham equipadas com uma porta serial que você conectava a seu computador com um cabo serial de 9 pinos. Hoje em dia, alguns computadores ainda têm essas portas, embora você possa usar adaptadores para converter portas seriais DB-9 (o tipo de conector de 9 pinos) em portas USB. Microcontroladores como o ATMega328P que você encontra no Arduino Uno têm uma porta serial de hardware. Ele inclui um pino de transmissão (TX) e um recebimento (RX) que podem ser acessados nos pinos digitais 0 e 1. Como explicado na barra lateral no Capítulo 1, "Ligando o Arduino e fazendo-o piscar", o Arduino é equipado com um bootloader que permite programá-lo por meio dessa interface serial. Para facilitar isso, os pinos são "multiplexados" (o que significa que eles estão conectados a mais de uma função); eles se conectam, indiretamente, às linhas de transmissão e recepção de seu cabo USB. Mas serial e USB não são diretamente compatíveis, então um dos dois métodos é utilizado para fazer uma ponte entre os dois. Uma opção é usar um circuito integrado (IC) secundário para facilitar a conversão entre os dois (tanto on-board como off-board em relação ao Arduino). Esse é o tipo de interface presente em um Uno, em que um IC intermediário facilita a comunicação USB para serial. A opção dois é um microcontrolador que tem um controlador USB integrado (como o 32U4 MCU do Arduino Leonardo).

Placas Arduino com um conversor FTDI USB-serial interno ou externo

Como foi explicado, muitas placas Arduino (e clones Arduino) usam um circuito integrado secundário para facilitar a conversão USB-serial. O chip "FTDI" é um chip popular que tem apenas uma função: converter entre serial e USB. Quando o computador se conecta a um chip FTDI, ele aparece no computador como uma "porta serial virtual" que você pode acessar como se fosse uma porta DB9 conectada diretamente ao computador. A Figura 6-2 mostra a parte inferior de um Arduino Nano, que utiliza um chip integrado FTDI.

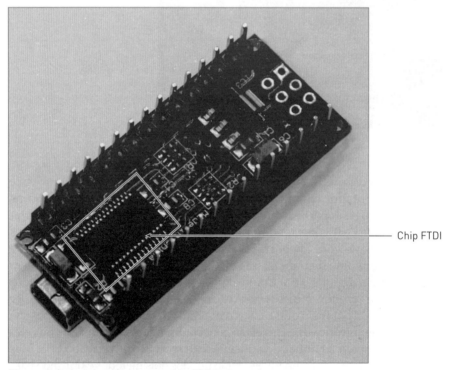

Figura 6-2: Arduino Nano com chip FTDI integrado

NOTA Para seu computador se comunicar com um adaptador FTDI de serial para USB, você precisará instalar os drivers. Você pode encontrar as versões mais recentes para Windows, OS X e Linux em www.ftdichip.com/Drivers/VCP.htm. Há um link para essa página a partir da página Chapter 6 do site Exploring Arduino.

Em algumas placas, geralmente para reduzir o tamanho delas, o chip FTDI é externo à placa principal, com um "conector FTDI" de 6 pinos padronizado deixado para a conexão com um cabo FTDI (um cabo USB com um chip FTDI integrado na extremidade do cabo) ou uma pequena *breakout board* FTDI. As Figuras 6-3 e 6-4 mostram essas opções.

Figura 6-3: Cabo FTDI

Figura 6-4: Placa adaptadora FTDI SparkFun

112   Parte II ▪ Controlando seu ambiente

Usar uma placa com um programador FTDI removível é ótimo se você está fazendo um projeto que não vai precisar estar conectado a um computador via USB para ser executado. Isso irá reduzir o custo se você estiver produzindo vários dispositivos, e reduzir o tamanho global do produto acabado.

A seguir está uma lista de placas Arduino que usam um chip FTDI onboard. Observe que novas placas Arduino não utilizam um chip FTDI, por isso a maioria das placas listadas abaixo foi descontinuada. Mas ainda há muitos clones dessas placas disponíveis para compra, por isso elas são relacionadas aqui para a lista ser completa:

- Arduino Nano
- Arduino Extrema
- Arduino NG
- Arduino Diecimila
- Arduino Duemilanove
- Arduino Mega (original)

A lista abaixo é uma relação de placas Arduino que usam um programador FTDI externo:

- Arduino Pro
- Arduino Pro Mini
- Arduino Lilypad
- Arduino Fio
- Arduino Mini
- Arduino Ethernet

Placas Arduino com uma MCU ATMega secundária com USB emulando um conversor serial

O Arduino Uno foi a primeira placa para introduzir a utilização de um circuito integrado com exceção do chip FTDI para lidar com a conversão USB-serial. Funcionalmente, ele opera exatamente da mesma maneira, com algumas pequenas diferenças técnicas. A Figura 6-5 mostra o conversor serial 8U2 da Uno (agora um 16U2 nas revisões mais recentes).

Segue-se uma breve lista das diferenças:

- Primeiro, no Windows, placas com essa nova solução de conversão USB-serial exigem que um controlador personalizado seja instalado. Esse controlador vem com o IDE Arduino quando você faz o download dele. (Drivers não são necessários para OS X ou Linux.)

- Em segundo lugar, a utilização dessa segunda unidade microcontroladora (MCU) para a conversão permitiu uma personalização do Arduino em que o ID fornecedor e o ID do produto são relatados para o computador host quando a placa é conectada. Quando uma placa baseada em FTDI era conectada a um computador, ela apenas aparecia como um dispositivo genérico de conversão USB-serial. Quando uma placa Arduino usando um IC conversor não FTDI (um ATMega 8U2 no caso dos primeiros Arduino Unos, agora um 16U2) é conectada, ela é identificada para o computador como uma placa Arduino.

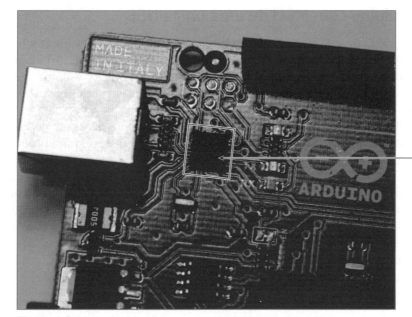

Figura 6-5: Vista do chip conversor serial 8U2 do Arduino Uno

- Por último, como a MCU secundária é completamente programável (ela roda uma pilha de firmware chamado LUFA que emula um conversor USB-serial), você pode alterar seu firmware para fazer o Arduino aparecer como algo diferente de uma porta serial virtual, como um dispositivo de joystick, teclado ou MIDI. Para esse tipo de mudança, o firmware LUFA USB para serial não é carregado, e você teria de programar o Arduino diretamente usando o programador serial integrado ao circuito com um dispositivo como o AVR ISP MKII.

Segue-se uma lista de placas Arduino que utilizam uma MCU secundária onboard para lidar com a conversão USB-serial:

- Arduino Uno
- Arduino Mega 2560
- Arduino Mega ADK (baseada no 2560)
- Arduino Due (também pode ser programada diretamente)

Placas Arduino com MCU de uma única USB

A placa Arduino Leonardo foi a primeira a ter apenas um chip que funciona tanto como um MCU programável pelo usuário quanto como uma interface USB. A Leonardo (e placas Arduino similares) emprega o microcontrolador ATMega 32U4, um chip que tem comunicação USB direta integrada. Esse recurso resulta em vários novos recursos e melhorias.

Em primeiro lugar, o custo da placa é reduzido porque menos peças são necessárias, e porque menos uma etapa de programação de fábrica é necessário para produzir as placas. Em segundo lugar, a placa pode mais facilmente ser usada para emular outros dispositivos USB do que uma porta serial (como um teclado, mouse ou joystick). Em terceiro lugar, a única porta USART comum no microcontrolador ATMega não precisa ser multiplexada com o programador USB, assim, a comunicação com o computador host e um dispositivo serial secundário (como uma unidade de GPS) pode acontecer simultaneamente.

Segue-se uma lista de placas Arduino que usam uma MCU com uma única USB:

- Arduino Due (também pode ser programada via MCU secundária)
- LilyPad Arduino USB
- Arduino Esplora
- Arduino Leonardo
- Arduino Micro

Placas Arduino com capacidades de host USB

Algumas placas Arduino podem se conectar a dispositivos USB como um host, permitindo que você conecte dispositivos USB tradicionais (teclados, mouses, telefones Android) a uma Arduino. Naturalmente, deve haver drivers apropriados para suportar o dispositivo que você está conectando. Por exemplo, você não pode simplesmente conectar uma webcam a uma placa Arduino Due e esperar ser capaz de tirar fotos sem nenhum trabalho adicional. A placa Due atualmente suporta uma classe host USB que permite conectar um teclado ou um mouse à porta USB *on-the-go* (OTG, isto é, uma USB com cabo adaptador) da Due para controlá-la. O Arduino Mega ADK utiliza o Android Open Accessory Protocol (AOA) para facilitar a comunicação entre o Arduino e um dispositivo Android. Isso é usado principalmente para controlar E/S do Arduino a partir de um aplicativo em execução no dispositivo Android.

Duas placas Arduino que têm capacidades de host USB são a Arduino Due e a Mega Arduino ADK (baseado no microcontrolador Mega 2560).

Ouvindo o Arduino

A função serial mais básica que você pode fazer com uma Arduino é imprimir no terminal serial do computador. Você já fez isso em vários dos capítulos anteriores. Nesta seção, a funcionalidade é explorada de forma mais aprofundada, e mais tarde neste capítulo você vai poder construir alguns aplicativos desktop que respondem aos dados que envia, em vez de apenas imprimi-los no terminal. Esse processo é o mesmo para todas as placas Arduino.

Usando instruções print

Para imprimir dados no terminal, você só precisa utilizar três funções:

- `Serial.begin(baud_rate)`
- `Serial.print("Message")`
- `Serial.println("Message")`

onde `baud_rate` e `"Message"` são variáveis que você especifica.

Como você já aprendeu, `Serial.begin()` deve ser chamada uma vez no início do programa no `setup()` para preparar a porta serial para a comunicação. Depois de ter feito isso, você pode usar livremente `Serial.print()` e `Serial.println()` para enviar dados para a porta serial. A única diferença entre os dois é que `Serial.println()` adiciona um retorno de carro no final da linha (de modo que a próxima coisa impressa aparece na linha seguinte). Para experimentar essa funcionalidade, conecte um circuito simples, com um potenciômetro ligado ao pino A0 no Arduino, como mostrado na Figura 6-6.

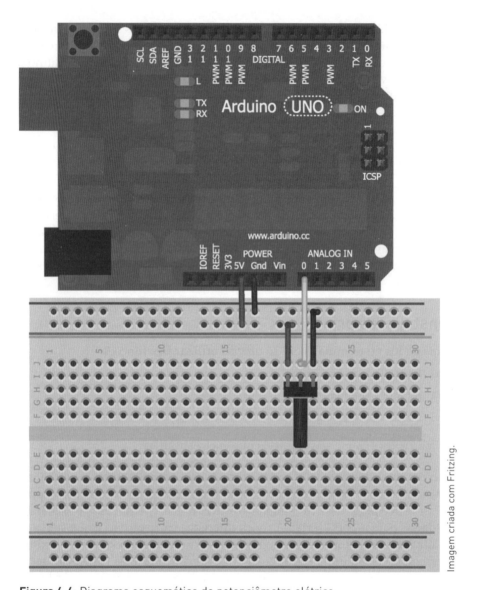

Figura 6-6: Diagrama esquemático do potenciômetro elétrico

Depois de conectar o potenciômetro, carregue o programa simples mostrado na Listagem 6-1 que lê o valor do potenciômetro e o imprime tanto como um valor bruto quanto como um valor percentual.

Listagem 6-1: Programa de teste para impressão na porta serial usando um potenciômetro — pot.ino

```
// Teste simples de impressão na porta serial com um potenciômetro

const int POT=0;  // Pot no pino analógico 0

void setup()
{
  Serial.begin(9600); // Inicia a porta com baud = 9600
}

void loop()
{
  int val = analogRead(POT);          // Lê o potenciômetro
  int per = map(val, 0, 1023, 0, 100); // Converte em percentagem
  Serial.print("Analog Reading: ");
  Serial.print(val);                  // Imprime valor analógico bruto
  Serial.print("  Percentage: ");
  Serial.print(per);                  // Imprime valor analógico percentual
  Serial.println("%");                // Imprime sinal % e nova linha
  delay(1000);                        // Espera um segundo, então, repete
}
```

Usando uma combinação de instruções `Serial.print()` e `Serial.println()`, esse código imprime tanto os valores brutos como os percentuais uma vez por segundo. Observe que usando nossa função `Serial.println()` apenas na última linha, cada transmissão anterior permanece na mesma linha.

Abra o monitor serial do IDE Arduino e certifique-se de que sua taxa de transmissão está configurada como 9600 para coincidir com o valor definido no sketch Arduino. Você deve ver os valores imprimindo uma vez por segundo à medida que você gira o potenciômetro.

Usando caracteres especiais

Você também pode transmitir uma variedade de "caracteres especiais" pela porta serial, o que permite alterar a formatação dos dados seriais impressos. Você indica esses caracteres especiais com um caractere de barra de escape (\) seguido por um caractere de comando. Há vários desses caracteres especiais, mas os dois de maior interesse são os caracteres de tabulação e de nova linha. Para inserir um caractere de tabulação, adicione um \t à sequência. Para inserir um caractere de nova linha, adicione um \n à sequência. Isso é particularmente útil quando se quer que uma nova linha seja inserida no início de uma sequência, em vez de no final como a função `Serial.println()` faz. Se, por alguma razão, você realmente quiser imprimir \n ou \t na string, basta imprimir \\n ou \\t, respectivamente. A Listagem 6-2 é uma modificação do código anterior que utiliza esses caracteres especiais para mostrar os dados em um formato tabular.

118   Parte II ▪ Controlando seu ambiente

Listagem 6-2: Impressão tabular utilizando caracteres especiais — pot_tabular.ino

```
// Teste de impressão serial tabular com um potenciômetro

const int POT=0;  // Pot no pino analógico 0

void setup()
{
  Serial.begin(9600); // Inicie a porta serial com baud = 9600
}

void loop()
{
  Serial.println("\nAnalog Pin\tRaw Value\tPercentage");
  Serial.println("-------------------------------------------");
  for (int i = 0; i < 10; i++)
  {
    int val = analogRead(POT);                // Lê o potenciômetro
    int per = map(val, 0, 1023, 0, 100); // Converte em percentagem

    Serial.print("A0\t\t");
    Serial.print(val);
    Serial.print("\t\t");
    Serial.print(per);                  // Imprime valor analógico percentual
    Serial.println("%");                // Imprime sinal % e nova linha
    delay(1000);                        // Espera um segundo, então, repete
  }
}
```

À medida que você gira o potenciômetro, a saída desse programa deve ficar parecida com os resultados apresentados na Figura 6-7.

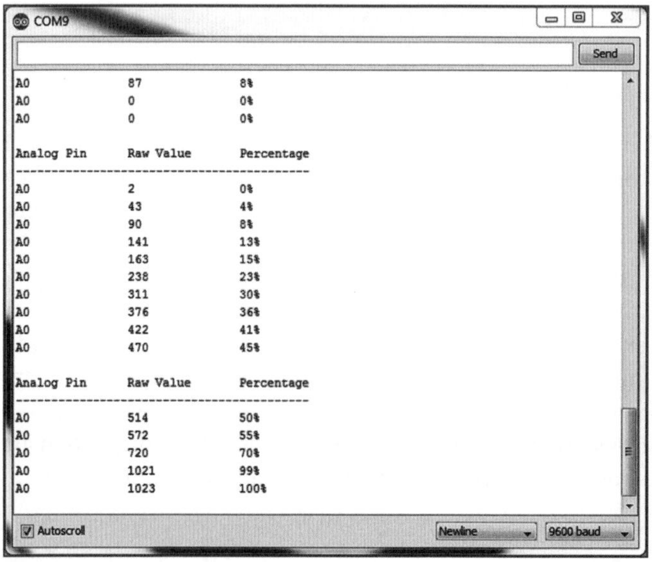

Figura 6-7: Captura de tela de terminal serial com dados tabulares

Mudando as representações de tipo de dados

As funções Serial.print() e Serial.println() são bastante inteligentes quando se trata de imprimir dados no formato que você está esperando. Mas você tem opções para exibição de dados em vários formatos, incluindo hexadecimal, octal e binário. ASCII codificado em decimal é o formato padrão. As funções Serial.print() e Serial.println() têm um segundo argumento opcional que especifica o formato de impressão. A Tabela 6-1 inclui exemplos de como você iria imprimir os mesmos dados em vários formatos e como eles iriam aparecer em seu terminal serial.

Tabela 6-1: Opções de tipo de dados seriais

TIPO DE DADO	EXEMPLO DE CÓDIGO	SAÍDA SERIAL
Decimal	Serial.println(23);	23
Hexadecimal	Serial.println(23, HEX);	17
Octal	Serial.println(23, OCT);	27
Binário	Serial.println(23, BIN);	00010111

Conversando com o Arduino

De que adianta falar com o Arduino se ele vai apenas em uma direção? Agora que você entende como o Arduino envia dados para o computador, vamos dedicar algum tempo para ver como enviar comandos de seu computador para o Arduino. Você provavelmente já reparou que o monitor serial do IDE Arduino tem um campo de entrada de texto na parte superior, e um menu suspenso na parte inferior. A Figura 6-8 destaca ambos.

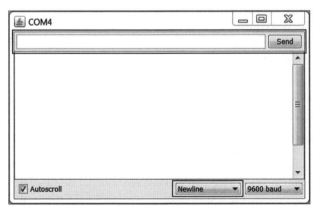

Figura 6-8: Captura de tela de terminal serial destacando campo de entrada de texto e o menu suspenso Line Ending Options

120   Parte II ■ Controlando seu ambiente

Primeiro, certifique-se de que o menu suspenso está configurado para Newline. O menu suspenso determina o que é anexado, se algo o é, ao final de seus comandos quando você os envia para o Arduino. Os exemplos nas próximas seções assumem que tenha selecionado Newline, que apenas acrescenta um \n ao final de qualquer coisa que você envia a partir do campo de entrada de texto na parte superior da janela do monitor serial.

Ao contrário de alguns outros programas de terminal, o monitor serial do IDE Arduino envia toda sua string de comando de uma só vez (à taxa de transmissão que você especifica) quando a tecla Enter ou o botão Send é pressionado. Isso se contrapõe a outros terminais seriais como PuTTy (há um link para este a partir da página de conteúdo digital deste capítulo em www.exploringarduino.com) que enviam caracteres à medida que você os digita.

Lendo informações a partir de um computador ou outro dispositivo serial

Você começa usando o monitor serial do IDE Arduino para enviar comandos manualmente para o Arduino. Depois que isso estiver funcionando, você vai aprender a enviar vários valores de comando de uma só vez e a construir uma interface gráfica simples para enviar comandos.

É importante lembrar que a porta serial do Arduino tem um buffer. Em outras palavras, você pode enviar vários bytes de dados de uma só vez e o Arduino vai os enfileirar e os processar em ordem com base no conteúdo de seu sketch. Você não precisa se preocupar com o envio de dados mais rápido do que seu tempo de loop, mas precisa se preocupar em não exceder o limite do buffer e, assim, perder informações.

Instruindo o Arduino para ecoar dados de entrada

A coisa mais simples que você pode fazer é instruir o Arduino a ecoar de volta tudo o que lhe enviar. Para realizar isso, o Arduino basicamente só precisa monitorar seu buffer de entrada serial e imprimir qualquer caractere que ele receba. Para tanto, você precisa implementar dois novos comandos a partir do objeto `serial`:

- `Serial.available()` retorna o número de caracteres (ou bytes) que estão atualmente armazenados no buffer serial de entrada do Arduino. Sempre que ele for maior que zero, você vai ler os caracteres e ecoá-los de volta para o computador.
- `Serial.read()` lê e retorna o próximo caractere que está disponível no buffer.

Observe que cada chamada a `Serial.read()` retornará apenas 1 byte, então você precisa executá-la durante o tempo que `Serial.available()` estiver retornando um valor maior que zero. Cada vez que `Serial.read()` lê um byte, esse byte também é removido do buffer, assim o byte seguinte está pronto para ser lido. Com esse conhecimento, você pode agora escrever e carregar no Arduino o programa echo que é mostrado na Listagem 6-3.

Listagem 6-3: Teste de eco serial no Arduino — echo.ino

```
// Ecoa cada caractere

char data; // Armazena o caractere recebido

void setup()
{
  Serial.begin(9600); // Porta serial a 9600 baud
}

void loop()
{
  // Só imprime quando os dados são recebidos
  if (Serial.available() > 0)
  {
    data = Serial.read(); // Lê byte de dados
    Serial.print(data);   // Imprime byte dados
  }
}
```

Inicie o monitor serial e escreva o que quiser no campo de entrada de texto. Assim que você pressionar Send, o que quer que tenha digitado é ecoado de volta e exibido no monitor serial. Você já escolheu anexar uma "newline" ao final de cada comando, o que irá garantir que cada resposta esteja em uma nova linha. É por isso que `Serial.print()` é utilizado em vez de `Serial.println()` na listagem anterior.

Entendendo as diferenças entre chars e ints

Ao enviar um caractere alfanumérico via monitor serial, você não está realmente passando um "5" ou um "A". Você está enviando um byte que o computador interpreta como um caractere. No caso da comunicação serial, o conjunto de caracteres ASCII é usado para representar todas as letras, números, símbolos e comandos especiais que você pode querer enviar. O conjunto de caracteres ASCII básico, mostrado na Figura 6-9, é um conjunto de 7 bits e contém um total de 128 caracteres ou comandos únicos.

Ao ler um valor que você tenha enviado a partir do computador, como fez na Listagem 6-3, os dados devem ser lidos como um tipo `char`. Mesmo que espere somente enviar números do terminal serial, você precisa ler valores como um caractere em primeiro lugar, e, então, converter, se necessário. Por exemplo, se você tivesse que modificar o código para declarar `data` como tipo `int`, o envio de um valor de 5 retornaria 53 ao monitor serial porque a representação decimal do caractere 5 é o número 53. Você pode confirmar isso consultando a tabela de referência ASCII na Figura 6-9.

Hex	Dec	Char		Hex	Dec	Char	Hex	Dec	Char	Hex	Dec	Char
0x00	0	NULL	null	0x20	32	Space	0x40	64	@	0x60	96	`
0x01	1	SOH	Start of heading	0x21	33	!	0x41	65	A	0x61	97	a
0x02	2	STX	Start of text	0x22	34	"	0x42	66	B	0x62	98	b
0x03	3	ETX	End of text	0x23	35	#	0x43	67	C	0x63	99	c
0x04	4	EOT	End of transmission	0x24	36	$	0x44	68	D	0x64	100	d
0x05	5	ENQ	Enquiry	0x25	37	%	0x45	69	E	0x65	101	e
0x06	6	ACK	Acknowledge	0x26	38	&	0x46	70	F	0x66	102	f
0x07	7	BELL	Bell	0x27	39	'	0x47	71	G	0x67	103	g
0x08	8	BS	Backspace	0x28	40	(	0x48	72	H	0x68	104	h
0x09	9	TAB	Horizontal tab	0x29	41	)	0x49	73	I	0x69	105	i
0x0A	10	LF	New line	0x2A	42	*	0x4A	74	J	0x6A	106	j
0x0B	11	VT	Vertical tab	0x2B	43	+	0x4B	75	K	0x6B	107	k
0x0C	12	FF	Form Feed	0x2C	44	,	0x4C	76	L	0x6C	108	l
0x0D	13	CR	Carriage return	0x2D	45	-	0x4D	77	M	0x6D	109	m
0x0E	14	SO	Shift out	0x2E	46	.	0x4E	78	N	0x6E	110	n
0x0F	15	SI	Shift in	0x2F	47	/	0x4F	79	O	0x6F	111	o
0x10	16	DLE	Data link escape	0x30	48	0	0x50	80	P	0x70	112	p
0x11	17	DC1	Device control 1	0x31	49	1	0x51	81	Q	0x71	113	q
0x12	18	DC2	Device control 2	0x32	50	2	0x52	82	R	0x72	114	r
0x13	19	DC3	Device control 3	0x33	51	3	0x53	83	S	0x73	115	s
0x14	20	DC4	Device control 4	0x34	52	4	0x54	84	T	0x74	116	t
0x15	21	NAK	Negative ack	0x35	53	5	0x55	85	U	0x75	117	u
0x16	22	SYN	Synchronous idle	0x36	54	6	0x56	86	V	0x76	118	v
0x17	23	ETB	End transmission block	0x37	55	7	0x57	87	W	0x77	119	w
0x18	24	CAN	Cancel	0x38	56	8	0x58	88	X	0x78	120	x
0x19	25	EM	End of medium	0x39	57	9	0x59	89	Y	0x79	121	y
0x1A	26	SUB	Substitute	0x3A	58	:	0x5A	90	Z	0x7A	122	z
0x1B	27	FSC	Escape	0x3B	59	;	0x5B	91	[	0x7B	123	{
0x1C	28	FS	File separator	0x3C	60	<	0x5C	92	\	0x7C	124	|
0x1D	29	GS	Group separator	0x3D	61	=	0x5D	93	]	0x7D	125	}
0x1E	30	RS	Record separator	0x3E	62	>	0x5E	94	^	0x7E	126	~
0x1F	31	US	Unit separator	0x3F	63	?	0x5F	95	_	0x7F	127	DEL

Crédito: Ben Borowiec, www.benborowiec.com.

Figura 6-9: Tabela ASCII

Mas muitas vezes você vai querer enviar valores numéricos para o Arduino. Então, como você faz isso? Você pode fazê-lo de várias maneiras. Primeiro, você pode simplesmente comparar os caracteres diretamente. Se quiser acender um LED quando enviar um 1, você pode comparar os valores dos caracteres assim: `if (Serial.read() == '1')`. Observe que as aspas simples ao redor do `'1'` indicam que ele deve ser tratado como um caractere.

Uma segunda opção é converter cada byte de entrada em um número inteiro subtraindo o caractere de valor zero, como aqui: `int val = Serial.read() - '0'`. Mas isso não funciona muito bem se você pretende enviar os números que são maiores do que 9, porque eles terão vários dígitos. Para lidar com isso, o IDE Arduino inclui uma função útil chamada `parseInt()` que tenta extrair números inteiros de um fluxo de dados seriais. Os exemplos que se seguem explicam essas técnicas mais detalhadamente.

Enviando caracteres simples para controlar um LED

Antes de se aprofundar na análise de strings maiores em números de vários dígitos, comece escrevendo um sketch que usa uma comparação simples de caractere para controlar um LED. Você vai enviar um 1 para acender um LED, e um 0 para apagá-lo. Conecte um LED ao pino 9 do Arduino, como mostrado na Figura 6-10.

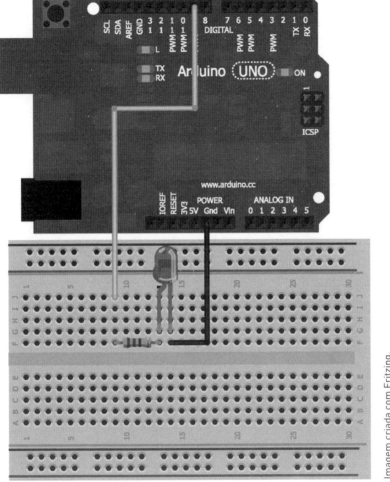

Figura 6-10: LED único ligado ao Arduino no pino 9

Como explicado na seção anterior, quando se envia um único caractere, a coisa mais fácil a fazer é realizar uma comparação simples de caractere em uma instrução if. Cada vez que um caractere é adicionado ao buffer, ele é comparado com um valor '0' ou '1', e a ação apropriada é tomada. Carregue o código da Listagem 6-4 e experimente enviar um 0 ou um 1 a partir do terminal serial.

124   Parte II ▪ Controlando seu ambiente

Listagem 6-4: Controle de LED único usando caracteres — single_char_control.ino

```
// Controle de caractere único de um LED

const int LED=9;

char data; // Armazena o caractere recebido

void setup()
{
  Serial.begin(9600); // Porta serial a 9600 baud
  pinMode(LED, OUTPUT);
}

void loop()
{
  // Só age quando os dados estão disponíveis no buffer
  if (Serial.available() > 0)
  {
    data = Serial.read(); // Lê byte de dados
    // Acende o LED
    if (data == '1')
    {
      digitalWrite(LED, HIGH);
      Serial.println("LED ON");
    }
    // Apaga o LED
    else if (data == '0')
    {
      digitalWrite(LED, LOW);
      Serial.println("LED OFF");
    }
  }

}
```

Note que é usada uma instrução `else...if` em vez de uma instrução `else` simples. Como seu terminal também está configurado para enviar um caractere de nova linha a cada transmissão, é fundamental limpar esses caracteres do buffer. `Serial.read()` irá ler o caractere de nova linha, ver que não é equivalente a um `'0'` ou `'1'` e sobrescrevê-lo na próxima vez que `Serial.read()` for chamada. Se apenas uma instrução `else` for utilizada, tanto o `'0'` como o `'\n'` apagariam o LED. Mesmo ao enviar um `'1'`, o LED apaga imediatamente de novo quando o `'\n'` é recebido!

Enviando listas de valores para controlar um LED RGB

Enviar um comando de único caractere é bom para controlar um único pino digital, mas e se você quiser realizar alguns esquemas de controle mais complexos? Esta seção explora o envio de vários valores separados por vírgula para comandar simultaneamente vários dispositivos. Para facilitar o teste, conecte um LED RGB de cátodo comum, como mostrado na Figura 6-11.

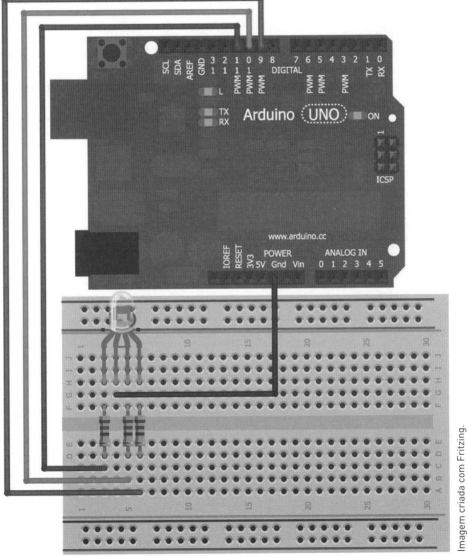

Figura 6-11: LED RGB conectado ao Arduino

126 Parte II ▪ Controlando seu ambiente

Para controlar esse LED RGB, você envia três valores de 8 bits separados (0-255) para configurar o brilho de cada cor de LED. Por exemplo, para configurar todas as cores com o brilho máximo, você envia "255,255,255". Isso apresenta alguns desafios:

- Você precisa diferenciar entre números e vírgulas.

- Você precisa converter essa sequência de caracteres em números inteiros que pode passar para funções analogWrite().

- Você precisa ser capaz de lidar com o fato de que os valores podem ter um, dois ou três dígitos.

Felizmente, o IDE Arduino implementa uma função muito útil para identificar e extrair números inteiros: Serial.parseInt(). Cada chamada a essa função espera até que um valor não numérico entre no buffer serial, e converte os dígitos anteriores em um número inteiro. Os dois primeiros valores são lidos quando vírgulas são detectadas, e o último valor é lido quando a nova linha é detectada.

Para testar essa função, carregue o programa mostrado na Listagem 6-5 no Arduino.

Listagem 6-5: Controle de LED RGB via serial — list_control.ino

```
// Envio de múltiplas variáveis de uma vez

// Define os pinos LED
const int RED   =11;
const int GREEN =10;
const int BLUE  =9;

// Variáveis para os níveis de RGB
int rval = 0;
int gval = 0;
int bval = 0;

void setup()
{
  Serial.begin(9600); // Porta serial a 9600 baud

  // Configura os pinos como saídas
  pinMode(RED, OUTPUT);
  pinMode(GREEN, OUTPUT);
  pinMode(BLUE, OUTPUT);
}

void loop()
{
  // Continua trabalhando enquanto dados estão no buffer
  while (Serial.available() > 0)
  {
    rval = Serial.parseInt();  // Primeiro inteiro válido
```

```
  gval = Serial.parseInt();   // Segundo inteiro válido
  bval = Serial.parseInt();   // Terceiro inteiro válido

  if (Serial.read() == '\n') // Transmissão concluída
  {
    // configura o LED
    analogWrite(RED, rval);
    analogWrite(GREEN, gval);
    analogWrite(BLUE, bval);
  }
 }
}
```

O programa continua examinando os três valores inteiros até detectar uma nova linha. Quando isso acontece, os valores que foram lidos são usados para ajustar a luminosidade dos LEDs. Para usar isso, abra o monitor serial e insira três valores entre 0 e 255 separados por vírgulas, como `"200,30,180"`. Experimente misturar todos os tipos de cores legais!

Conversando com um aplicativo desktop

Em algum momento, você vai acabar se cansando de fazer toda sua comunicação serial via monitor serial do Arduino. Convenientemente, quase qualquer linguagem de programação desktop que você pode imaginar tem bibliotecas que permitem a interface com as portas seriais no computador. Você pode usar sua linguagem de programação desktop favorita para escrever programas que enviam comandos seriais para o Arduino e que reagem à transmissão de dados seriais do Arduino para o computador.

Neste livro, o Processing é a linguagem de programação desktop de escolha porque é muito semelhante à linguagem Arduino com que você já está familiarizado. Na verdade, a linguagem de programação Arduino é baseada no Processing! Outras linguagens desktop populares (que têm bibliotecas de comunicação serial bem documentadas) incluem Python, PHP, Visual Basic, C# e muitas outras. Primeiro, você aprenderá a ler dados seriais transmitidos no Processing, e então você aprenderá a usar o Processing para criar uma interface gráfica do usuário (GUI) simples para enviar comandos para o Arduino.

Conversando com o Processing

O Processing tem uma interface de programação bastante simples, e é semelhante ao que você já vem utilizando para o Arduino. Nesta seção, você instala o Processing e, então, escreve uma interface gráfica simples para gerar uma saída gráfica com base em dados seriais transmitidos a partir do Arduino. Depois que isso estiver funcionando, você implementa a comunicação na direção oposta para controlar o Arduino a partir de uma interface gráfica no computador.

Instalando o Processing

Primeiro, você precisa instalar o Processing em sua máquina. Esse é o mesmo processo que você seguiu no primeiro capítulo para instalar o IDE Arduino. Visite http://processing.org/download/ (ou encontre o link de download na página de conteúdo digital deste capítulo em www.exploringarduino.com) e baixe o pacote compactado para seu sistema operacional. Simplesmente descompacte-o em seu local preferido e você está pronto para começar! Execute o aplicativo Processing, e você deve ver um IDE que se parece com o mostrado na Figura 6-12.

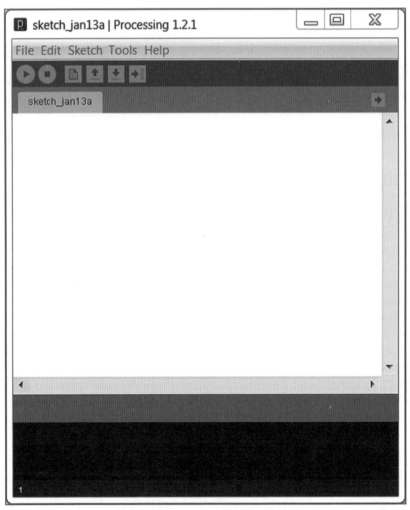

Figura 6-12: O IDE do Processing. Parece familiar?

Controlando um sketch de Processing a partir do Arduino

Para sua primeira experiência com o Processing, você usa um potenciômetro conectado ao Arduino para controlar a cor de uma janela no computador. Conecte o Arduino com um potenciômetro, consultando a Figura 6-6 novamente. Você já sabe o código Arduino necessário para enviar valores analógicos do potenciômetro para seu computador. O fato de que agora você está enviando dados seriais para o Processing não tem qualquer impacto na maneira como os transmite.

Consulte o código na Listagem 6-6 e carregue-o no Arduino. Ele envia um valor atualizado do potenciômetro para a porta serial do computador a cada 50 milissegundos. Os 50ms são importantes; se você fosse enviar os dados o mais rápido possível, o sketch do Processing não seria capaz de lidar com isso tão rapidamente quando você está enviando para ele, e você acabaria estourando o buffer de entrada serial no computador.

Listagem 6-6: Código Arduino para enviar dados para o computador — pot_to_processing/ arduino_read_pot

```
// Enviando valor do pot para o computador

const int POT=0; // Pot no pino analógico 0

int val; // Para armazenar o valor mapeado do pot

void setup()
{
  Serial.begin(9600); // Inicializa a porta serial
}

void loop()
{
  val = map(analogRead(POT), 0, 1023, 0, 255); // Lê e mapeia o pot
  Serial.println(val);                         // Envia o valor
  delay(50);                                   // Delay para não
sobrecarregarmos
                                               // o computador
}
```

Agora vem a parte interessante: escrever um sketch de Processing para fazer algo interessante com esses dados de entrada. O sketch na Listagem 6-7 lê os dados no buffer serial e ajusta o brilho de uma cor na tela do computador com base no valor recebido. Primeiro, copie o código da Listagem 6-7 para um novo sketch de Processing. Você precisa mudar apenas uma parte importante. O sketch de Processing precisa saber em

130   Parte II ■ Controlando seu ambiente

qual porta serial ele deve esperar os dados chegarem. Essa é a mesma porta a partir da qual você vem programando o Arduino. Na lista a seguir, substitua "COM3" pelo número da sua porta serial. Lembre-se de que em Linux e Mac isso vai se parecer com /dev/ttyUSB0, por exemplo. Você pode copiar o nome exato a partir de dentro do IDE Arduino se não tiver certeza.

```
port = new Serial(this, "COM3", 9600); //setup serial
```

Listagem 6-7: Código do Processing para ler dados e mudar de cor na tela — pot_to_processing/processing_display_color

```
// Sketch de Processing para ler o valor e mudar de cor na tela

// Importa e inicializa a biblioteca de porta serial
import processing.serial.*;
Serial port;

float brightness = 0; // Para armazenar o valor do potenciômetro

void setup()
{
  size(500,500);                           // O tamanho da janela
  port = new Serial(this, "COM3", 9600); // Configura a porta serial
  port.bufferUntil('\n');                  // Configura a porta para ler até
                                           // nova linha
}

void draw()
{
  background(0,0,brightness); // Atualiza a janela
}

void serialEvent (Serial port)
{
  brightness = float(port.readStringUntil('\n')); // Obtém o valor
}
```

Depois de ter carregado o código em seu IDE Processing e configurar a porta serial corretamente, certifique-se de que o monitor serial do Arduino não está aberto. Somente um programa no computador pode ter acesso à porta serial de cada vez. Clique no botão Run no IDE do Processing (o botão no canto superior esquerdo da janela com um triângulo); quando você fizer isso, uma pequena janela irá aparecer (veja a Figura 6-13). Conforme gira o potenciômetro, você deve ver a cor da janela mudar de preto para azul.

Agora que você já viu isso funcionando, vamos percorrer o código passo a passo para entender melhor como o sketch do Processing está funcionando. Ao contrário do Arduino, a biblioteca serial não é importada automaticamente. Ao chamar import processing.serial.*; e Serial port; você está importando a biblioteca serial e criando um objeto serial chamado port.

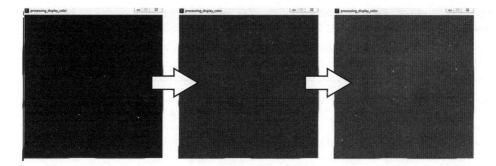

Valores analógicos crescentes

Figura 6-13: Janelas de exemplo do sketch do Processing

Assim como o Arduino, o Processing tem uma função `setup()` que é executada uma vez no início do sketch. Nesse sketch, ele configura a porta serial e cria uma janela de 500 × 500 pixels de tamanho com o comando `size(500,500)`. O comando `port = new Serial(this, "COM3", 9600)` informa ao Processing tudo o ele que precisa saber sobre a criação da porta serial. A instância (referido como "port") irá executar nesse sketch e se comunicar pela COM3 (ou qualquer que seja sua porta serial) a 9600 baud. O Arduino e o programa no computador devem estabelecer um acordo sobre a velocidade com que eles vão se comunicar; caso contrário, você vai ter caracteres estranhos. `port.bufferUntil('\n')` instrui o Processing a armazenar em buffer a entrada serial e não fazer nada com as informações até que veja um caractere de nova linha.

Em vez de `loop()`, o Processing define outras funções especiais. Esse programa usa `draw()` e `serialEvent()`. A função `draw()` é semelhante à função `loop()` do Arduino; ela executa continuamente e atualiza a tela. A função `background()` define a cor da janela, definindo valores de vermelho, verde e azul (os três argumentos da função). Nesse caso, o valor a partir do potenciômetro está controlando a intensidade do azul, enquanto vermelho e verde são configurados como 0. Você pode alterar a cor que seu potenciômetro está ajustando simplesmente trocando o argumento `brightness` que é preenchido. Valores de cores RGB são valores de 8 bits que variam de 0 a 255, que é a razão por que o potenciômetro está mapeado para esses valores antes de eles serem transmitidos.

`serialEvent()` é chamado sempre que a condição `bufferUntil()` que você especificou no `setup()` é atendida. Sempre que um caractere de nova linha é recebido, a função `serialEvent()` é disparada. As informações de entrada serial são lidas como uma string com `port.readStringUntil('\n')`. Você pode pensar em uma string como um array de texto. Para usar a string de caracteres como um número, você deve convertê-la em um número de ponto flutuante com `float()`. Isso define o brilho variável, mudando a cor de fundo da janela do aplicativo.

Para interromper o aplicativo e fechar a porta serial, clique no botão Stop no IDE do Processing; é o quadrado localizada ao lado do botão Run.

> **DEPURADOR DO PROCESSING NO SUDOGLOVE**
>
> O SudoGlove é uma luva de controle que dirige carros de RC e controla outros hardwares. Eu desenvolvi uma tela de depuração do Processing que mostra graficamente os valores de vários sensores. Você pode saber mais sobre ele aqui: www.sudoglove.com.
> Faça o download do código-fonte para a tela do Processing aqui: www.jeremyblum.com/2011/03/25/processing-based-sudoglove-visual-debugger/. Você também pode encontrar esse código fonte no site da Wiley indicado no início deste capítulo.

Enviando dados do Processing para o Arduino

O próximo passo óbvio é fazer o oposto. Conecte um LED RGB ao Arduino, como mostrado na Figura 6-11 e carregue no mesmo programa que você usou antes para receber uma string de três valores separados por vírgula a fim de configurar as intensidades de vermelho, verde e azul (Listagem 6-5). Agora, em vez de enviar uma string de três valores a partir do monitor serial, você seleciona uma cor usando um seletor de cores.

Carregue e execute o código na Listagem 6-8 no Processing, lembrando-se de ajustar o número da porta serial de acordo com o que você fez no sketch anterior. Sketchs de Processing carregam automaticamente arquivos colaterais a partir de uma pasta chamada "data" na pasta sketch. O arquivo hsv.jpg está incluído no download de código para este capítulo. Baixe-o e coloque-o em uma pasta chamada "data" no mesmo diretório de seu sketch. Por padrão, o Processing salva sketches em sua pasta Documentos. A estrutura será semelhante à mostrada na Figura 6-14.

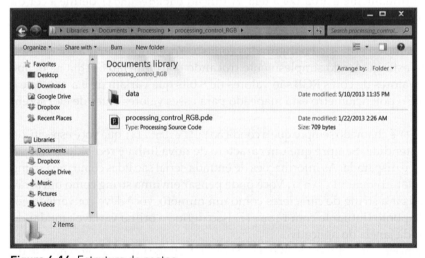

Figura 6-14: Estrutura de pastas

A imagem na pasta de dados servirá como o seletor de cores.

Listagem 6-8: Sketch de Processing para configurar cores RGB do Arduino — processing_control_RGB/processing_control_RGB

```
import processing.serial.*; // Importa biblioteca serial
PImage img;                 // Objeto imagem
Serial port;                // Objeto porta serial

void setup()
{
  size(640,256);                          // Tamanho da imagem HSV
  img = loadImage("hsv.jpg");             // Carrega imagem de fundo
  port = new Serial(this, "COM9", 9600); // Abre a porta serial
}

void draw()
{
  background(0);     // Fundo preto
  image(img,0,0);    // Imagem sobreposta
}

void mousePressed()
{
  color c = get(mouseX, mouseY); // Obtém a cor RGB, onde o mouse foi
                                 // pressionado
  String colors = int(red(c))+","+int(green(c))+","+int(blue(c))+"\n"; //
extrai
                                                          // valores de
cor
  print(colors);       // Imprime as cores para a depuração
  port.write(colors); // Envia valores ao Arduino
}
```

Ao executar o programa, você deve ver uma tela como a mostrada no pop-up da Figura 6-15. Clique em diferentes cores e os valores RGB serão transmitidos ao Arduino para controlar a cor do LED RGB. Observe que o console serial também exibe os comandos sendo enviados para ajudá-lo em qualquer depuração.

Depois de terminar de ver todas as belas cores, olhe para trás no código e considere como ele está trabalhando. Como antes, a biblioteca serial é importada e um objeto serial chamado `port` é criado. Um objeto `PImage` chamado `img` também é criado. Esse objeto irá armazenar a imagem de fundo. No `setup()`, a porta serial é inicializada, a janela de exibição é configurada com o tamanho da imagem, e a imagem é importada para o objeto imagem chamando `img = loadImage("hsv.jpg")`.

Na função `draw()`, a imagem é carregada na janela como `image(img,0,0)`. `img` é a imagem que você quer desenhar na janela, e `0,0` são coordenadas onde a imagem vai começar a ser desenhada. `0,0` é o canto superior esquerdo da janela do aplicativo.

134 Parte II ■ Controlando seu ambiente

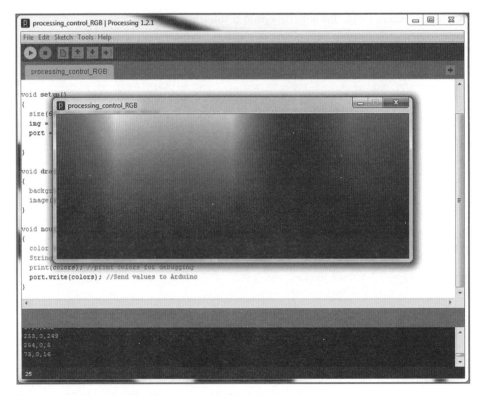

Figura 6-15: Tela de seleção de cores do Processing

Cada vez que o botão do mouse é pressionado, a função `mousePressed()` é chamada. A cor do pixel onde você clicou é salva em um objeto `color` chamado `c`. O método `get()` informa o aplicativo onde obter a cor (neste caso, a localização da posição X e Y do ponteiro do mouse no sketch). O sketch converte o objeto `c` em uma string que pode ser enviada para o Arduino, convertendo para inteiros representando vermelho, verde e azul. Esses valores também são impressos no console do Processing de modo que você possa ver o que está sendo enviado.

Certifique-se de que o Arduino está conectado e programado com o código da Listagem 6-5. Execute o sketch de Processing (com a porta serial correta especificada) e clique no mapa de cores para ajustar a cor do LED conectado ao Arduino.

Aprendendo truques especiais com o Arduino Leonardo (e outros arduinos baseados no MCU 32U4)

O Leonardo, além de outros Arduinos que implementam MCUs que se conectam diretamente à porta USB, tem a capacidade única de emular dispositivos não seriais, como um teclado ou mouse. Nesta seção, você aprenderá a usar um Leonardo para

Capítulo 6 ■ USB e comunicação serial   135

emular esses dispositivos. Você precisa ser extremamente cuidadoso para implementar essas funções de uma forma que não dificulte a reprogramação. Por exemplo, se você escrever um sketch que emula um mouse e continuamente mover o ponteiro pela tela, você pode ter problemas em clicar no botão Upload no IDE do Arduino! Nesta seção, você aprenderá alguns truques que pode usar para evitar essas circunstâncias.

> **DICA**   Se você ficar empacado com uma placa que é muito difícil de programar, por causa do teclado ou do mouse de entrada, mantenha pressionado o botão Reset e solte-o enquanto clica no botão Upload no IDE Arduino para reprogramá-lo.

Quando conectar um Leonardo a um computador com Windows, você precisará instalar os drivers, assim como fez com o Arduino Uno no primeiro capítulo. Siga as mesmas instruções em http://arduino.cc/en/Guide/ArduinoLeonardoMicro#toc8 para obter instruções específicas do Leonardo. (Também há um link para essas instruções na página de conteúdo digital deste capítulo em www.exploringarduino.com.)

Emulando um teclado

Usando a capacidade única do Leonardo de emular dispositivos USB, você pode facilmente transformar o Arduino em um teclado. Emular um teclado permite que você facilmente envie comandos por meio de combinação de teclas para o computador ou digitar dados diretamente em um arquivo que está aberto no computador.

Digitando dados no computador

O Leonardo pode emular um teclado USB, enviando pressionamentos de teclas e combinações de teclas. Esta seção explora como usar ambos os conceitos. Primeiro, você escreve um programa simples que registra os dados de alguns sensores analógicos em um formato de valores separados por vírgulas (*comma-separated-value*, .csv) que mais tarde você pode abrir no Excel ou no Google Sheets para gerar um gráfico dos valores.

Comece abrindo o editor de texto de sua escolha e salve um documento vazio com a extensão .csv. Para fazer isso, geralmente você pode escolher o tipo de arquivo na caixa de diálogo Salvar, selecionar "Todos os arquivos", e digitar manualmente o nome do arquivo com a extensão, como "data.csv". O vídeo de demonstração também mostra como criar um arquivo .csv.

Em seguida, crie um circuito simples como o mostrado na Figura 6-16. Ele irá acompanhar os níveis de luz e de temperatura usando sensores analógicos que você já viu no Capítulo 3, "Lendo sensores analógicos". Além dos sensores, o circuito inclui um botão para ativar/desativar a funcionalidade de registro em log, e um LED que vai indicar se ele está registrando os dados.

136 Parte II ■ Controlando seu ambiente

LED indicador   Sensor de temperatura   Botão Enable   Fotorresistor

Figura 6-16: Circuito de temperatura e sensor de luz

Usando a mesma função debouncing que implementou no Capítulo 2, "Entradas e saídas digitais, e modulação por largura de pulso", você usa o botão para alternar o modo de registro em log entre ativado e desativado. Enquanto no modo de registro em log, o Arduino sonda os sensores e "digita" esses valores no computador em um formato separado por vírgulas uma vez a cada segundo. Um indicador LED permanece aceso enquanto você estiver registrando os dados em log. Como quer que o Arduino sonde constantemente o estado do botão, você não pode usar uma função `delay()` para aguardar 1000ms entre cada atualização. Em vez disso, você usa as funções `millis()`, que retorna o número de milissegundos desde que o Arduino foi reinicializado pela última vez. Você pode fazer o Arduino enviar dados toda vez que a função `millis()` retornar um múltiplo de 1000ms, criando efetivamente um delay não bloqueador de 1 segundo entre as transmissões. Para fazer isso, você pode usar o operador módulo (`%`). Módulo devolve o resto de uma divisão. Se, por exemplo, você executasse `1000%1000`, descobriria que o resultado é 0 porque 1000/1000 = 1, com um saldo de 0. `1500%1000`, por outro lado, retornaria 500 porque 1500/1000 é igual 1, com um resto de 500. Se você pegar o módulo de `millis()` com 1000, o resultado é zero toda vez que `millis()` atinge um valor que é um múltiplo de `1000`. Ao verificar isso com uma instrução `if()`, você pode executar o código uma vez a cada segundo.

Examine o código na Listagem 6-9 e carregue-o no Arduino Leonardo. Certifique-se que você selecionou "Arduino Leonardo" a partir do menu Tools > Board no IDE Arduino.

Listagem 6-9: Registrador de temperatura e luz — csv_logger.ino

```
// Registrador de temperatura e luz

const int TEMP   =0;       // Sensor de temperatura no pino analógico 0
const int LIGHT  =1;       // Sensor de luz no pino analógico 1
const int LED    =3;       // LED vermelho no pino 13
const int BUTTON =2;       // O botão está conectado ao pino 2

boolean lastButton = LOW;      // Último estado do botão
boolean currentButton = LOW;   // Estado atual do botão
boolean running = false;       // Não executando por padrão
int counter = 1;               // Um índice para as entradas de dados registrados

void setup()
{
  pinMode (LED, OUTPUT);    // Configura o LED vermelho como saída
  Keyboard.begin();         // Inicia a emulação de teclado
}

void loop()
{
  currentButton = debounce(lastButton);            // Lê o estado sem debounce

  if (lastButton == LOW && currentButton == HIGH) // Se tiver sido
                                                   // pressionado...
    running = !running;             // Alterna o estado de execução

  lastButton = currentButton;       // Redefine os valores do botão

  if (running)                      // Se o registrador estiver em execução
  {
    digitalWrite(LED, HIGH);            // Acende o LED
    if (millis() % 1000 == 0)           // Se o tempo for múltiplo
                                        // de 1000ms
```

138 Parte II ■ Controlando seu ambiente

```
  {
    int temperature = analogRead(TEMP);    // Lê a temperatura
    int brightness = analogRead(LIGHT);    // Lê o nível de luz
    Keyboard.print(counter);               // Imprime o número de índice
    Keyboard.print(",");                   // Imprime uma vírgula
    Keyboard.print(temperature);           // Imprime a temperatura
    Keyboard.print(",");                   // Imprime uma vírgula
    Keyboard.println(brightness);          // Imprime o brilho e uma nova linha
    counter++;                             // Incrementa o contador
  }
}
else
{
  digitalWrite(LED, LOW);    // Se registrador não estiver em execução,
                             // apaga o LED
}
}


/*
* Função debouncing
* Passa o estado anterior do botão,
* e recebe de volta o estado atual depois do debounce.
*/
boolean debounce(boolean last)
{
  boolean current = digitalRead(BUTTON);    // Lê o estado do botão
  if (last != current)                      // Se for diferente...
  {
    delay(5);                               // Espera 5ms
    current = digitalRead(BUTTON);          // Lê de novo
  }
  return current;                           // Retorna o valor
                                            // atual
}
```

Antes de testar o registrador de dados, vamos destacar algumas das novas funcionalidades que foram implementadas nesse sketch. Da mesma maneira como você inicializou a comunicação serial, a comunicação por teclado é inicializada, colocando `Keyboard.begin()` no `setup()`.

A cada passagem pelo `loop()`, o Arduino verifica o estado do botão e executa a função de debouncing com que você já está familiarizado. Quando o botão é pressionado, o valor da variável *running* é invertido. Isso é feito configurando-a como seu oposto usando o operador.

Enquanto o Arduino está no modo *running*, a etapa de registro é executada apenas a cada 1000ms usando a lógica descrita anteriormente. As funções de teclado operam de maneira muito semelhante às funções seriais. `Keyboard.print()` "digita" a string

Capítulo 6 ■ USB e comunicação serial **139**

dada no computador. Depois de ler os dois sensores analógicos, o Arduino envia os valores para o computador como pressionamentos de tecla. Quando você usa `Keyboard.println()`, o Arduino emula o pressionamento da tecla Enter ou Return no teclado depois de enviar a string dada. Um contador incremental e ambos os valores analógicos são inseridos em um formato separado por vírgulas.

Siga o vídeo de demonstração na página web deste capítulo para ver esse sketch em ação. Certifique-se de que o cursor está ativamente posicionado em um documento de texto e, então, pressione o botão para iniciar o registro em log. Você deve ver o documento começar a ser preenchido com dados. Paire a mão sobre o sensor de luz para mudar o valor ou aperte o sensor de temperatura para ver o aumento de valor. Quando terminar, pressione o botão novamente para interromper o registro. Depois de salvar o arquivo, você pode importá-lo para o aplicativo de planilha de sua escolha e representá-lo graficamente ao longo do tempo. Isso é mostrado no vídeo de demonstração.

NOTA Para assistir a um vídeo de demonstração do registrador de temperatura e luz ao vivo, visite `www.exploringarduino.com/content/ch6`.

Comandando seu computador com emulação de teclas

Além de digitar como um teclado, você também pode usar o Leonardo para emular combinações de teclas. Em computadores Windows, pressionar as teclas do Windows+L bloqueia a tela do computador (no Linux, você pode usar Control+Alt+L). Aplicando esse conhecimento junto a um sensor de luz, você pode fazer o computador bloquear automaticamente quando desliga as luzes. O OS X usa as teclas Control+Shift+Eject, ou Control+Shift+Power, para bloquear a máquina, o que não pode ser emulado pelo Leonardo, pois este não pode enviar um pressionamento simulado do botão Eject ou Power. Neste exemplo, você aprenderá a bloquear um computador com Windows. É possível continuar utilizando o mesmo circuito mostrado na Figura 6-16, embora apenas o sensor de luz seja utilizado neste exemplo.

Execute o sketch anterior em alguns níveis de luz diferentes e observe como a leitura do sensor de luz muda. Usando essas informações, você deve escolher um limiar abaixo do qual quer que seu computador seja bloqueado. (Em minha sala, achei que com as luzes apagadas o valor era de cerca de 300, e cerca de 700 com as luzes acesas. Então, escolhi um valor limiar de 500.) Quando o valor do sensor de luz cair abaixo desse valor, o comando `lock` será enviado para o computador. Você pode querer ajustar esse valor para seu ambiente.

Carregue o sketch da Listagem 6-10 no Arduino. Apenas certifique-se de que você tem seu limite configurado para um valor razoável em primeiro lugar, testando os níveis de luz em seu ambiente que correspondem aos vários níveis analógicos. Se você escolher um valor mal calibrado, ele pode bloquear o computador assim que carregá-lo!

140 Parte II ▪ Controlando seu ambiente

: Bloqueador de computador baseado em luz — lock_computer.ino

```
// Bloqueia o computador ao desligar as luzes

const int LIGHT     =1;    // Sensor de luz no pino analógico 1
const int THRESHOLD =500;  // O brilho deve cair abaixo desse nível
                           // para bloquear o computador

void setup()
{
  Keyboard.begin();
}

void loop()
{
  int brightness = analogRead(LIGHT);    // Lê o nível de luz

  if (brightness < THRESHOLD)
  {
    Keyboard.press(KEY_LEFT_GUI);
    Keyboard.press('l');
    delay(100);
    Keyboard.releaseAll();
  }
}
```

Depois de carregar o programa, experimente apagar as luzes. Seu computador deve ser bloqueado imediatamente. O vídeo de demonstração indicado a seguir mostra isso em ação. Esse sketch implementa duas novas funções do teclado: `Keyboard.press()` e `Keyboard.releaseAll()`. Rodar `Keyboard.press()` é equivalente a começar a pressionar uma tecla. Portanto, se quiser manter a tecla Windows e a tecla L pressionadas ao mesmo tempo, execute `Keyboard.press()`. Então, atrase por um curto período de tempo e execute a função `Keyboard.releaseAll()` para soltar as teclas. Teclas especiais são definidas no site do Arduino: `http://arduino.cc/en/Reference/KeyboardModifiers`. (Também há um link para essa tabela de definição na página de conteúdo deste capítulo em `www.exploringarduino.com/content/ch6`.)

NOTA Para assistir a um vídeo de demonstração do bloqueador de computador ativado por luz, visite `www.exploringarduino.com/content/ch6`.

Emulando um mouse

Usando um joystick de dois eixos e alguns botões, você pode usar um Arduino Leonardo para fazer seu próprio mouse! O joystick vai controlar a localização do mouse, e os botões vão controlar os botões direito, esquerdo e do meio do mouse. Assim como com a funcionalidade de teclado, a linguagem Arduino tem algumas ótimas funções internas que facilitam controlar a funcionalidade do mouse.

As primeiras coisas primeiro: configure seu circuito com um joystick e alguns botões, como mostrado na Figura 6-17. Não se esqueça de que seus botões precisam ter resistores pull-down! O joystick irá se conectar aos pinos analógicos 0 e 1. (Joysticks são na realidade apenas dois potenciômetros ligados a um botão giratório.) Quando você move o joystick completamente na direção x, ele atinge o máximo do potenciômetro x, e o mesmo vale para a direção y.

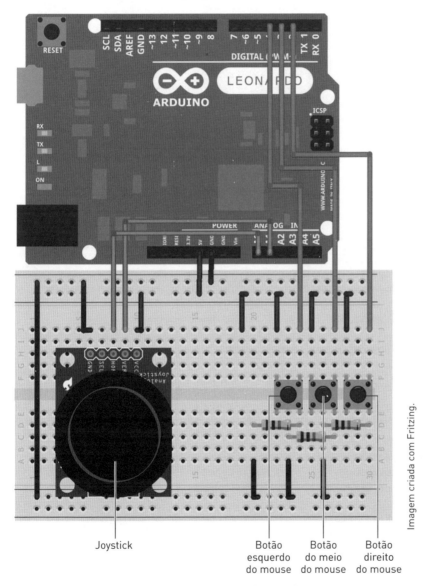

Figura 6-17: Circuito de mouse joystick com o Leonardo

142 Parte II ▪ Controlando seu ambiente

O diagrama mostra um joystick SparkFun, mas qualquer um serve. (No vídeo descrito depois da listagem, usei um joystick Parallax.) Dependendo da orientação do joystick, você pode precisar ajustar os limites da função map ou inverter o x/y no código abaixo.

Depois de montar o circuito, é hora de carregar um código no Leonardo. Carregue o código da Listagem 6-11 e brinque com o joystick e os botões; o ponteiro na tela deve responder correspondentemente.

Listagem 6-11: Código de controle do mouse para o Leonardo — mouse.ino

```
// Faça um mouse!

const int LEFT_BUTTON   =4;   // Pino de entrada para o botão esquerdo
const int MIDDLE_BUTTON =3;   // Pino de entrada para o botão do meio
const int RIGHT_BUTTON  =2;   // Pino de entrada para o botão direito
const int X_AXIS        =0;   // Pino analógico do eixo x do joystick
const int Y_AXIS        =1;   // Pino analógico do eixo y do joystick

void setup()
{
  Mouse.begin();
}

void loop()
{
  int xVal = readJoystick(X_AXIS);       // Obtém o movimento do eixo x
  int yVal = readJoystick(Y_AXIS);       // Obtém o movimento do eixo y

  Mouse.move(xVal, yVal, 0);             // Mova o mouse

  readButton(LEFT_BUTTON, MOUSE_LEFT);     // Controla o botão esquerdo
  readButton(MIDDLE_BUTTON, MOUSE_MIDDLE); // Controla o botão do meio
  readButton(RIGHT_BUTTON, MOUSE_RIGHT);   // Controla o botão direito

  delay(5);                              // Isso controla a responsividade
}

// Lê valor do joystick, converte para a escala apropriada, e acrescenta um
// intervalo neutro no meio
int readJoystick(int axis)
{
  int val = analogRead(axis);            // Lê o valor analógico
  val = map(val, 0, 1023, -10, 10);      // Mapeia a leitura

  if (val <= 2 && val >= -2)             // Cria uma zona neutra para
interromper o mouse
    return 0;

  else                          // Retorne o valor na escala apropriada
    return val;
}
```

Capítulo 6 ■ USB e comunicação serial   143

```
// Lê um botão e emite um comando de mouse
void readButton(int pin, char mouseCommand)
{
  // Se o botão for pressionado, emite um clique se ele já não tiver sido
  // clicado
  if (digitalRead(pin) == HIGH)
  {
    if (!Mouse.isPressed(mouseCommand))
    {
      Mouse.press(mouseCommand);
    }
  }
  // Libera o mouse se ele foi clicado.
  else
  {
    if (Mouse.isPressed(mouseCommand))
    {
      Mouse.release(mouseCommand);
    }
  }
}
```

Esse é definitivamente um dos sketches mais complicados que foram cobertos até agora, então vale a pena analisá-lo passo a passo para entender tanto as funções recentemente introduzidas como o fluxo do programa usado para fazer o mouse joystick.

Cada um dos pinos de botão e do joystick são definidos na parte superior do sketch, e a biblioteca de mouse é iniciada no setup. A cada passagem pelo loop, os valores do joystick são lidos e mapeados para valores de movimento do mouse. Os botões do mouse também são monitorados e os botões pressionados são transmitidos, se necessário.

Uma função readJoystick() foi criada para ler os valores do joystick e mapeá-los. Cada eixo do joystick tem um intervalo de 1024 valores quando enviados para o conversor analógico-digital (ADC). Mas movimentos do mouse são relativos. Em outras palavras, passar um valor de 0 a Mouse.move() para cada eixo resultará em qualquer movimento no referido eixo. Passar um valor positivo para o eixo x moverá o mouse para a direita, e um valor negativo, para a esquerda. Quanto maior o valor, mais o mouse se moverá. Assim, na função readJoystick(), um valor de 0 a 1023 é mapeado para um valor de -10 a 10. Um pequeno valor de buffer em torno de 0 é adicionado onde o mouse não se move. Isso ocorre porque, mesmo quando o joystick está na posição do meio, o valor real pode flutuar em torno de 512. Configurando a distância desejada de volta para 0 depois mapeá-la para um determinado intervalo, você garante que o mouse não irá se mover sozinho enquanto o joystick não está agindo. Depois que os valores são confirmados, Mouse.move() recebe os valores X e Y para mover o mouse. Um terceiro argumento para Mouse.move() determina o movimento da roda de rolagem.

144 Parte II ▪ Controlando seu ambiente

Para detectar cliques do mouse, foi criada a função readButton() a fim de que isso possa ser repetido para cada um dos três botões a detectar. A função detecta o estado atual do mouse com o comando Mouse.isPressed() e controla o mouse correspondentemente usando as funções Mouse.press() e Mouse.release().

NOTA Para assistir a um vídeo de demonstração do mouse joystick controlando um ponteiro na tela do computador, visite www.exploringarduino.com/content/ch6.

Resumo

Neste capítulo, você aprendeu:

- Placas Arduino se conectam ao computador por meio de um conversor USB-serial.
- Diferentes Arduinos facilitam a conversão USB-serial usando CIs dedicados ou funcionalidades USB integradas.
- O Arduino pode imprimir os dados para o computador através da conexão serial USB.
- Você pode usar caracteres seriais especiais para formatar a impressão serial com novas linhas e tabulações.
- Todos os dados seriais são transmitidos como caracteres que podem ser convertidos em números inteiros de várias maneiras.
- Você pode enviar listas de números inteiros separados por vírgulas e usar funções integradas para convertê-los em comandos para seu sketch.
- Você pode enviar dados do Arduino para um aplicativo de desktop Processing.
- Você pode receber dados de um aplicativo Processing em seu desktop para controlar periféricos conectados ao Arduino.
- Uma placa Arduino Leonardo pode ser usada para emular um teclado ou mouse.

CAPÍTULO 7

Registradores de deslocamento

Peças que você precisa para este capítulo

Arduino Uno

Cabo USB (A para B no Uno)

LEDs vermelhos (×8)

LEDs amarelos (x3)

LEDs verdes (×5)

Resistores de 220Ω (×8)

SN74HC595N shift register DIP IC (circuito integrado dual em paralelo registrador de deslocamento SN74HC595N)

Sensor de distância Sharp GP2Y0A41SK0F IR com cabo

Fios jumper

Matriz de contato

CÓDIGO E CONTEÚDO DIGITAL PARA ESTE CAPÍTULO

Links para baixar código, vídeos e outros conteúdos digitais para este capítulo podem ser encontrados em www.exploringarduino.com/content/ch7.

Além disso, os códigos também podem ser encontrados em www.altabooks.com.br, procurando pelo nome do livro. Outra opção é em www.wiley.com/go/exploringarduino,

146 Parte II ■ Controlando seu ambiente

na guia Download Code. Eles estão no arquivo chapter 07 download e individualmente nomeados de acordo com seus nomes ao longo do capítulo.

Logo que você começa a se empolgar com seus novos projetos com o Arduino, você se pergunta: "O que acontece quando acabam os pinos?" De fato, um dos projetos mais comuns com o Arduino é usar a plataforma para colocar um enorme número de LEDs piscantes sobre praticamente qualquer coisa. Ilumine seu quarto! Ilumine seu computador! Ilumine seu cão! Ok, talvez não o último.

Mas há um problema. O que acontece quando você quer começar a piscar 50 LEDs (ou controlar outras saídas digitais), mas já usou todos os pinos de E/S? É aí que os registradores de deslocamento podem vir a ser úteis. Com registradores de deslocamento, você pode expandir os recursos de E/S do Arduino sem ter de gastar mais com um caro microcontrolador com pinos de E/S adicionais. Neste capítulo, você aprenderá como registradores de deslocamento funcionam, e vai implementar o software e o hardware necessários para integrar o Arduino com registradores de deslocamento com a finalidade de expandir as capacidades de saída digital do Arduino. Fazer os exercícios deste capítulo irá familiarizá-lo com registradores de deslocamento, e irá ajudá-lo a tomar uma decisão de projeto mais fundamentada quando você estiver desenvolvendo um projeto com um grande número de saídas digitais.

ESCOLHENDO O ARDUINO CERTO PARA O TRABALHO

Este capítulo, como a maioria dos capítulos anteriores, usa o Arduino Uno como plataforma de desenvolvimento. Qualquer outro Arduino vai funcionar igualmente bem para fazer os exercícios neste capítulo, mas vale a pena considerar por que você pode preferir usar um Arduino a outro para um projeto específico que pode estar buscando desenvolver. Por exemplo, você já deve estar se perguntando por que simplesmente não usa uma placa Arduino com mais pinos de E/S, como a Mega2560 ou a Due. Naturalmente, essa é uma maneira completamente razoável de concluir os projetos que exigem mais saídas. Mas como engenheiro, você deve sempre estar atento a outras considerações ao desenhar um novo projeto. Se você só precisa do poder de processamento de uma Uno, mas precisa de mais saídas digitais, por exemplo, adicionar alguns registradores de deslocamento será consideravelmente mais barato do que atualizar toda sua plataforma, e também será mais compacto. Em compensação, isso também exigirá que você escreva um código um pouco mais complexo, e pode exigir mais tempo de depuração para fazê-lo funcionar direito.

Entendendo registradores de deslocamento

Um *registrador de deslocamento* é um dispositivo que aceita um fluxo de bits serial e, simultaneamente, produz os valores desses bits nos pinos de E/S paralelas. Na maioria das vezes, esses são utilizados para controlar um grande número de LEDs, tais como as configurações encontradas em monitores de sete segmentos ou matrizes de LED. Antes de se aprofundar no uso de um registrador de deslocamento com o Arduino, considere o Diagrama na Figura 7-1, que mostra as entradas e saídas para um registrador de deslocamento serial-paralelo. Variações nesse esquema em todo o capítulo ilustram como entradas diferentes afetam as saídas.

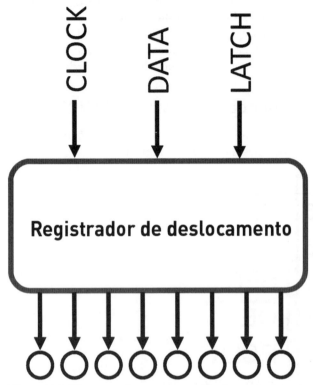

Figura 7-1: Diagrama de entrada e saída de um registrador de deslocamento

Os oito círculos representam LEDs ligados a oito saídas do registrador de deslocamento. As três entradas são as linhas de comunicação serial que conectam o registrador de deslocamento ao Arduino.

Enviando dados seriais e paralelos

Basicamente, há dois caminhos para enviar vários bits de dados. Lembre-se que o Arduino, como todos os microcontroladores, é digital; ele só entende 1s e 0s. Então, se quiser dados suficientes para controlar oito LEDs digitalmente (cada um ativado ou desativado), você precisa encontrar uma maneira de transmitir 8 bits totais de informações. Nos capítulos anteriores, você fez isso de uma maneira paralela, usando os comandos digitalWrite() e analogWrite() para exercer o controle sobre vários pinos de E/S. Para um exemplo de transmissão de informação em paralelo, suponha que você fosse ligar oito LEDs, com oito saídas digitais; todos os bits seriam transmitidos nos pinos de E/S independentes mais ou menos ao mesmo tempo. No Capítulo 6, "USB e comunicação serial", você aprendeu sobre a transmissão serial, que transmite um bit de dados de cada vez. Registradores de deslocamento permitem converter facilmente entre as técnicas serial e paralela de transmissão de dados. Este capítulo concentra-se em registradores de deslocamento serial-paralelo, às vezes chamados registradores de deslocamento SIPO (*serial in, parallel out*). Com esses úteis dispositivos, você pode "sincronizar" vários bytes de dados seriais, e enviá-los do registrador de deslocamento de modo paralelo. Você também pode encadear registradores de deslocamento e, assim, controlar centenas de saídas digitais com apenas três pinos de E/S do Arduino.

Trabalhando com o registrador de deslocamento 74HC595

O registrador de deslocamento específico que você usará é o 74HC595. Dê uma olhada no diagrama de pinagem das especificações mostrado na Figura 7-2.

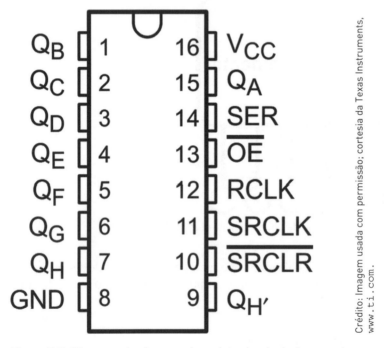

Figura 7-2: Diagrama da pinagem do registrador de deslocamento

Entendendo funções de pino do registrador de deslocamento

Segue-se uma descrição das funções dos pinos registradores de deslocamento:

- Os pinos Q_A a Q_H representam as oito saídas paralelas do registrador de deslocamento (ligado aos círculos mostrados na Figura 7-1).

Capítulo 7 ■ Registradores de deslocamento   149

- VCC se conecta a 5V.

- GND se conecta a um terra compartilhado com o Arduino.

- O pino SER é representado pela entrada de dados na Figura 7-1. Esse é o pino que você vai alimentar com 8 valores de bits sequenciais para definir os valores das saídas paralelas.

- O pino SRCLK é representado pelo pino CLOCK na Figura 7-1. Toda vez que esse pino sobe, os valores no registrador de deslocamento mudam por 1 bit. Ele será pulsado oito vezes para puxar todos os dados que você está enviando no pino de dados.

- O pino RCLK é representado pelo pino LATCH na Figura 7-1. Também conhecido como *pino do clock do registrador*, o pino de bloqueio é usado para "confirmar" seus valores seriais recém-deslocados para as saídas paralelas todos de uma vez. Esse pino permite deslocar dados sequencialmente para o chip e fazer todos os valores aparecerem nas saídas paralelas ao mesmo tempo.

Você não vai usar os pinos $\overline{SRCLR}$ ou $\overline{OE}$ nestes exemplos, mas pode querer usá-los para seu projeto, então vale a pena entender o que eles fazem. $\overline{OE}$ significa *output enable* (saída habilitada). A barra sobre o nome do pino indica que ele está baixo ativo. Em outras palavras, quando o pino é mantido baixo, a saída estará ativada. Quando mantido alto, a saída estará desativada. Nesses exemplos, esse pino será ligado diretamente ao terra, de modo que as saídas paralelas permanecerão sempre ativadas. Você poderia, alternativamente, conectar isso a um pino de E/S do Arduino para acender ou apagar simultaneamente todos os LEDs. O pino $\overline{SRCLR}$ é o pino *serial clear* (limpeza serial). Quando baixo, limpa o conteúdo do registrador de deslocamento. Para os fins deste capítulo, você o conecta diretamente em 5V para evitar que os valores do registrador de deslocamento sejam apagados.

Entendendo como o registrador de deslocamento funciona

O registrador de deslocamento é um dispositivo síncrono; ele só age na borda de subida do sinal de clock. Toda vez que há uma transição do sinal do clock de baixo para cima, todos os valores atualmente armazenados nos oito registradores de saída são deslocados por uma posição. (O último é descartado ou enviado para saída no pino $Q_H{}'$ se você tiver colocado os registradores em cascata.) Simultaneamente, o valor atualmente na entrada DATA é deslocado para a primeira posição. Ao fazer isso oito vezes, os valores presentes são deslocados para fora e novos valores são deslocados para dentro do registrador. O pino LATCH é configurado como alto no final desse ciclo para fazer os valores recém-deslocados aparecerem nas saídas. O fluxograma mostrado na Figura 7-3 ilustra ainda mais o fluxo desse programa. Suponha, por exemplo, que você deseja configurar todos os outros LEDs no estado ON (Q_A, Q_C, Q_E, Q_G). Representando em binário, você quer que a saída dos pinos paralelos nos registradores de deslocamento tenha esta aparência: 10101010.

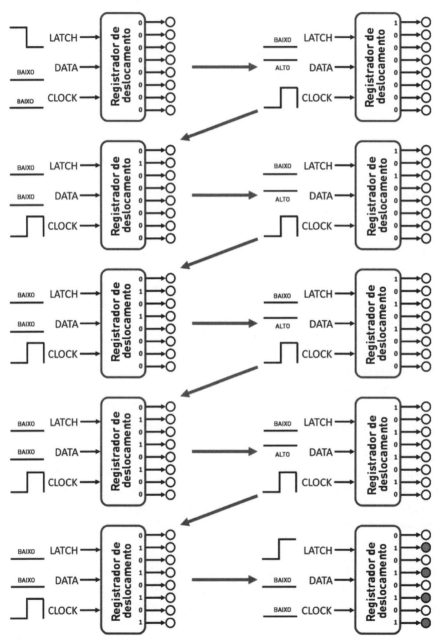

Figura 7-3: Deslocando um valor para dentro de um registrador de deslocamento

Capítulo 7 ■ Registradores de deslocamento **151**

Agora, siga os passos para escrever no registrador de deslocamento acima. Primeiro, o pino LATCH foi configurado como baixo, para que os atuais estados de LED não sejam alterados enquanto os novos valores são deslocados para dentro. Em seguida, os estados de LED são deslocados para dentro dos registradores em ordem na borda CLOCK a partir da linha DATA. Depois que todos os valores foram deslocados para dentro, o pino LATCH é configurado como alto de novo, e os valores são enviados para a saída pelo registrador de deslocamento.

Deslocando dados seriais do Arduino

Agora que entende o que está acontecendo nos bastidores, você pode escrever o código Arduino para controlar o registrador de deslocamento dessa maneira. Assim como aconteceu com todos os seus experimentos anteriores, você usa uma função nativa conveniente do IDE Arduino para transferir dados para o circuito integrado (CI) do registrador. Você pode usar a função shiftOut() para deslocar facilmente 8 bits de dados para um pino de E/S arbitrário. Ele aceita quatro parâmetros:

- O número de pinos de dados
- O número de pinos de clock
- A ordem dos bits
- O valor a deslocar para fora

Se, por exemplo, você quer deslocar para fora o padrão alternado descrito na seção anterior, a função shiftOut() pode ser usada da seguinte maneira:

```
shiftOut(DATA, CLOCK, MSBFIRST, B10101010);
```

As constantes DATA e CLOCK são configuradas com os números de pino dessas linhas. MSBFIRST indica que o bit mais significativo será enviado primeiro (o bit mais à esquerda quando se olha para o número binário a enviar). Alternativamente, você poderia enviar os dados com a configuração LSBFIRST, que começaria transmitindo os bits a partir do lado direito dos dados binários. O último parâmetro é o número a ser enviado. Ao colocar um B maiúsculo antes do número, você está instruindo o IDE Arduino a interpretar os números seguintes como um valor binário em vez de um número inteiro decimal.

A seguir, você criará uma versão física do sistema sobre o qual acabou de aprender nas seções anteriores. Primeiro, você precisa obter o registrador de deslocamento conectado no Arduino:

- O pino DATA irá se conectar ao pino 8.
- O pino LATCH irá se conectar ao pino 9.
- O pino CLOCK irá se conectar ao pino 10.

Não se esqueça de usar resistores limitadores de corrente com seus LEDs. Consulte o diagrama mostrado na Figura 7-4 para configurar o circuito.

152 Parte II ■ Controlando seu ambiente

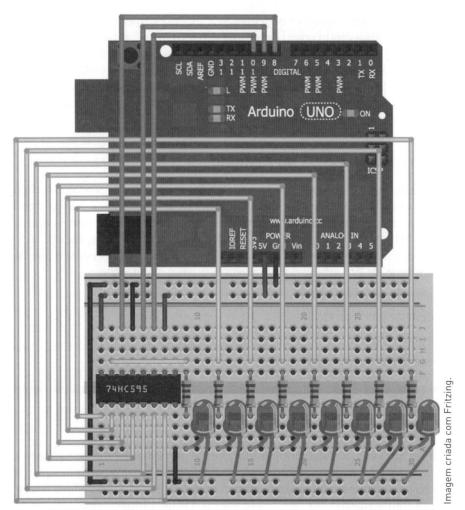

Figura 7-4: Diagrama do circuito de um registrador de deslocamento de oito LEDs

Agora, usando seu entendimento de como registradores de deslocamento funcionam, e seu conhecimento sobre a função shiftOut(), você pode usar o código na Listagem 7-1 para escrever o padrão de LEDs alternados para os LEDs anexados.

Listagem 7-1: Padrão de LEDs alternados em um registrador de deslocamento — alternate.ino

```
const int SER    =8;   // Saída serial para o registrador de deslocamento
const int LATCH  =9;   // Pino de bloqueio do registrador de deslocamento
const int CLK    =10;  // Registrador de deslocamento do pino de clock

void setup()
{
  // Configura os pinos como saídas
  pinMode(SER, OUTPUT);
```

Capítulo 7 ■ Registradores de deslocamento   **153**

```
pinMode(LATCH, OUTPUT);
pinMode(CLK, OUTPUT);

digitalWrite(LATCH, LOW);                    // Bloqueio baixo
shiftOut(SER, CLK, MSBFIRST, B10101010);     // Desloca o bit mais
                                             // significativo primeiro
digitalWrite(LATCH, HIGH);                   // Bloqueio alto -- exibe o
                                             // padrão
}

void loop()
{
  // Não faz nada
}
```

Como o registrador de deslocamento bloqueará os valores, você precisa enviá-los apenas uma vez na configuração; eles, então, ficarão nesses valores até você alterá--los para outra coisa. Esse programa segue os mesmos passos que foram mostrados graficamente na Figura 7-3. O pino LATCH foi configurado como baixo, os 8 bits de dados foram deslocados para dentro com a função shiftOut(), e então o pino LATCH foi configurado como alto de novo para que os valores deslocados fossem enviados para os pinos de saída paralelos do CI do registrador de deslocamento.

ENCADEAMENTO DE REGISTRADORES DE DESLOCAMENTO

Obter oito saídas digitais a partir de três pinos E/S é uma boa troca, mas e se pudesse obter ainda mais? Você pode! Encadeando vários registradores de deslocamento (*daisy chaining*), você poderia, teoricamente, adicionar centenas de saídas digitais para o Arduino usando apenas três pinos. Se fizer isso, você provavelmente vai querer usar uma fonte de alimentação mais robusta do que apenas USB. Os requisitos atuais de algumas dezenas de LEDs podem acumular-se muito rapidamente.

Lembre-se, a partir da pinagem da Figura 7-2, de que existe um pino não utilizado chamado Q_H'. Quando o valor mais antigo é deslocado para fora do registrador de deslocamento, ele não é descartado; na verdade ele é enviado para a saída nesse pino. Conectando o Q_H' no pino DATA de outro registrador de deslocamento, e compartilhando os pinos LATCH e CLOCK com o primeiro registrador de deslocamento, você pode criar um registrador de deslocamento de 16 bits que controla o dobro de pinos.

Você pode continuar a adicionar cada vez mais registradores de deslocamento, cada um conectado ao último, para adicionar um número incrível de saídas numéricas ao Arduino. Você pode tentar fazer isso conectando um outro registrador de deslocamento, como descrito e simplesmente executando a função shiftOut() em seu código duas vezes. (Cada chamada a shiftOut() pode lidar com apenas 8 bits de informação.)

Convertendo entre formatos binários e decimais

Na Listagem 7-1, as informações de estado de LED foram escritas como uma string binária de dígitos. Essa string de caracteres ajuda a visualizar quais LEDs serão acesos e quais serão apagados. Mas você também pode escrever o padrão como um valor decimal, convertendo entre os sistemas de base2 (binário) e base10 (decimal). Cada bit de um número binário (a partir do bit mais à direita ou menos significativo) representa um aumento de potência de 2. Converter representações binárias para representações decimais é muito simples. Considere o número binário anterior apresentado na Figura 7-5 com as etapas apropriadas de conversão decimal.

1	0	1	0	1	0	1	0
2^7	2^6	2^5	2^4	2^3	2^2	2^1	2^0

$1×128 + 0×64 + 1×32 + 0×16 + 1×8 + 0×4 + 1×2 + 0×1 = 170$

Figura 7-5: Conversão de binário para decimal

O valor binário de cada bit representa um incremento de potência de 2. No caso desse número, os bits 7, 5, 3 e 1 são altos. Assim, para encontrar o equivalente decimal, você soma 2^7, 2^5, 2^3 e 2^1. O valor decimal resultante é 170. Você pode provar para si mesmo que esse valor é equivalente substituindo-o no código listado anteriormente. Substitua a linha shiftOut() por esta versão:

```
shiftOut(SER, CLK, MSBFIRST, 170);
```

Você deverá ver o mesmo resultado quando usou a notação binária.

Controlando animações de luz com um registrador de deslocamento

No exemplo anterior, você construiu um monitor estático com um registrador de deslocamento. Mas você provavelmente vai querer exibir informações mais dinâmicas em seus LEDs. Nos próximos dois exemplos, você usa um registrador de deslocamento para controlar um efeito de iluminação e um gráfico de barras físico.

Construindo um "light rider"

O *light rider* é um efeito legal que faz parecer que os LEDs estão perseguindo uns aos outros para frente e para trás. Continue a utilizar o mesmo circuito que usou anteriormente. A função shiftOut() é muito rápida, e você pode usá-lo para atualizar o

Capítulo 7 ■ Registradores de deslocamento

registrador de deslocamento milhares de vezes por segundo. Por causa disso, você pode atualizar rapidamente as saídas do registrador de deslocamento para tornar dinâmicas as animações de iluminação. Aqui, você acende um LED de cada vez da esquerda para a direita e, então, da direita para a esquerda. Assista ao vídeo de demonstração indicado no final desta seção para ver esse circuito acabado em ação.

Primeiro, você quer descobrir cada estado de animação para poder facilmente alternar entre eles. Para cada passo de tempo, o LED atualmente aceso se apaga, e a próxima luz se acende. Quando as luzes chegam ao fim, a mesma coisa acontece no sentido inverso. O diagrama de tempo na Figura 7-6 mostra como as luzes ficarão para cada passo de tempo e o valor decimal necessário para transformar esse LED específico.

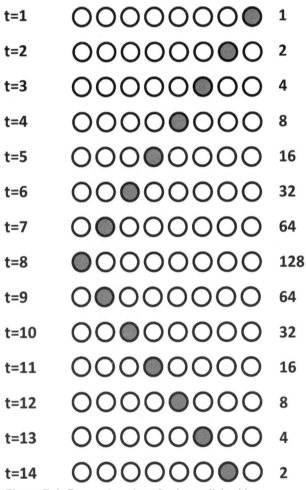

Figura 7-6: Etapas de animação de um *light rider*

156 Parte II ■ Controlando seu ambiente

Recordando o que você aprendeu anteriormente no capítulo, converta os valores binários para cada passo de luz em valores decimais que podem ser facilmente alternados em ciclos. Usando um loop `for`, você pode percorrer um array de cada um desses valores e transferi-los para o registrador de deslocamento um de cada vez. O código na Listagem 7-2 faz exatamente isso.

Listagem 7-2: Código de sequência de um *light rider* — lightrider.ino

```
// Cria uma animação light rider

const int SER   =8;    // Saída serial para o registrador de deslocamento
const int LATCH =9;    // Pino de bloqueio do registrador de deslocamento
const int CLK   =10;   // Registrador de deslocamento do pino de clock

// Sequência de LEDs
int seq[14] = {1,2,4,8,16,32,64,128,64,32,16,8,4,2};

void setup()
{
  // Configura os pinos como saídas
  pinMode(SER, OUTPUT);
  pinMode(LATCH, OUTPUT);
  pinMode(CLK, OUTPUT);
}

void loop()
{
  for (int i = 0; i < 14; i++)
  {
    digitalWrite(LATCH, LOW);            // Bloqueio baixo -- começa a
                                         // enviar
    shiftOut(SER, CLK, MSBFIRST, seq[i]); // Desloca o bit mais
                                         // significativo primeiro
    digitalWrite(LATCH, HIGH);           // Bloqueio alto -- para de enviar
    delay(100);                          // Velocidade da animação
  }
}
```

Ajustando o valor dentro da função `delay`, você pode alterar a velocidade da animação. Tente alterar os valores do array `SEQ` para criar diferentes sequências de padrão.

NOTA Para assistir a um vídeo de demonstração do *light rider*, visite www. exploringarduino.com/content/ch7.

Respondendo a entradas com um gráfico de barra LED

Utilizando o mesmo circuito, mas acrescentando um sensor de distância IR, você pode fazer um gráfico de barras que responde à proximidade que está do equipamento. Para misturar um pouco mais as coisas, tente usar várias cores de LED. O diagrama de circuito da Figura 7-7 mostra o circuito modificado com diferentes LEDs coloridos e um sensor de distância IR.

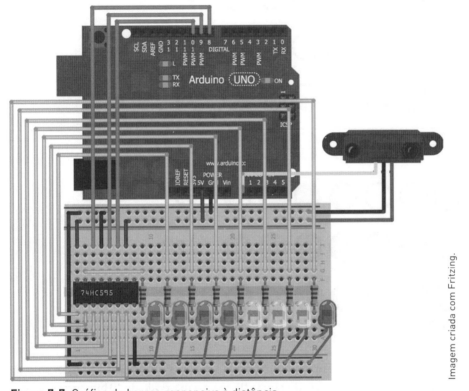

Figura 7-7: Gráfico de barras responsivo à distância

Usando o conhecimento que você já tem de trabalhar com sensores analógicos e com o registrador de deslocamento, você deve ser capaz de criar limiares e configurar os LEDs de acordo, com base na leitura da distância. A Figura 7-8 mostra os valores decimais que correspondem a cada representação binária de LEDs.

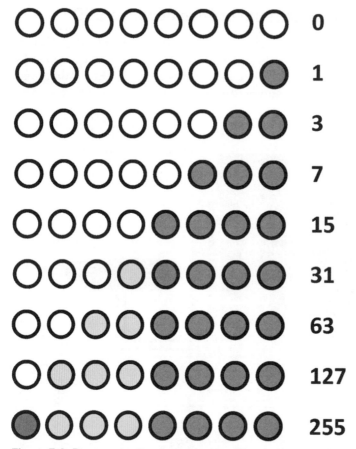

Figura 7-8: Representações decimais do gráfico de barras

Como você descobriu no Capítulo 3, "Lendo sensores analógicos", o intervalo de valores utilizáveis para o sensor de distância IR não é o intervalo de 10 bits completo. (Eu achei que um valor máximo de cerca de 500 funcionou para mim, mas sua configuração, provavelmente, difere.) Seu mínimo pode também não ser 0. É melhor testar o alcance de seu sensor e preencher os valores apropriados. Você pode colocar todas as representações decimais do gráfico de barras em um array de nove valores. Mapeando o sensor de distância IR (e restringindo-o) de um valor entre 0 e 500 para um valor entre 0 e 8, você pode rápida e facilmente atribuir distâncias às configurações do gráfico de barras. O código na Listagem 7-3 mostra esse método em ação.

Listagem 7-3: Controle de distância em um gráfico de barras — bargraph.ino

```
// Um gráfico de barras que responde à sua proximidade

const int SER   =8;    // Saída serial para o registrador de deslocamento
const int LATCH =9;    // Pino de bloqueio do registrador de deslocamento
const int CLK   =10;   // Pino de clock do registrador de deslocamento
const int DIST  =0;    // Sensor de distância no pino analógico 0

// Possíveis configurações de LED
int vals[9] = {0,1,3,7,15,31,63,127,255};

// Valor máximo fornecido pelo sensor
int maxVal = 500;

// Valor mínimo fornecido pelo sensor
int minVal = 0;

void setup()
{
  // Configura os pinos como saídas
  pinMode(SER, OUTPUT);
  pinMode(LATCH, OUTPUT);
  pinMode(CLK, OUTPUT);
}

void loop()
{
  int distance = analogRead(DIST);
  distance = map(distance, minVal, maxVal, 0, 8);
  distance = constrain(distance,0,8);

  digitalWrite(LATCH, LOW);                  // Bloqueio baixo -- começa a
                                             //     enviar
  shiftOut(SER, CLK, MSBFIRST, vals[distance]); // Envia dados, MSB primeiro
  digitalWrite(LATCH, HIGH);                 // Bloqueio alto -- para de enviar
  delay(10);                                 // Velocidade da animação
}
```

Carregue o programa acima no Arduino, e mova uma mão para trás e para frente diante do sensor de distância — você deve ver o gráfico de barras responder subindo e descendo em paralelo com sua mão. Se você achar que o gráfico fica muito tempo parado em "muito perto" ou "muito longe", tente ajustar os valores `maxVal` e `minVal`

160   Parte II ■ Controlando seu ambiente

para ajustar melhor as leituras de seu sensor de distância. Para testar os valores que você está recebendo em várias distâncias, você pode inicializar uma conexão serial no `setup()` e chamar `Serial.println(distance);` logo depois de executar o passo `analogRead(DIST);`.

NOTA   Para assistir a um vídeo de demonstração do gráfico de barras responsivo à distância, visite `www.exploringarduino.com/content/ch7`.

Resumo

Neste capítulo, você aprendeu:

- Como funciona um registrador de deslocamento
- As diferenças entre as transmissões de dados serial e paralela
- As diferenças entre as representações de dados decimal e binária
- Como criar animações usando um registrador de deslocamento

Interfaces de comunicação

Nesta parte

Capítulo 8: O barramento I²C
Capítulo 9: O barramento SPI
Capítulo 10: Interface com telas de cristal líquido
Capítulo 11: Comunicação sem fio com rádios XBee

CAPÍTULO

8

O barramento I²C

Peças que você precisa para este capítulo

Arduino Uno

Cabo USB (A para B no Uno)

LED vermelho

LEDs amarelos (x3)

LEDs verdes (×4)

Resistores de 220Ω (×8)

Resistores 4.7kΩ (x2)

SN74HC595N shift register DIP IC (circuito integrado dual em paralelo registrador de deslocamento SN74HC595N)

Sensor de temperatura TC74A0-5.0VAT I2C

Fios jumper

Matriz de contato

CÓDIGO E CONTEÚDO DIGITAL PARA ESTE CAPÍTULO

Downloads de código, vídeo e outros conteúdos digitais para este capítulo podem ser encontrados em `www.exploringarduino.com/content/ch8`.

164   Parte III ∎ Interfaces de comunicação

Além disso, os códigos também podem ser encontrados em www.altabooks.com.br, procurando pelo nome do livro. Outra opção é em www.wiley.com/go/exploringarduino, na guia Download Code. Eles estão no arquivo chapter 08 download e individualmente nomeados de acordo com seus nomes ao longo do capítulo.

Você já aprendeu a conectar entradas/saídas analógicas e digitais, mas e quanto aos dispositivos mais complicados? O Arduino pode expandir sua capacidade integrando com uma variedade de componentes externos. Muitos circuitos integrados implementam protocolos de comunicação digital padronizados para facilitar a comunicação entre seu microcontrolador e uma grande variedade de possíveis módulos. Este capítulo explora o barramento I^2C (pronuncia-se "eye squared see" ou "eye two see").

O barramento I^2C permite comunicação robusta de duas vias e alta velocidade entre dispositivos enquanto usa um número mínimo de pinos de E/S para facilitar a comunicação. Um barramento I^2C é controlado por um dispositivo mestre (normalmente um microcontrolador), e contém um ou mais dispositivos escravos que recebem informações do mestre. Neste capítulo, você aprenderá sobre o protocolo I^2C, e vai implementá-lo para se comunicar com um sensor de temperatura I^2C digital capaz de retornar medições como valores de grau em vez de valores analógicos arbitrários. Você construirá seu conhecimento com base nos capítulos anteriores, combinando o que você aprenderá neste capítulo para expandir projetos anteriores.

> **NOTA**   Siga os passos deste capítulo com este tutorial em vídeo: www.jeremyblum.com/2011/02/13/arduino-tutorial-7-i2c-and-processing/.

História do barramento I^2C

Quando se trata de protocolos de comunicação, saber como o protocolo evoluiu ao longo do tempo facilita entender por que ele funciona como funciona. O protocolo I^2C foi inventado pela Phillips no início da década de 1980 para permitir uma velocidade de comunicação relativamente baixa entre os vários CIs. O protocolo foi padronizado por volta da década de 1990, e outras empresas rapidamente passaram a adotá-lo, lançando seus próprios chips compatíveis. Genericamente, o protocolo é conhecido como o protocolo "two-wire" porque são utilizadas duas linhas de comunicação: uma linha de clock e uma de dados. Embora nem todos os dispositivos de protocolo de dois fios tenham pagado a taxa de licença para serem chamados de dispositivos I^2C, todos eles são comumente referidos como I^2C. Isso é parecido com a maneira como a marca Gillette® é muitas vezes usada para se referir a todo tipo de lâmina de barbear, mesmo aqueles que não são fabricados pela Gillette®. Se encontrar um dispositivo que diz que usa o protocolo de comunicação de "two-wire", você pode estar certo de que ele vai funcionar como descrito neste capítulo.

Design de hardware I²C

A Figura 8-1 mostra uma configuração de referência comum para um sistema de comunicação I²C. Ao contrário do sistema de comunicação digital anterior que você viu neste livro, o I²C é o único no sentido de que vários dispositivos compartilham as mesmas linhas de comunicação: um sinal de clock (SCL) e uma linha de dados bidirecional usada para troca de informações entre um mestre e seus escravos (SDA). Observe, também, que o barramento I²C exige resistores pull-up em ambas as linhas de dados.

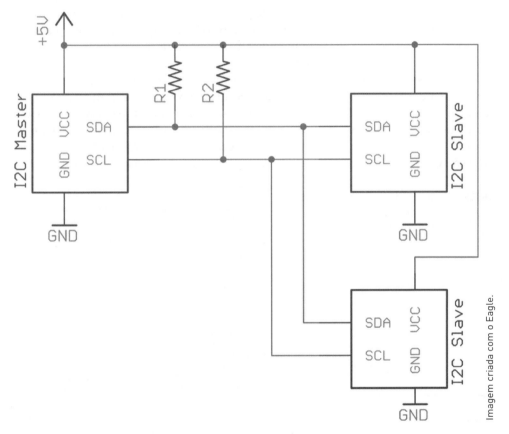

Figura 8-1: Configuração de hardware de referência I²C

Esquema de comunicação e números de identificação

O barramento I²C permite que múltiplos dispositivos escravos compartilhem linhas de comunicação com um único dispositivo mestre. Neste capítulo, o Arduino atua como o dispositivo mestre. O barramento mestre é responsável por iniciar todas as comunicações. Dispositivos escravos não podem iniciar comunicações; eles só podem responder a solicitações que são enviadas pelo dispositivo mestre. Como vários dispositivos escravos compartilham as mesmas linhas de comunicação, é muito importante que somente o dispositivo mestre possa iniciar a comunicação. Caso contrário, vários dispositivos podem tentar falar ao mesmo tempo e os dados se misturariam.

Todos os comandos e pedidos enviados do mestre são recebidos por todos os dispositivos no barramento. Cada dispositivo I²C escravo tem um endereço de 7 bits único, ou número de identificação. Quando a comunicação é iniciada pelo dispositivo mestre, um ID de dispositivo é transmitido. Dispositivos escravos I²C reagem a dados no barramento apenas quando estes são dirigidos para seu número de ID. Como todos os dispositivos estão recebendo todas as mensagens, cada dispositivo no barramento I²C deve ter um endereço exclusivo. Alguns dispositivos I²C têm endereços selecionáveis, enquanto outros vêm do fabricante com um endereço fixo. Se quiser ter vários números do mesmo dispositivo em um barramento, você precisa identificar os componentes que estão disponíveis com diferentes IDs.

Os sensores de temperatura, por exemplo, são comumente disponibilizados com diferentes endereços I²C pré-programados, porque é comum querer mais de um em um único barramento I²C. Neste capítulo, você usa o sensor de temperatura TC74. Uma espiada no datasheet do TC74 revela que ele está disponível com uma variedade de endereços diferentes. A Figura 8-2 mostra um trecho das especificações. Neste capítulo, você usa TC74A0-5.0VAT, que é a versão 5V, T0-220 do IC com um endereço de 1001000.

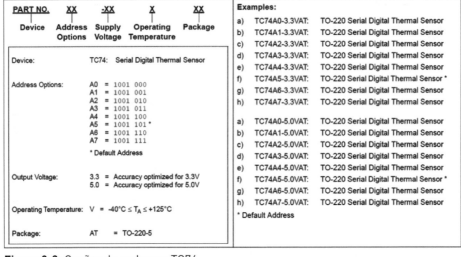

Figura 8-2: Opções de endereço TC74

Você pode comprar esse CI especial com oito números ID diferentes; Assim, você pode colocar até oito deles em um barramento I²C e ler cada um deles independentemente. Ao escrever os programas para interfacear com esse sensor de temperatura mais adiante neste capítulo, certifique-se de verificar o ID do dispositivo que você adquiriu para poder enviar os comandos certos!

Capítulo 8 ■ O barramento I2C   **167**

Outros chips I²C, como o AD7414 e o AD7415, têm pinos de seleção de endereço (*address select*, AS) que permitem configurar o endereço I²C do dispositivo. Dê uma olhada no excerto das especificações do AD7414 na Figura 8-3.

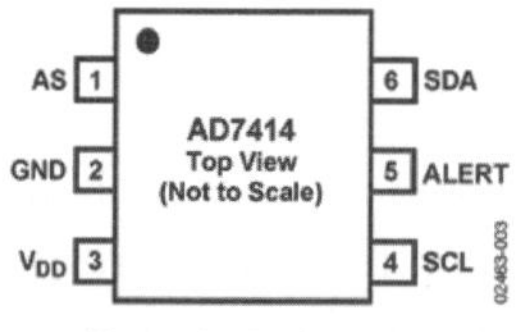

Table 4. I²C Address Selection

Part Number	AS Pin	I²C Address
AD7414-0	Float	1001 000
AD7414-0	GND	1001 001
AD7414-0	V_DD	1001 010
AD7414-1	Float	1001 100
AD7414-1	GND	1001 101
AD7414-1	V_DD	1001 110
AD7414-2	N/A	1001 011
AD7414-3	N/A	1001 111

Figure 3. AD7414 Pin Configuration (SOT-23)

Crédito: Analog Devices, Inc., www.analog.com.

Figura 8-3: Endereçamento AD7414

Como mostrado na Figura 8-3, o AD7414 é disponibilizado em quatro versões, duas com um pino AS e duas sem. Todas as versões com pinos AS podem ter três possíveis números ID, dependendo se o pino AS é deixado desconectado, está conectado a VCC, ou está conectado a GND.

Requisitos de hardware e resistores pull-up

Você deve ter notado na Figura 8-1 que a configuração do barramento I²C padrão requer resistores pull-up nas duas linhas, clock e dados. O valor para esses resistores depende dos dispositivos escravos e quantos deles estão anexados. Neste capítulo, você usa resistores de 4,7kΩ para ambos os pull-ups; esse é um valor bastante padrão que será especificado por muitas datasheets.

Comunicando com uma sonda de temperatura I²C

Os passos para se comunicar com diferentes dispositivos I²C variam de acordo com as exigências do dispositivo específico. Felizmente, você pode usar a biblioteca Arduino I²C para abstrair a maior parte do tempo de trabalho difícil. Nesta seção do capítulo, você conversa com o sensor de temperatura I²C descrito anteriormente. Você aprenderá a interpretar as informações das especificações à medida que avança pelo assunto; assim, poderá aplicar esses conceitos a outros dispositivos I²C com relativa facilidade.

Os passos básicos para controlar qualquer dispositivo I²C são os seguintes:

1. O mestre envia um bit de início.

2. O mestre envia o endereço de 7 bits de escravo do dispositivo com quem quer falar.

3. O mestre envia o bit read (1) ou write (0) dependendo se ele quer gravar dados em um registro do dispositivo I²C ou se quer ler um dos registros do dispositivo I²C.

4. O escravo responde com um bit de reconhecimento, ou ACK de "acknowledge" (um baixo lógico).

5. No modo de gravação, o mestre envia 1 byte de informação de cada vez, e o escravo responde com ACK. No modo de leitura, o mestre recebe 1 byte de informação de cada vez e envia um ACK para o escravo após cada byte.
6. Quando a comunicação termina, o mestre envia um bit de parada.

Configurando o hardware

Para confirmar que seu primeiro programa funciona como esperado, você pode usar o monitor serial para imprimir as leituras de temperatura a partir de um sensor de temperatura I²C para seu computador. Como esse é um sensor digital, ele imprime a temperatura em graus. Ao contrário dos sensores de temperatura que você usou em capítulos anteriores, não é preciso se preocupar com a conversão de uma leitura analógica para uma temperatura real. Que conveniente! Agora, conecte um sensor de temperatura no Arduino, como mostrado na Figura 8-4.

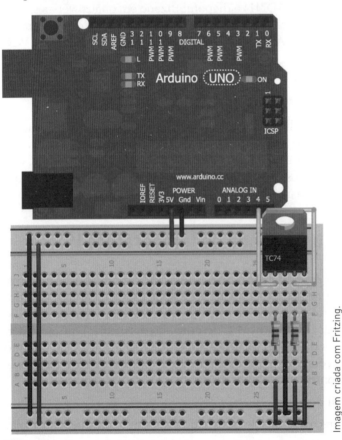

Figura 8-4: Sensor de temperatura

Capítulo 8 ▪ O barramento I2C   169

Note que os pinos SDA e SCL são conectados aos pinos A4 e A5, respectivamente. Lembre-se, a partir do que foi discutido anteriormente neste capítulo, de que os pinos SDA e SCL são os dois pinos utilizados para comunicação com dispositivos I^{2}C — eles transportam sinais de dados e clock, respectivamente. Você já aprendeu sobre pinos multiplexados em capítulos anteriores. No Arduino, os pinos A4 e A5 são multiplexados entre o conversor analógico-digital (ADC) e a interface de hardware I^{2}C. Quando você inicializa a biblioteca Wire em seu código, esses pinos se conectam ao controlador I^{2}C do ATMega, permitindo que você use o objeto `Wire` para se comunicar com dispositivos I^{2}C via esses pinos. Ao usar a biblioteca Wire, você não pode usar pinos A4 e A5 como entradas analógicas, porque esses pinos são reservados para comunicação com dispositivos I^{2}C.

Referenciando a especificação

Em seguida, você precisa escrever o software que instrui o Arduino a solicitar dados do sensor de temperatura I^{2}C. A biblioteca Wire do Arduino torna isso bastante fácil. Para usá-la corretamente, você precisa saber como ler as especificações para determinar o esquema de comunicação que usa esse chip especial. Vamos dissecar o esquema de comunicação apresentado nas especificações usando o que você já sabe sobre como o I^{2}C funciona. Considere os diagramas extraído das especificações mostradas nas Figuras 8-5 e 8-6.

Write Byte Format

S	Address	WR	ACK	Command	ACK	Data	ACK	P
	7 Bits			8 Bits		8 Bits		

| Slave Address | Command Byte: selects which register you are writing to. | Data Byte: data goes into the register set by the command byte. |

Read Byte Format

S	Address	WR	ACK	Command	ACK	S	Address	RD	ACK	Data	NACK	P
	7 Bits			8 Bits			7 Bits			8 Bits		

| Slave Address | Command Byte: selects which register you are reading from. | Slave Address: repeated due to change in data-flow direction. | Data Byte: reads from the register set by the command byte. |

Receive Byte Format

S	Address	RD	ACK	Data	NACK	P
	7 Bits			8 Bits		

S = START Condition
P = STOP Condition
Shaded = Slave Transmission

Data Byte: reads data from the register commanded by the last Read Byte or Write Byte transmission.

Figura 8-5: Esquema de comunicação do sensor TC74

Crédito: © 2013 Microchip Technology, Inc.

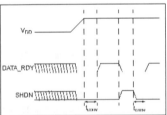

Figura 8-6: Informações do registrador TC74

Você pode tanto ler como gravar nesse IC, como mostrado nas especificações na Figura 8-5. O TC74 tem dois registros, um que contém a temperatura atual em graus Celsius e um que contém informações de configuração sobre o chip (incluindo os estados standby e data-ready). A Tabela 4-1 das especificações mostra isso. Você não precisa mexer com as informações de configuração; você só quer ler a temperatura do dispositivo. As tabelas 4-3 e 4-4 dentro da Figura 8-6 mostram como as informações de temperatura são armazenadas dentro do registro de dados de 8 bits.

A seção "Read Byte Format" da Figura 8-5 descreve o processo de leitura da temperatura do TC74:

1. Envie para o endereço do dispositivo no modo de gravação e grave um 0 para indicar que você quer ler o registro de dados.

2. Envie para o endereço do dispositivo no modo de leitura e solicite 8 bits (1 byte) de informações do dispositivo.

3. Espere receber todos os 8 bits de informação de temperatura.

Agora que você entende os passos necessários para solicitar informações desse dispositivo, pode entender melhor por que dispositivos I^2C semelhantes também funcionariam. Quando em dúvida, pesquise na web exemplos de código que mostram como conectar o Arduino a vários dispositivos I^2C. A seguir, você escreve o código que executa as três etapas descritas anteriormente.

Escrevendo o software

A biblioteca de comunicação I^2C do Arduino chama-se `Wire`. Depois de incluí-la na parte superior de seu sketch, você pode facilmente gravar e ler dados em dispositivos I^2C. Como um primeiro passo para seu sistema de sensor de temperatura I^2C, carregue o código na Listagem 8-1, o qual tira proveito das funções internas da biblioteca `Wire`. Veja se você pode combinar vários comandos `Wire` no código a seguir com os passos descritos na seção anterior.

Listagem 8-1: Código de impressão de sensor temperatura I^2C — read_temp.ino

```
// Lê a temperatura do sensor I2C
// e a imprime na porta serial

// Incluir a biblioteca Wire I2C
#include <Wire.h>
int temp_address = 72; // 1001000 gravado como número decimal

void setup()
{
  // Inicia a comunicação serial a 9600 baud
Serial.begin(9600);

  // Cria um objeto Wire
  Wire.begin();
}
```

172   Parte III ■ Interfaces de comunicação

```
void loop()
{
  // Envia uma solicitação
  // Começa a falar com o dispositivo no endereço especificado
  Wire.beginTransmission(temp_address);
  // Envia um bit solicitando o registro zero, o registro de dados
  Wire.write(0);
  // Transmissão completa
  Wire.endTransmission();

  // Lê a temperatura do dispositivo
  // Solicita 1 Byte do endereço especificado
  Wire.requestFrom(temp_address, 1);
  // Aguarde resposta
  while(Wire.available() == 0);
  // Obtém a temperatura e a grava em uma variável
  int c = Wire.read();

  // Converte de Celsius em Fahrenheit
  int f = round(c*9.0/5.0 +32.0);

  // Envia a temperatura em graus C e F para o monitor serial
  Serial.print(c);
  Serial.print("C ");
  Serial.print(f);
  Serial.println("F");

  delay(500);
}
```

Considere como os comandos desse programa se relacionam com os passos mencionados anteriormente. `Wire.beginTransmission()` inicia a comunicação com um dispositivo escravo com o ID dado. Em seguida, o comando `Wire.write()` envia um 0, indicando que pretende ler o registro de temperatura. Você, então, envia um bit de parada com `Wire.endTransmission()` para indicar que terminou de gravar no dispositivo. Com os próximos três passos, o mestre lê o dispositivo escravo I^2C. Como você irá emitir um comando `Wire.requestFrom()`, o mestre irá esperar receber um byte de dados de volta do escravo. O comando `Wire.available()` dentro do loop `while()` irá impedir o programa de executar o resto do código até que os dados estejam disponíveis na linha de I^2C. Isso dá ao dispositivo escravo tempo para responder. Por fim, o valor de 8 bits é lido em uma variável do tipo inteiro com um comando `Wire.read()`.

O programa na Listagem 8-1 também lida com a conversão da temperatura Celsius em Fahrenheit, para aqueles que não gostam muito de matemática. Você pode encontrar a fórmula para essa conversão com uma simples pesquisa na web. Escolhi arredondar o resultado para o número inteiro.

Agora, execute o código anterior no Arduino e abra o monitor serial em seu computador. Você deverá ver uma saída parecida com a apresentada na Figura 8-7.

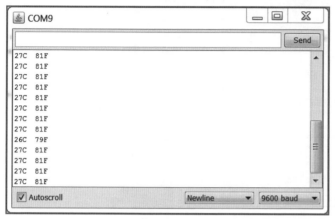

Figura 8-7: Saída serial do sensor de temperatura I²C

Combinando registradores de deslocamento, comunicação serial e comunicações I²C

Agora que você tem um esquema simples de comunicação I²C configurado com impressão serial, você pode aplicar um pouco de seu conhecimento dos capítulos anteriores para fazer algo mais interessante. Você usa o circuito gráfico de registrador de deslocamento discutido no Capítulo 7, "Registrador de deslocamentos", junto com um sketch de Processing para visualizar a temperatura no mundo real e na tela do computador.

Construindo o hardware para um sistema de monitoração de temperatura

Antes de mais nada: monte o sistema. Você está essencialmente apenas combinando o circuito do registrador de deslocamento do capítulo anterior com o circuito de I²C deste capítulo. Sua configuração deve ser semelhante à da Figura 8-8.

174   Parte III ■ Interfaces de comunicação

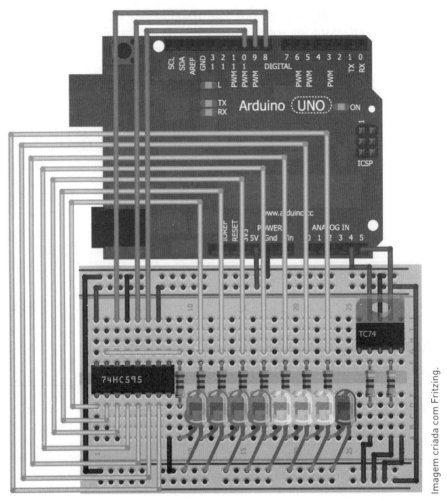

Figura 8-8: Sensor de temperatura I^{2}C com gráfico de barras baseado no registrador de deslocamento (parte do TC74 foi tornada transparente para permitir ver os fios conectados por trás dele)

Modificando o programa integrado

Você precisa fazer dois ajustes ao programa Arduino anterior para tornar a comunicação serial com o Processing mais fácil, e para implementar a funcionalidade de registrador de deslocamento. Primeiro, modifique as instruções de impressão no programa que você acabou de escrever de modo que ele fique parecido com isto:

```
Serial.print(c);
Serial.print("C,");
Serial.print(f);
Serial.print("F.");
```

Capítulo 8 ■ O barramento I2C   **175**

O Processing precisa fazer a análise sintática dos dados de temperatura Celsius e Fahrenheit. Substituindo os espaços e retornos de carro por vírgulas e pontos, você pode facilmente olhar para esses caracteres delimitadores e usá-los para analisar os dados.

Em seguida, você precisa adicionar o código do registrador de deslocamento do capítulo anterior, e mapear os níveis de LED apropriadamente para a faixa de temperatura que lhe interessa. Se precisar de uma recapitulação sobre o código do registrador de deslocamento que você escreveu anteriormente, dê outra olhada na Listagem 7-3; grande parte do código do programa será reutilizada aqui, com alguns pequenos ajustes. Para começar, modifique o número total de variáveis de luz de nove para oito. Com essa modificação, você sempre deixa um LED como uma indicação de que o sistema está funcionando (o valor 0 é eliminado do array). Você precisa acomodar as coisas para essa mudança no mapeamento do valor da variável, e precisa mapear um intervalo de temperaturas de estados do LED. Confira o código completo do exemplo na Listagem 8-2 para ver como isso é feito. Escolhi colocar meu intervalo entre 24°C e 31°C (75°F a 88°F), mas você pode escolher qualquer intervalo.

Listagem 8-2: Código de sensores de temperatura do I²C com LEDs de registradores de deslocamento e comunicação serial — temp_unit.ino

```
// Lê a temperatura no sensor de temperatura do I2C
// Exibe-a no gráfico de barras de LED e no Processing

// Inclui a biblioteca Wire I2C
#include <Wire.h>

const int SER   =8;  // Saída serial para registrador de deslocamento
const int LATCH =9;  // Pino de bloqueio do registrador de deslocamento
const int CLK   =10; // Pino de clock do registrador de deslocamento

int temp_address = 72;

// Possíveis configurações de LED
int vals[8] = {1,3,7,15,31,63,127,255};

void setup()
{
  // Instancia a comunicação serial a 9600 bps
  Serial.begin(9600);

  // Cria um objeto Wire
  Wire.begin();

  // Configura os pinos do registrador de deslocamento como saídas
  pinMode(SER, OUTPUT);
  pinMode(LATCH, OUTPUT);
  pinMode(CLK, OUTPUT);
}
```

176 Parte III ▪ Interfaces de comunicação

```
void loop()
{
  // Envia uma solicitação
  // Começa a falar com o dispositivo no endereço especificado
  Wire.beginTransmission(temp_address);
  // Envia um bit solicitando o registro zero, o registro de dados
  Wire.write(0);
  // Transmissão completa
  Wire.endTransmission();

  // Lê a temperatura do dispositivo
  // Solicita 1 Byte do endereço especificado
  Wire.requestFrom(temp_address, 1);
  // Aguarda resposta
  while(Wire.available() == 0);
  // Obtém a temperatura e a grava em uma variável
  int c = Wire.read();

  // Mapeia as temperaturas nas configurações de LED
  int graph = map(c, 24, 31, 0, 7);
  graph = constrain(graph,0,7);

  digitalWrite(LATCH, LOW);       // Bloqueio baixo -- começa a enviar dados
  shiftOut(SER, CLK, MSBFIRST, vals[graph]); // Envia dados, bit mais
                                   // significativo primeiro
  digitalWrite(LATCH, HIGH);      // Bloqueio alto -- para de enviar dados

  // Converte de Celsius em Fahrenheit
  int f = round(c*9.0/5.0 +32.0);

  Serial.print(c);
  Serial.print("C,");
  Serial.print(f);
  Serial.print("F.");

  delay(500);
}
```

Depois de carregar isso no Arduino, você pode ver os LEDs mudando de cor com a temperatura. Tente apertar o sensor de temperatura com dois dedos para fazer a temperatura subir. Você deverá ver uma resposta nos LEDs. Em seguida, você escreve um sketch de Processing que mostra o valor da temperatura no computador em um formato fácil de ler.

Escrevendo o sketch de Processing

Neste ponto, o Arduino já está transmitindo dados de fácil análise para seu computador. Tudo que você precisa fazer é escrever um programa de Processing que pode interpretá-los e exibi-los de uma forma atraente.

Como estará atualizando texto em tempo real, você precisa primeiro aprender a carregar fontes no Processing. Abra o Processing para criar um sketch novo, em branco. Salve o sketch antes de continuar. Em seguida, navegue até Tools > Create Font. Você obterá uma tela parecida com a Figura 8-9.

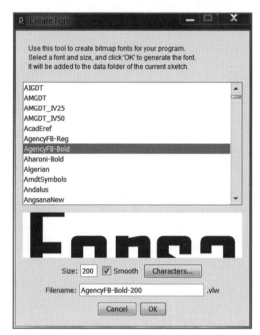

Figura 8-9: Criador de fonte do Processing

Escolha sua fonte favorita e escolha um tamanho. (Recomendo um tamanho de cerca de 200 para este exercício.) Após fazer isso, clique em OK. O tipo de letra é então gerado automaticamente e adicionado à subpasta "data" de sua pasta sketch no Processing. O sketch de Processing precisa realizar algumas coisas:

- Gerar uma janela gráfica em seu computador, mostrando a temperatura nas escalas Celsius e Fahrenheit.
- Ler os dados de entrada a partir da porta serial, analisá-los e salvar os valores para as variáveis locais que podem ser exibidas no computador.
- Atualizar continuamente a tela com os novos valores recebidos pela serial.

178   Parte III ∎ Interfaces de comunicação

Copie o código da Listagem 8-3 para seu sketch de Processing e ajuste o nome da porta serial para o valor certo de seu computador e o nome da fonte que você criou. Em seguida, certifique-se de que o Arduino está conectado e clique no ícone Run para assistir à mágica!

Listagem 8-3: Sketch de Processing para exibir valores de temperatura — display_temp.pde

```
// Exibe a temperatura registrada por um sensor de temperatura I2C

import processing.serial.*;
Serial port;
String temp_c = "";
String temp_f = "";
String data = "";
int index = 0;
PFont font;

void setup()
{
  size(400,400);
// Mude "COM9" para o nome da porta serial em seu computador
  port = new Serial(this, "COM9", 9600);
  port.bufferUntil('.');
// Mude o nome da fonte para refletir o nome da fonte que você criou
  font = loadFont("AgencyFB-Bold-200.vlw");
  textFont(font, 200);
}

void draw()
{
  background(0,0,0);
  fill(46, 209, 2);
  text(temp_c, 70, 175);
  fill(0, 102, 153);
  text(temp_f, 70, 370);
}

void serialEvent (Serial port)
{
  data = port.readStringUntil('.');
  data = data.substring(0, data.length() - 1);

  // Procura a vírgula entre Celsius e Fahrenheit
  index = data.indexOf(",");
  // Busca a temperatura C
  temp_c = data.substring(0, index);
  // Busca a temperatura F
  temp_f = data.substring(index+1, data.length());
}
```

Como nos exemplos anteriores de transformação que você rodou, o sketch começa importando a biblioteca serial e configurando a porta serial. No setup(), você está definindo o tamanho da janela de visualização, carregando a fonte que acabou de criar e configurando a porta serial para o buffer até ele receber um ponto. draw() preenche o fundo com preto e imprime os valores em Celsius e Fahrenheit em duas cores. Com o comando fill(), você está dizendo para o Processing dar essa cor ao próximo elemento que ele adicionar à tela (em valores RGB). SerialEvent() é chamada sempre que o evento bufferUntil() é acionado. O comando lê o buffer em uma string, e depois o divide com base na localização da vírgula. Os dois valores de temperatura são armazenados em variáveis que são impressas na janela do aplicativo.

Quando você executar o programa, a saída deve se parecer com os resultados mostrados na Figura 8-10.

Figura 8-10: Indicador de temperatura do Processing

Quando você apertar o sensor, a tela Processing deve atualizar, e as luzes em sua placa devem iluminar.

NOTA Para assistir a um vídeo de demonstração do hardware de monitoramento de temperatura e o sistema do Processing, visite www.exploringarduino.com/content/ch8.

Resumo

Neste capítulo, você aprendeu:

- O I²C usa duas linhas de dados para permitir a comunicação digital entre o Arduino e múltiplos dispositivos escravos (contanto que eles tenham endereços diferentes).

- A biblioteca Wire do Arduino pode ser utilizada para facilitar a comunicação com dispositivos I²C conectados aos pinos A4 e A5.

- A comunicação I²C pode ser empregada juntamente com registradores de deslocamento e comunicação serial para criar sistemas mais complexos.

- Você pode criar fontes no Processing para gerar visualizações em tela dinamicamente atualizadas.

- O Processing pode ser usado para exibir dados seriais analisados sintaticamente obtidos a partir de dispositivos I²C ligados ao Arduino.

CAPÍTULO 9

O barramento SPI

Peças que você precisa para este capítulo

Arduino Uno

Cabo USB (A para B no Uno)

LED vermelho

LED amarelo

LED verde

LED azul

Resistores de 100Ω (× 4)

Alto-falante

Fios jumper

Matriz de contato

MCP4231 Digital SPI Potentiometer IC (×2)

CÓDIGO E CONTEÚDO DIGITAL PARA ESTE CAPÍTULO

Downloads de código, vídeo e outros conteúdos digitais para este capítulo podem ser encontrados em www.exploringarduino.com/content/ch9.

Além disso, os códigos também podem ser encontrados em www.altabooks.com.br, procurando pelo nome do livro. Outra opção é em www.wiley.com/go/exploringarduino, na guia Download Code. Eles estão no arquivo chapter 09 download e individualmente nomeados de acordo com seus nomes ao longo do capítulo.

182 Parte III ▪ Interfaces de comunicação

Você já aprendeu cerca de dois importantes métodos de comunicação digital disponíveis sobre o Arduino: o barramento I²C e o barramento UART serial. Neste capítulo, você aprenderá sobre o terceiro método de comunicação digital suportado pelo hardware Arduino: o barramento SPI (Serial Peripheral Interface).

Ao contrário do barramento I²C, o barramento SPI usa linhas separadas para enviar e receber dados, e emprega uma linha adicional para selecionar o dispositivo escravo com que você está falando. Isso adiciona mais fios, mas também elimina o problema de precisar de diferentes endereços de dispositivo escravo. O SPI é geralmente mais fácil de colocar em funcionamento do que o I²C e pode rodar mais rápido. Neste capítulo, você usa a biblioteca SPI nativa do Arduino e o hardware para se comunicar com um potenciômetro digitalmente controlável. Você usa o potenciômetro para controlar tanto o brilho do LED como o volume do alto-falante, permitindo criar uma apresentação audiovisual simples.

NOTA Siga as etapas deste capítulo com este tutorial em vídeo: www.jeremyblum. com/2011/02/20/arduino-tutorial-8-spi-interfaces.

Visão geral do barramento SPI

Originalmente criado pela Motorola, o barramento SPI é um padrão de comunicação serial full-duplex que permite a comunicação bidirecional simultânea entre um dispositivo mestre e um ou mais dispositivos escravos. Como que o protocolo SPI não segue um padrão formal, é comum encontrar dispositivos SPI que operam de maneira ligeiramente diferente (o número de bits transmitidos pode ser diferente, ou a linha de seleção de escravo pode ser omitida, entre outras coisas). Este capítulo focaliza a implementação dos comandos SPI mais comumente aceitos (que são suportados pelo IDE Arduino).

ATENÇÃO Tenha em mente que implementações SPI podem variar, assim é de extrema importância ler as especificações.

O SPI pode atuar de quatro maneiras principais, que dependem dos requisitos de seu dispositivo. Dispositivos SPI são muitas vezes referidos como *dispositivos escravos*. Dispositivos SPI são síncronos, o que significa que os dados são transmitidos em sincronia com um sinal de clock compartilhado (*shared clock signal*, SCLK). Os dados podem ser deslocados para o dispositivo escravo na borda de subida ou de descida do sinal de clock (chamada de *fase de clock*), e o estado padrão SCLK pode ser definido como alto ou baixo (chamado de *polaridade do clock*). Como existem duas opções para cada um, você pode configurar o barramento SPI em um total de quatro maneiras. A Tabela 9-1 mostra cada uma das possibilidades e os modos correspondentes na biblioteca Arduino SPI.

Tabela 9-1: Modos de comunicação SPI

MODO SPI	POLARIDADE DO CLOCK	FASE DE FREQUÊNCIA
Modo 0	Baixo em espera	Captura de dados na borda de subida do clock
Modo 1	Baixo em espera	Captura de dados na borda de descida do clock
Modo 2	Alto em espera	Captura de dados na borda de descida do clock
Modo 3	Alto em espera	Captura de dados na borda de subida do clock

Hardware SPI e design de comunicação

A configuração do sistema SPI é relativamente simples. Três pinos são utilizados para comunicação entre um mestre e todos os dispositivos escravos:

- Shared/Serial Clock (SCLK)
- Master Out Slave In (MOSI)
- Master In Slave Out (MISO)

Cada dispositivo escravo também requer um pino de seleção de escravo (*slave select*, SS) adicional. Assim, o número total de pinos E/S necessários no dispositivo principal será sempre 3 + *n*, onde *n* é o número de dispositivos escravos. A Figura 9-1 mostra um exemplo do sistema SPI com dois dispositivos escravos.

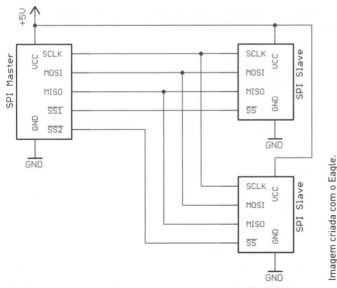

Figura 9-1: Configuração de hardware da referência SPI

Configuração de hardware

Quatro linhas de dados, pelo menos, estão presentes em qualquer sistema SPI. Linhas SS adicionais são adicionadas para cada dispositivo escravo anexado à rede. Antes de saber como realmente enviar e receber dados de e para um dispositivo SPI, você precisa entender o que essas linhas de E/S fazem e como elas devem ser conectadas. A Tabela 9-2 descreve essas linhas.

Tabela 9-2: Linhas de Comunicação SPI

LINHA DE COMUNICAÇÃO SPI	DESCRIÇÃO
MOSI	Usado para enviar dados seriais do dispositivo principal para um dispositivo escravo.
MISO	Usado para enviar dados seriais de um dispositivo escravo para o dispositivo mestre.
SCLK	O sinal por meio do qual os dados seriais são sincronizados com o dispositivo de recepção, para que ele saiba ler a entrada.
SS	A linha que indica a seleção do dispositivo escravo. Configurar como baixo significa que você está falando com esse dispositivo escravo.

Ao contrário, com o barramento I^2C, resistores pull-up não são necessários, e a comunicação é totalmente bidirecional. Para conectar um dispositivo SPI ao Arduino, tudo que você tem a fazer é ligar os pinos MOSI, MISO, SCLK e SS, e você estará pronto para usar a biblioteca de comunicação SPI.

CONVENÇÕES DE NOMENCLATURA

Como SPI não é um padrão universal, alguns dispositivos e fabricantes podem usar nomes diferentes para as linhas de comunicação SPI. *Slave select* é muitas vezes referido como *chip select* (CS), *serial clock* é às vezes chamado apenas de *clock* (CLK), pinos MOSI e MISO em dispositivos escravos são às vezes abreviados como *serial data in* (SDI), e *serial data out* (SDO).

Esquema de comunicação

O esquema de comunicação SPI é sincronizado com o sinal de clock e depende do estado da linha SS. Como todos os dispositivos no compartilhamento de barramento, as linhas MOSI, MISO e SCLK, todos os comandos enviados do mestre chegam a cada escravo. O pino SS instrui o escravo se deve ignorar esses dados ou responder a eles. É importante destacar que isso significa que você deve se certificar de ter apenas um pino SS configurado como baixo (o modo ativo) em um momento em qualquer programa que escreva.

O processo básico para a comunicação com um dispositivo SPI é o seguinte:

1. Configure o pino SS como baixo para o dispositivo com que você deseja se comunicar.

2. Alterne a linha do clock entre ativada/desativada a uma velocidade menor ou igual à velocidade de transmissão suportada pelo dispositivo escravo.

3. Para cada ciclo de clock, envie 1 bit na linha MOSI, e receba 1 bit na linha MISO.

4. Continue até que a transmissão ou recepção esteja completa, e pare de alternar a linha do clock.

5. Retorne o pino SS para o estado alto.

Observe que a cada ciclo de clock um bit deve ser enviado e recebido, mas esse bit não precisa necessariamente significar nada. Por exemplo, mais adiante neste capítulo, você usará um potenciômetro digital em um cenário em que o Arduino enviará dados, mas não precisa receber nada em troca do escravo. Então, ele irá sincronizar os dados no pino MOSI e simplesmente ignorar qualquer coisa que vem de volta no pino MISO.

Comparando SPI com I²C

Muitos tipos de dispositivos, incluindo acelerômetros, potenciômetros digitais e monitores, estão disponíveis em ambas as versões, SPI e I²C. Então, como você decide? A Tabela 9-3 lista as vantagens e desvantagens do I²C e do SPI. Em última análise, sua escolha dependerá do que você acredita que é mais fácil de implementar, e mais adequado para sua situação. A maioria dos iniciantes acha que pode fazer o SPI funcionar mais facilmente do que o I²C.

Tabela 9-3: Comparação entre SPI e I²C

VANTAGENS DO SPI	VANTAGENS DO I²C
Pode operar em velocidades mais altas	Requer apenas duas linhas de comunicação
Geralmente mais fácil de trabalhar	Suporte de hardware nativo no Arduino
Não são necessários resistores pull-up	
Suporte de hardware nativo no Arduino	

Comunicando-se com um potenciômetro digital SPI

Agora que você domina todos os elementos básicos, é hora de realmente implementar o que aprendeu. Você vai começar controlando o brilho do LED usando um potenciômetro digital (um DigiPot para abreviar). Especificamente, você vai usar o Microchip MCP4231 103E Digital Potentiometer IC. (Diversas versões desse chip estão disponíveis, cada um com diferentes valores de resistência do potenciômetro.) Ao olhar para um circuito integrado (CI) como esse para usar em sua matriz de contato, você quer ver a versão do pacote dual in-line (DIP) do chip. Assim como um potenciômetro comum, um DigiPot tem um *wiper* ("limpador") ajustável que determina a resistência entre o terminal do wiper e um dos terminais de extremidade. O MCP4231 tem dois potenciômetros em um único chip. Cada potenciômetro tem uma resolução de 7 bits, resultando em 129 posições de wiper, (a posição extra resulta das derivações diretas do chip para a alimentação ou o terra), que variam a resistência entre 0 e 10kΩ. Primeiro, você vai usar o DigiPot para ajustar o brilho do LED. Depois de conseguir fazê-lo funcionar com LEDs, você vai usá-lo para controlar o volume do alto-falante. Quando terminar, você terá uma plataforma que pode usar para desenvolver projetos audiovisuais mais complexos.

Coletando informações a partir da especificação

Antes de mais nada: você sempre precisa consultar as especificações. Uma rápida pesquisa no Google por "MCP4231" lhe trará as especificações. Você também pode encontrar um link para as especificações no site deste livro: www.exploringarduino.com/content/ch9. As especificações respondem às seguintes questões:

- Qual é a pinagem do CI, e quais pinos são os pinos de controle?
- Qual é a resistência do potenciômetro em meu chip?
- Quais comandos SPI devem ser enviados para controlar os dois wipers digitais?

Para ajudar você a referenciar essa informação, as Figuras 9-2 a 9-4 mostram algumas das peças-chave dessas especificações. Primeiro, dê uma olhada na pinagem apresentada na primeira página das especificações.

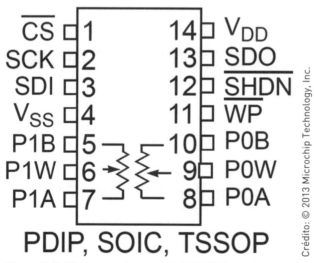

Figura 9-2: Diagrama pinagem do MCP4231

Capítulo 9 ▪ O barramento SPI   187

A pinagem deve ser normalmente o primeiro passo quando você está se preparando para trabalhar com um novo dispositivo. Segue-se uma discriminação de todos os pinos e suas funções:

- **Pinos P0A, P0W, e P0B:** Esses são os pinos para o primeiro potenciômetro digitalmente controlado.

- **Pinos P1A, P1W, e P1B:** Esses são os pinos do segundo potenciômetro controlado digitalmente.

- **VDD:** Conecta-se à sua fonte de 5V.

- **VSS:** Conecta-se ao terra.

- **CS:** CS é o pino SS para a interface SPI, e a barra acima indica que ele está ativo baixo. (0V significa que o chip está selecionado, e 5V significa que não está selecionado.)

- **SDI e SDO:** Esses pinos correspondem à entrada (*serial data in*) e à saída de dados (*serial data out*), respectivamente (também conhecidos como MOSI e MISO).

- **SCK:** Essa é a linha do clock SPI que foi explicada anteriormente neste capítulo.

- **SHDN e WP:** Esses representam desligamento (*shut down*) e gravação (*write*), respectivamente. Para esse chip, pode-se ver nas especificações que o pino WP é na realidade NC (não conectado). Você pode ignorar esse pino. O pino SHDN está ativo baixo, como o pino CS. Quando mantido baixo, o hardware "desconecta" o wiper da rede de resistores internos. Você sempre quer que seu potenciômetro esteja ativo, então nestes exemplos o pino SHDN é conectado diretamente a 5V.

A próxima coisa que vale a pena considerar é a resistência do potenciômetro e o wiper. Assim como um potenciômetro normal, existe uma resistência fixa entre os terminais A e B de cada potenciômetro digital. O próprio wiper também tem uma resistência que você deve levar em conta. Considere as informações a partir da quinta página das especificações (veja a Figura 9-3).

AC/DC CHARACTERISTICS (CONTINUED)

DC Characteristics		Standard Operating Conditions (unless otherwise specified) Operating Temperature —40°C ≤ T_A ≤ +125°C (extended) All parameters apply across the specified operating ranges unless noted. V_{DD} = +2.7V to 5.5V, 5 kΩ, 10 kΩ, 50 kΩ, 100 kΩ devices. Typical specifications represent values for V_{DD} = 5.5V, T_A = +25°C.				
Parameters	Sym	Min	Typ	Max	Units	Conditions
Resistance (± 20%)	R_{AB}	4.0	5	6.0	kΩ	-502 devices (Note 1)
		8.0	10	12.0	kΩ	-103 devices (Note 1)
		40.0	50	60.0	kΩ	-503 devices (Note 1)
		80.0	100	120.0	kΩ	-104 devices (Note 1)
Resolution	N		257		Taps	8-bit No Missing Codes
			129		Taps	7-bit No Missing Codes
Step Resistance	R_S	—	R_{AB} / (256)	—	Ω	8-bit Note 6
		—	R_{AB} / (128)	—	Ω	7-bit Note 6
Nominal Resistance Match	$\lvert R_{AB0} - R_{AB1} \rvert$ / R_{AB}	—	0.2	1.25	%	MCP42X1 devices only
	$\lvert R_{BW0} - R_{BW1} \rvert$ / R_{BW}	—	0.25	1.5	%	MCP42X2 devices only, Code = Full-Scale
Wiper Resistance (Note 3, Note 4)	R_W	—	75	160	Ω	V_{DD} = 5.5 V, I_W = 2.0 mA, code = 00h
		—	75	300	Ω	V_{DD} = 2.7 V, I_W = 2.0 mA, code = 00h

Crédito: © 2013 Microchip Technology, Inc.

Figura 9-3: Tabela de características AC/DC do MCP4231

Em primeiro lugar, observe a resistência do potenciômetro, representado por R_{AB}. Quatro variações disponíveis desse chip estão disponíveis, cada uma com um valor de resistência diferente, que varia de 5kΩ a 100kΩ. Os próprios dispositivos estão marcados com sua variação. Neste capítulo, você usa a variante 103, que tem uma resistência de cerca de 10kΩ. Importante, DigiPots geralmente não são dispositivos muito precisos. Você pode ver a partir das especificações que a resistência real para o dispositivo pode variar em até ±20%! Também digna de nota é a resistência do wiper. O pino do wiper real tem uma resistência em algum lugar entre 75 e 160Ω. Isso pode ser significativo, especialmente quando alimentando um alto-falante ou um LED.

Você também precisa entender os comandos SPI que deve emitir ao dispositivo para controlá-lo. No caso do MCP4231, emita dois comandos para o dispositivo: o primeiro especifica o registro de controle (há um registro para cada DigiPot), e o segundo especifica o valor para configurar o potenciômetro. Dê uma olhada na especificação da comunicação SPI extraída do datasheet na Figura 9-4.

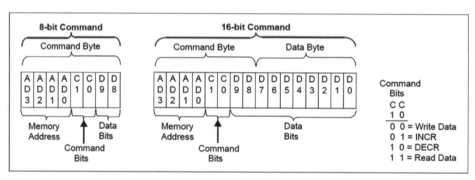

Figura 9-4: Formatos de comandos MCP4231 SPI

Você pode ver a partir do diagrama que dois tipos de comando estão disponíveis: um comando de 8 bits e um comando de 16 bits. O comando de 8 bits permite incrementar o potenciômetro com um único byte de comunicação, enquanto o comando de 16 bits permite que você defina o estado do potenciômetro de maneira arbitrária. Para manter as coisas simples, concentre-se em usar o comando de 16 bits, porque ele oferece mais flexibilidade. Sobre o barramento SPI, você transmite um endereço de memória, um comando (ler, gravar, incrementar ou decrementar), e um valor de dados (0-128).

O datasheet também indica os endereços de memória associados a cada potenciômetro. O valor do potenciômetro 0 está localizado no endereço de memória 0, e potenciômetro 1 está localizado no endereço de memória 1. Usando essas informações, você pode construir os bytes de comando necessários para gravar em cada um dos potenciômetros. Para gravar no potenciômetro 0, você transmite 00000000 em binário, seguido por um valor de 0 a 128. Para gravar no potenciômetro 1, você transmite 00010000 em binário seguido por um valor de 0 a 128. Consultando a Figura 9-4, os quatro primeiros dígitos são o endereço de memória, os dois seguintes são o comando (00 significa gravar), e os dois bits são seguintes os dois primeiros bits de dados, que devem ser sempre 0 porque o potenciômetro só pode chegar a 128.

Essa é toda a informação de que você precisa para conectar o DigiPot corretamente e enviar comandos SPI a partir do Arduino. Agora, você o monta para controlar o brilho de alguns LEDs.

Configurando o hardware

Para aplicar plenamente seu conhecimento sobre comunicação SPI, você vai usar dois CIs DigiPot MCP44231, para um total de quatro canais de potenciômetro controláveis. Cada um deles é usado para controlar o brilho de dois LEDs por meio da variação da resistência serial em linha com o LED. Quando usado dessa maneira, você precisará usar apenas dois terminais de cada potenciômetro. Uma extremidade de cada potenciômetro conecta à trilha 5V (por meio de uma resistência), e o pino do wiper se conecta ao ânodo do LED. Considere o diagrama esquemático da Figura 9-5, que mostra esse esquema de conexão.

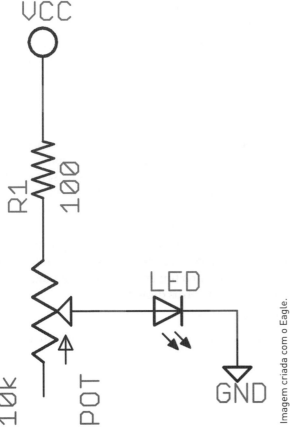

Figura 9-5: Configuração do potenciômetro de LED

O cátodo do LED está conectado ao terra. Quando o wiper para o potenciômetro é digitalmente girado para seu valor máximo, a corrente flui da trilha 5V, atravessa a resistência de 100Ω, atravessa o wiper (que tem uma resistência de ~75Ω) e, então, atravessa o diodo emissor de luz. Alternativamente, quando o wiper está totalmente girado, a corrente flui através da resistência de 100Ω, atravessa toda a resistência do potenciômetro (10kilohms), atravessa o wiper e, então, atravessa o diodo emissor de luz. Mesmo quando o potenciômetro está totalmente girado, a resistência serial mínima com o LED será de 175Ω (o suficiente para seguramente limitar sua corrente). Conforme os DigiPots são ajustados, a resistência aumenta e diminui, mudando a corrente por meio do diodo emissor de luz e, por conseguinte, seu brilho. Esse método de controle de brilho pode ser muito útil se você tiver esgotado todos os seus pinos compatíveis com modulação por largura de pulso (PWM).

Agora, conecte os dois potenciômetros digitais ao barramento SPI e aos LEDs, conforme mostrado no esquema anterior, utilizando as informações das especificações sobre a pinagem. No Arduino Uno, o pino 13 é SCK, o pino 12 é MISO, e pino 11 é MOSI. O pino 10 é comumente utilizado para SS, então use-o para um dos chips. Para os outros, use o pino 9. Depois de conectar tudo, a montagem deve ser semelhante à Figura 9-6. Lembre-se que as linhas SCK, MISO e MOSI são compartilhadas entre os dois dispositivos.

Verifique se sua fiação corresponde ao esquema de conexões e, então, passe para a próxima seção, em que você escreverá o software que vai controlar o brilho dos LEDs.

Escrevendo o software

Para confirmar que a montagem está funcionando e que pode usar com sucesso a biblioteca SPI, você vai escrever um programa simples para ajustar simultaneamente o brilho de todos os quatro LEDs usando os quatro potenciômetros sobre os dois CIs.

Tal como acontece com o I²C, o IDE Arduino tem uma conveniente biblioteca nativa que torna a comunicação SPI muito fácil. Tudo que você precisa fazer é importar a biblioteca e "gravar" os dados no barramento SPI usando os comandos integrados. Obviamente, você também tem que alternar os pinos SS para qualquer que seja o dispositivo que esteja controlando. Assim, concentrando todo o conhecimento das seções anteriores deste capítulo, eis os passos que você precisa seguir a fim de enviar um comando para alterar o brilho de um LED em um dos potenciômetros digitais SPI:

1. Configure o pino SS para o chip como baixo.

2. Enviar o byte registro/comando apropriado para escolher o potenciômetro em que você irá gravar.

3. Envie um valor entre 0 e 128.

4. Configure o pino SS para esse chip como alto.

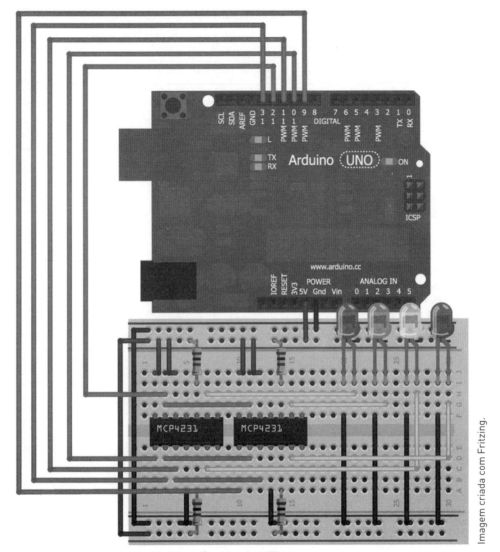

Figura 9-6: Configuração do potenciômetro de LED

O código na Listagem 9-1 executa todos esses passos e inclui uma função para passar o pino SS, o byte de registro e o comando para um determinado chip via SPI. O comando SPI.begin() permite que você inicialize a interface SPI nos pinos de hardware SPI do Arduino, e pode usar SPI.transfer() para realmente enviar dados pelo barramento SPI.

192   Parte III ▪ Interfaces de comunicação

Listagem 9-1: Controle SPI de múltiplos potenciômetros digitais — SPI_led.ino

```
// Muda o brilho do LED utilizando entrada de tensão em vez de PWM

// Inclui biblioteca SPI
#include <SPI.h>

// Ao usar a biblioteca SPI, você só precisa se preocupar
// com a escolha de seus slave selects
// Por padrão, 11 = MOSI, 12 = MISO, 13 = CLK
const int SS1=10; // Slave Select Chip 1
const int SS2=9;  // Slave Select Chip 2

const byte REG0=B00000000; // Comando Register 0 Write
const byte REG1=B00010000; // Comando Register 1 Write

void setup()
{
  // Configura as direções de pino para SS
  pinMode(SS1, OUTPUT);
  pinMode(SS2, OUTPUT);
  // Inicializar o SPI
  SPI.begin();
}

// Isso irá configurar um diodo emissor de luz para o nível especificado
// Chip 1 (SS 10) Registrador 0 é vermelho
// Chip 1 (SS 10) Registrador 1 é amarelo
// Chip 2 (SS 9) Registrador 0 é verde
// Chip 2 (SS 9) Registrador 1 é azul
void setLed(int SS, int reg, int level)
{
  digitalWrite(SS, LOW); // Configura o dado pino SS como baixo
  SPI.transfer(reg);     // Escolhe o registro em que gravar
  SPI.transfer(level);   // Configura o nível do LED (0-128)
  digitalWrite(SS, HIGH); // Configura o pino SS dado como alto novamente
}

void loop()
{
  for (int i=0; i<=128; i++)
  {
    setLed(SS1, REG0, i);
    setLed(SS1, REG1, i);
    setLed(SS2, REG0, i);
    setLed(SS2, REG1, i);
    delay(10);
  }
  delay(300);
```

```
for (int i=128; i>=0; i--)
{
  setLed(SS1, REG0, i);
  setLed(SS1, REG1, i);
  setLed(SS2, REG0, i);
  setLed(SS2, REG1, i);
  delay(10);
}
delay(300);
}
```

Na Listagem 9-1, o SS para chip 1 está conectado ao pino 10, e o SS para o chip 2 está conectado ao pino 9. Você pode comparar isso com as conexões de hardware que fez ao montar o sistema na seção anterior. Os valores de registro de byte na parte superior do arquivo são as mesmas sequências binárias que você determinou a partir das especificações anteriormente neste capítulo. Quando você coloca um B antes de uma sequência de 0s e 1s ao criar uma variável `byte`, você está dizendo ao compilador Arduino que o que se segue está em formato binário, e não no formato decimal padrão que você usa em outros lugares em seu programa. A função `setled()` aceita um número de pino SS, um byte de registro e valor do nível do potenciômetro. Essa função utiliza a informação para transmitir os dados para o chip apropriado. No `loop()`, todos os LEDs são acesos e, então, apagados de novo, com pequenos atrasos, de modo que a transição não ocorre tão rápido que você não possa vê-la. Ao carregar isso no Arduino, você deve ver todas as quatro luzes mudarem de intensidade em conjunto conforme os potenciômetros são ajustados.

NOTA Para assistir a um vídeo de demonstração da ajustador de cor com potenciômetro digital SPI, visite www.exploringarduino.com/content/ch9.

Agora que tem esse exemplo simples funcionando, você pode passar para a próxima seção, em que irá aumentar a complexidade do sistema, transformando-o em um projeto audiovisual.

Criando um monitor audiovisual usando potenciômetros digitais SPI

Alterar o brilho de LED é um bom teste para confirmar sua compreensão da comunicação SPI, mas também é algo que você pode fazer com PWM. Em seguida, você integra algumas tecnologias que não pode replicar com uma interface PWM: som. Como você aprendeu no Capítulo 5, "Criando sons", o IDE Arduino tem uma biblioteca de tons que permite produzir facilmente ondas quadradas de qualquer pino do Arduino para tocar um alto-falante. Embora isso permita criar facilmente uma gama de frequências, não permite alterar o volume do áudio, porque essa é uma função da amplitude da onda. Você já aprendeu a colocar um potenciômetro comum em série com um alto-falante para ajustar o volume. Agora, você usa o DigiPot SPI para ajustar o volume do alto-falante digitalmente.

> **NOTA** Intencionalmente, esse projeto é concebido como um ponto de partida; você faz um projeto audiovisual simples que pode expandir em software para criar projetos muito mais inspirados. Primeiro faça esse exemplo funcionar; depois, veja como você pode ampliá-lo para fazer algo verdadeiramente pessoal. Este exercício oferece uma oportunidade ideal para ser criativo com o Arduino.

Configurando o hardware

A configuração aqui é semelhante à que você usou para ajustar o brilho dos LEDs. Na verdade, para deixar as coisas interessantes, você mantém três dos LEDs no lugar e substitui um deles por um alto-falante. Mas para o alto-falante, uma extremidade do potenciômetro digital se conecta por meio de um resistor a um pino de E/S do Arduino que ajustará a frequência do alto-falante. A onda quadrada gerada passa pelo DigiPot, que então adiciona uma resistência em série, reduzindo, assim, a tensão para o alto-falante e mudando sua amplitude. Remova um dos LEDs, coloque um alto-falante em seu lugar, e conecte esse DigiPot a um pino de E/S do Arduino, como mostrado no diagrama de fiação na Figura 9-7.

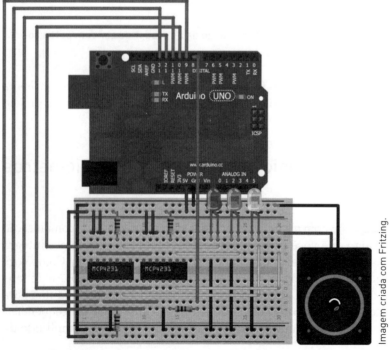

Figura 9-7: Configuração do potenciômetro de LED

Você também pode querer considerar a adição de alguns sensores analógicos a isso depois de experimentar o uso de luz, movimento e som para controlar a saída de seu sistema audiovisual.

Modificando o software

Para começar com essa configuração, faça algumas modificações simples em seu programa anterior para controlar os LEDs. Adicione uma variável de pino para o alto-falante, bem como uma variável para configurar a frequência do alto-falante. (Você precisará alterar isso por todo o programa para manter as coisas interessantes.) Dentro loop(), opcionalmente você pode adicionar alguns iteradores que aumentam a frequência do alto-falante a cada passagem pelo loop. Você pode usar exatamente a mesma função setled() que antes para configurar o volume do alto-falante, mas o nome é agora um pouco enganador, então você pode querer mudar o nome da função para maior clareza. No código completo mostrado na Listagem 9-2, essa função foi renomeada para setreg().

Listagem 9-2: LED e alto-falante Volume SPI Digital Control Potentiometer — LED_speaker.ino

```
// Muda o brilho do LED utilizando entrada de tensão em vez de PWM
// Controla o volume e o tom do alto-falante

// Inclui biblioteca SPI
#include <SPI.h>

const int SPEAKER=8; // Pino do alto-falante
int freq = 100;

// Ao usar a biblioteca SPI, você só precisa se preocupar
// com a escolha de seus slave selects
// Por padrão, 11 = MOSI, 12 = MISO, 13 = CLK
const int SS1=10; // Slave Select Chip 1
const int SS2=9;  // Slave Select Chip 2

const byte REG0=B00000000; // Comando Register 0 Write
const byte REG1=B00010000; // Comando Register 1 Write

void setup()
{
  // Configura as direções de pino para SS
  pinMode(SS1, OUTPUT);
  pinMode(SS2, OUTPUT);

  // Inicializar o SPI
  SPI.begin();
}

// Isso irá configurar um potenciômetro no nível especificado
// Chip 1 (SS 10) Registrador 0 é vermelho
```

196 Parte III ▪ Interfaces de comunicação

```cpp
// Chip 1 (SS 10) Registrador 1 é amarelo
// Chip 2 (SS 9) Registrador 0 é verde
// Chip 2 (SS 9) Registrador 1 é o alto-falante
void setReg(int SS, int reg, int level)
{
  digitalWrite(SS, LOW);   // Configura o dado pino SS como baixo
  SPI.transfer(reg);       // Escolhe o registro em que gravar
  SPI.transfer(level);     // Configura o nível do LED (0-128)
  digitalWrite(SS, HIGH);  // Configura o dado pino SS como alto novamente
}

void loop()
{
  tone(SPEAKER, freq); // Configura alto-falante com uma determinada
frequência
  for (int i=0; i<=128; i++)
  {
    setReg(SS1, REG0, i);
    setReg(SS1, REG1, i);
    setReg(SS2, REG0, i);
    setReg(SS2, REG1, i);
    delay(10);
  }
  delay(300);
  for (int i=128; i>=0; i--)
  {
    setReg(SS1, REG0, i);
    setReg(SS1, REG1, i);
    setReg(SS2, REG0, i);
    setReg(SS2, REG1, i);
    delay(10);
  }
  delay(300);
  freq = freq+100;
  if (freq > 2000) freq = 100;
}
```

Carregue esse programa no Arduino, e você verá, além das luzes mudando de intensidade, o alto-falante também mudando de volume. A cada ciclo, a frequência é incrementada em 100Hz até atingir 2000Hz. Isso é controlado pelo if no final do loop(). Os loops for que estão controlando o brilho e o volume dos LEDs não precisam mudar nada em relação ao que você escreveu na Listagem 9-1, porque o volume do alto-falante está sendo controlado pela mesma ação do potenciômetro que está controlando os LEDs.

Isso é apenas um ponto de partida. Agora você tem conhecimento suficiente para realmente transformar essa plataforma multimídia em algo emocionante. Eis algumas sugestões:

- Correlacione a frequência do som e do volume com entradas do sensor (por exemplo, um sensor de distância infravermelho [IR] pode controlar a frequência do alto-falante com base no movimento na frente da unidade).

- Correlacione a intensidade do LED com uma métrica diferente, tal como a temperatura.

- Adicionar um botão de pressão com debouncing para permitir que você escolha dinamicamente o volume ou a frequência do alto-falante.

- Programe sequências de luzes que coincidam com o ritmo de uma música simples.

NOTA Para assistir a um vídeo de demonstração da plataforma audiovisual em ação: www.exploringarduino.com/content/ch9.

Resumo

Neste capítulo, você aprendeu:

- O barramento SPI usa duas linhas de dados, uma linha de clock e uma linha SS. Uma linha SS extra é adicionada a cada dispositivo escravo, mas as outras três linhas são compartilhadas no barramento.

- A biblioteca Arduino SPI pode ser usada para facilitar a comunicação entre o Arduino e dispositivos escravos.

- Você pode falar com vários dispositivos SPI pelas mesmas linhas de barramento usando vários pinos SS.

- Você pode controlar potenciômetros SPI usando a Arduino Library.

- Você aprendeu como entender profundamente e trabalhar com especificações.

- Você aprendeu a ajustar simultaneamente o volume e a frequência de um alto--falante usando a biblioteca de tons junto com um potenciômetro digital SPI.

CAPÍTULO 10

Interface com telas de cristal líquido

Peças que você precisa para este capítulo

Arduino Uno

Cabo USB (A para B no Uno)

Alto-falante

Botões de pressão (×2)

Pequeno ventilador DC

LCD de 16x2 caracteres

Resistores 4.7kΩ (x2)

Resistores de 10Ω (×2)

Resistor de 150Ω

Potenciômetro de 10kΩ

Sensor de temperatura TC74A0-5.0VAT I2C

Fios jumper

Matriz de contato

200 Parte III ▪ Interfaces de comunicação

CÓDIGO E CONTEÚDO DIGITAL PARA ESTE CAPÍTULO

Downloads de código, vídeo e outros conteúdos digitais para este capítulo podem ser encontrados em www.exploringarduino.com/content/ch10.

Além disso, os códigos também podem ser encontrados em www.altabooks.com.br, procurando pelo nome do livro. Outra opção é em www.wiley.com/go/exploringarduino, na guia Download Code. Eles estão no arquivo chapter 10 download e individualmente nomeados de acordo com seus nomes ao longo do capítulo.

Uma das melhores coisas sobre a criação de sistemas embarcados é o fato de que eles podem operar independentemente de um computador. Até agora, você estava amarrado ao computador se quisesse exibir qualquer tipo de informação mais complicada do que um LED iluminado. Ao adicionar uma tela de cristal líquido (LCD) ao Arduino, você pode mais facilmente exibir informações complexas (valores de sensores, informações de tempo, configurações, barras de progresso etc.) diretamente em seu projeto Arduino sem precisar integrar com o monitor serial através do computador.

Neste capítulo, você aprenderá a conectar um LCD ao Arduino, e a usar a biblioteca Arduino LiquidCrystal para escrever texto e caracteres personalizados arbitrários em seu LCD. Depois de dominar o básico, você adiciona alguns componentes dos capítulos anteriores para fazer um simples termostato capaz de obter dados de temperatura local, relatá-los para você, e controlar um ventilador para diminuir o calor. Um LCD vai lhe dar informações dinâmicas, um alto-falante irá alertá-lo quando a temperatura estiver ficando muito quente, e o ventilador ligará para resfriá-lo automaticamente.

NOTA Para assistir a um vídeo tutorial sobre como interfacear com um LCD, visite www.jeremyblum.com/2011/07/31/tutorial-13-for-arduino-liquid-crystal-displays.

Configurando o LCD

Para concluir os exemplos neste capítulo, você usa uma tela de LCD paralela. Essas telas são extremamente comuns e produzidas em todo tipo de forma e tamanho. A mais comum é um tela de 16×2 caracteres com um único conector de 16 pinos (14, se ela não tiver uma luz de fundo). Neste capítulo, você usa um monitor LCD de 16 pinos que pode mostrar um total de 32 caracteres (16 colunas e 2 linhas).

Se sua tela não veio com uma barra de pinos de 16 pinos já soldada nela, você precisará soldar um para poder facilmente instalá-la em sua matriz de contato. Com a barra de pinos bem soldada, seu LCD deve se parecer com o mostrado na Figura 10-1, e você pode inseri-lo em sua matriz de contatos.

Em seguida, você conecta seu LCD a uma matriz de contatos e ao Arduino. Todos esses módulos de LCD paralelos têm a mesma pinagem e podem ser conectados de dois modos: 4 pinos ou 8 pinos. Você pode fazer tudo o que quiser usando apenas 4 pinos para comunicação; será assim que irá conectá-lo aqui. Também há pinos para ativar a

Capítulo 10 ■ Interface com telas de cristal líquido 201

tela, configurá-la no modo comando ou no modo de caractere e para configurá-la no modo de leitura/gravação. A Tabela 10-1 descreve todos esses pinos.

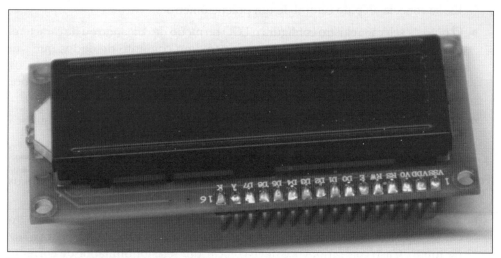

Figura 10-1: LCD com headers soldados

Tabela 10-1: Pinos LCD paralelos

NÚMERO DO PINO	NOME DO PINO	FINALIDADE DO PINO
1	VSS	Conexão terra
2	VDD	Conexão +5V
3	V0	Ajuste de contraste (para o potenciômetro)
4	RS	Seleção de registro (caractere versus comando)
5	RW	Leitura/gravação
6	EN	Enable
7	D0	Linha de dados 0 (não utilizada)
8	D1	Linha de dados 1 (não utilizada)
9	D2	Linha de dados 2 (não utilizada)
10	D3	Linha de dados 3 (não utilizada)
11	D4	Linha de dados 4
12	D5	Linha de dados 5
13	D6	Linha de dados 6
14	D7	Linha de dados 7
15	A	Ânodo da luz de fundo
16	K	Cátodo da luz de fundo

202   Parte III ▪ Interfaces de comunicação

Eis uma descrição das conexões dos pinos:

- O pino de ajuste de contraste modifica o nível de claridade/escuridão da tela. Ele se conecta ao pino central de um potenciômetro.

- O pino de seleção registro configura o LCD no modo de comando ou de caractere, para que ele saiba como interpretar o próximo conjunto de dados que são transmitidos através das linhas de dados. Com base no estado desse pino, os dados enviados para a tela de LCD ou são interpretados como um comando (por exemplo, mover o cursor) ou caractere (por exemplo, a letra *a*).

- O pino RW está sempre conectado ao terra nessa implementação, o que significa que você só irá gravar dados na tela e nunca ler dados dela.

- O pino EN é usado para dizer ao LCD quando os dados estão prontos.

- Os pinos de dados 4-7 são utilizados para realmente transmitir os dados, e os pinos de dados 0-3 são deixados desconectados.

- Você pode acender a luz de fundo, conectando o pino ânodo aos 5V e o pino do cátodo ao terra, se estiver usando um LCD com um resistor interno para a luz de fundo. Caso contrário, você deve colocar um resistor limitador de corrente em linha com o pino do ânodo ou o pino do cátodo. As especificações para seu dispositivo geralmente dizem se você precisa fazer isso.

Você pode conectar os pinos de comunicação do LCD nos pinos de E/S do Arduino. Neste capítulo, eles são conectados, como mostrado na Tabela 10-2.

Tabela 10-2: Conexões dos pinos de comunicação

PINO LCD	NÚMERO DO PINO NO ARDUINO
RS	Pino 2
EN	Pino 3
D4	Pino 4
D5	Pino 5
D6	Pino 6
D7	Pino 7

Consulte esquema de ligações mostrado na Figura 10-2 e conecte seu LCD de acordo.

Capítulo 10 ▪ Interface com telas de cristal líquido 203

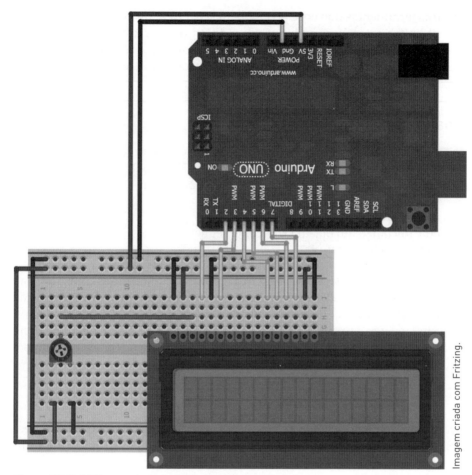

Figura 10-2: LCD conectado à placa de teste e ao Arduino

Agora, seu LCD está pronto para a ação! Depois de carregar o código na próxima seção, você pode começar a exibir texto na tela. O potenciômetro irá ajustar o contraste entre o texto e a cor de fundo da tela.

Usando a biblioteca LiquidCrystal para escrever no LCD

O IDE Arduino inclui a biblioteca LiquidCrystal, um conjunto de funções que torna muito fácil interfacear com o LCD paralelo que você está usando. A biblioteca LiquidCrystal tem uma quantidade impressionante de funcionalidades, incluindo fazer o cursor piscar, rolar o texto automaticamente, criar caracteres personalizados e mudar a direção da impressão do texto. Este capítulo não abrange todas as funções,

204 Parte III ▪ Interfaces de comunicação

mas oferece as ferramentas que você precisa para saber integrar com a tela usando as funções mais importantes. Você pode encontrar descrições das funções da biblioteca e dos exemplos que ilustram sua utilização no site do Arduino: `http://arduino.cc/en/Reference/LiquidCrystal` (também há um link para este em `www.exploringarduino.com/content/ch10`).

Adicionando texto à tela

Neste primeiro exemplo, você adicionará algum texto e um número incremental à tela. Este exercício demonstra como inicializar a tela, como escrever texto e como mover o cursor. Em primeiro lugar, inclua a biblioteca `LiquidCrystal`:

```
#include <LiquidCrystal.h>
```
Em seguida, inicialize um objeto LCD, como segue:
```
LiquidCrystal lcd (2,3,4,5,6,7);
```

Os argumentos para a inicialização do LCD representam os pinos conectados ao Arduino RS, EN, D4, D5, D6 e D7, nessa ordem. Na configuração, você chama a função da biblioteca `begin()` para configurar a tela de LCD com o tamanho dos caracteres. (O que eu estou usando é uma tela de 16×2, mas você pode usar outro tamanho, como 20×4.) Os argumentos para esse comando representam o número de colunas e o número de linhas, respectivamente:

```
lcd.begin(16, 2);
```

Após fazer isso, você pode chamar os comandos `print()` e `setCursor()` da biblioteca para imprimir texto em um determinado local na tela. Por exemplo, se quiser imprimir meu nome na segunda linha, você emite estes comandos:

```
lcd.setCursor(0,1);
lcd.print("Jeremy Blum");
```

As posições na tela são indexadas começando com (0,0) na posição do canto superior esquerdo. O primeiro argumento de `setCursor()` especifica o número da coluna, e o segundo especifica o número da linha. Por padrão, o ponto inicial é (0,0). Então, se você chamar `print()` sem primeiro mudar a posição do cursor, o texto começa no canto superior esquerdo.

ATENÇÃO A biblioteca não verifica strings que são muito longas. Então, se tentar imprimir uma string começando na posição 0 que é maior que o número de caracteres na linha que você está endereçando, talvez note um comportamento estranho. Certifique-se de verificar que o que você está imprimindo vai caber na tela!

Capítulo 10 ▪ Interface com telas de cristal líquido   205

Usando esse conhecimento, você pode agora escrever um programa simples que exibe algum texto na primeira linha e que imprime um contador que aumenta a cada segundo na segunda linha. A Listagem 10-1 mostra o programa completo para fazer isso. Carregue-o no Arduino e confirme se ele funciona como esperado. Se você não vir nada, ajuste o contraste com o potenciômetro.

Listagem 10-1: Texto LCD com um número incremental — LCD_text.ino

```
// LCD de texto com número incremental

// Inclui o código da biblioteca:
#include <LiquidCrystal.h>

// Inicia o tempo em 0
int time = 0;

// Inicializa a biblioteca com os números dos pinos de interface
LiquidCrystal lcd(2, 3, 4, 5, 6, 7);

void setup()
{
  // Configura o número de colunas e linhas do LCD:
  lcd.begin(16, 2);
  // Imprime uma mensagem no LCD.
  lcd.print("Jeremy's Display");
}

void loop()
{
  // Move o cursor para a segunda linha, primeira posição
  lcd.setCursor(0,1);
  // Imprime o tempo
  lcd.print(time);
  // Espera um segundo
  delay(1000);
  // Aumenta o tempo
  time++;
}
```

Esse programa combina todos os passos que você aprendeu anteriormente. A biblioteca é incluída pela primeira vez na parte superior do programa. Uma variável `time` é inicializada em `0`, de modo que possa ser incrementada uma vez por segundo durante o `loop()`. Um objeto `LiquidCrysal` chamado `lcd` é criado com os pinos apropriados atribuídos com base no circuito que você já montou. No setup, o LCD é configurado como tendo 16 colunas e 2 linhas, chamando `lcd.begin(16,2)`. Como a primeira linha nunca muda, ela pode ser gravada no setup. Isso é feito com uma chamada a `lcd.print()`. Observe que a posição do cursor não precisa ser configurada primeiro, porque você quer que o texto seja impresso na posição `(0,0)`, que já é a localização inicial padrão.

206 Parte III ▪ Interfaces de comunicação

No loop, o cursor é sempre retornado à posição (0,1) para que o número que você imprime a cada segundo substitua o número anterior. A visualização é atualizada uma vez por segundo com o valor de time incrementado.

Criando caracteres especiais e animações

E se você quiser exibir informações que não podem ser expressas utilizando texto normal? Talvez você queira adicionar uma letra grega, um sinal de grau, ou algumas barras de progresso. Felizmente, a biblioteca LiquidCrystal suporta a definição de caracteres personalizados que podem ser escritos na tela. No próximo exemplo, você usa esse recurso para fazer uma barra de progresso animada que rola pela tela. Depois disso, você tira proveito dos caracteres personalizados para adicionar um sinal de grau quando medir e exibir a temperatura.

Criar um caractere personalizado é bastante simples. Se olhar mais atentamente o LCD, você verá que cada bloco de caractere é na verdade composto de uma grade de 5×8 pixels. Para criar um caractere personalizado, você simplesmente tem que definir o valor de cada um desses pixels e enviar essa informação para a tela. Para experimentar isso, você cria uma série de caracteres que irão preencher a segunda linha da tela com uma barra de progresso animada. Como cada espaço de caractere tem 5 pixels de largura, haverá um total de cinco caracteres personalizados: um com uma coluna preenchida, um com duas colunas preenchidas, e assim por diante.

Na parte superior de seu sketch onde você quer usar os caracteres personalizados, crie um array de bytes com 1s representando pixels que serão acesos e com 0s representando pixels que serão apagados. O array de bytes que representa o caractere que preenche a primeira coluna (ou os primeiros 20% do caractere) se parece com isto:

```
byte p20[8] = {
  B10000,
  B10000,
  B10000,
  B10000,
  B10000,
  B10000,
  B10000,
  B10000,
};
```

Eu escolhi chamar essa array de bytes de p20, para representar que ele está preenchendo 20 por cento de um bloco de caracteres (o p significa por cento).

Na função setup(), chame a função createChar() para atribuir seu array de bytes ao ID do caractere personalizado. IDs de caractere personalizado começam em 0 e vão até 7, assim você pode ter um total de oito caracteres personalizados. Para mapear o array de bytes do caractere de 20% para o caractere personalizado 0, digite a seguinte função dentro de seu setup():

```
lcd.createChar(0, p20);
```

Capítulo 10 ■ Interface com telas de cristal líquido   207

Quando você estiver pronto para escrever um caractere personalizado na tela, coloque o cursor no local certo e use a função write() da biblioteca com o número de ID:

```
lcd.write((byte)0);
```

Na linha anterior, (byte) faz a coerção (*cast*), isto é, converte o 0 em um valor de bytes. Isso é necessário *somente* ao escrever o caractere de ID 0 diretamente (sem uma variável que é definida como 0), para impedir que o compilador do Arduino lance um erro causado pelo fato de o tipo da variável ser ambíguo. Tente remover o "byte cast" e observe o erro que o IDE Arduino exibe. Você pode escrever outras IDs de caracteres sem isso, como este:

```
lcd.write(1);
```

Combinando tudo isso, você pode adicionar os demais caracteres e colocar dois loops for() aninhados em seu programa para lidar com a atualização da barra de progresso. O código completo se parece com o código mostrado na Listagem 10-2.

Listagem 10-2: Código da barra de progresso atualizável em LCD — LCD_progress_bar.ino

```
// LCD com barra de progresso

// Inclui o código da biblioteca:
#include <LiquidCrystal.h>

// Inicializa a biblioteca com os números dos pinos de interface
LiquidCrystal lcd(2, 3, 4, 5, 6, 7);

// Cria os caracteres da barra de progresso
byte p20[8] = {
  B10000,
  B10000,
  B10000,
  B10000,
  B10000,
  B10000,
  B10000,
  B10000,
};
byte p40[8] = {
  B11000,
  B11000,
  B11000,
  B11000,
  B11000,
  B11000,
  B11000,
  B11000,
};
```

208 Parte III ▪ Interfaces de comunicação

```
byte p60[8] = {
  B11100,
  B11100,
  B11100,
  B11100,
  B11100,
  B11100,
  B11100,
  B11100,
};
byte p80[8] = {
  B11110,
  B11110,
  B11110,
  B11110,
  B11110,
  B11110,
  B11110,
  B11110,
};
byte p100[8] = {
  B11111,
  B11111,
  B11111,
  B11111,
  B11111,
  B11111,
  B11111,
  B11111,
};

void setup()
{
  // Configura o número de colunas e linhas do LCDs:
  lcd.begin(16, 2);
  // Imprime uma mensagem no LCD.
  lcd.print("Jeremy's Display");

  // Cria os caracteres da barra de progresso
  lcd.createChar(0, p20);
  lcd.createChar(1, p40);
  lcd.createChar(2, p60);
  lcd.createChar(3, p80);
  lcd.createChar(4, p100);
}
```

Capítulo 10 ■ Interface com telas de cristal líquido   209

```
void loop()
{
  // Move o cursor para a segunda linha
  lcd.setCursor(0,1);
  // Limpa a linha toda vez que ela alcança o fim
  // com 16 " " (espaços)
  lcd.print("                ");

  // Itera por cada caractere na segunda linha
  for (int i = 0; i<16; i++)
  {
    // Itera por cada valor de progresso para cada caractere
    for (int j=0; j<5; j++)
    {
      lcd.setCursor(i, 1); // Move o cursor para esse local
      lcd.write(j);        // Atualiza a barra de progresso
      delay(100);          // Espera
    }
  }
}
```

No início de cada passagem pelo loop, a string de 16 caracteres de espaços de comprimento é escrita na tela, limpando a barra de progresso antes de começar novamente. O loop `for()` externo itera por todas as 16 posições. Em cada posição de caractere, o loop interno `for()` mantém o cursor lá e escreve um caractere personalizado da barra de progresso incremental nesse local. A coerção de bytes não é necessária aqui porque o ID 0 é definido pela variável j no loop `for()`.

NOTA   Para assistir a um vídeo de demonstração da barra de progresso atualizável, visite www.exploringarduino.com/content/ch10.

Construindo um termostato pessoal

Agora, vamos tornar esse visor um pouco mais útil. Para fazer isso, você adiciona o sensor de temperatura do Capítulo 8, "O barramento I²C", um ventilador, e o alto-falante do Capítulo 5, "Produzindo sons". O visor mostra a temperatura e o estado atual do ventilador. Quando fica muito quente, o alto-falante emite um som para alertá-lo, e o ventilador é ligado. Quando fica suficientemente frio novamente, o ventilador se desliga. Usando dois botões e o código de debouncing da Listagem 2-5 no Capítulo 2, "Entradas e saídas digitais, e modulação por largura de pulso", você adiciona a capacidade de aumentar ou diminuir a temperatura desejada.

Configurando o hardware

A configuração de hardware para esse projeto é uma combinação de projetos anteriores. Se quiser que o ventilador tenha alguma potência, você pode alimentá-lo com um transistor e uma fonte de alimentação externa (como o motor DC do Capítulo 4, "Motores DC, transistores e servos"). Um ventilador DC de baixo consumo de energia conectado diretamente a um pino de E/S de 5V será suficiente para mostrar que ele gira quando deveria. Ele vai acelerar devagar o suficiente para que você não precise se preocupar muito com picos indutivos. Se você realmente quiser que ele faça uma brisa, use o mesmo esquema que utilizou para a condução de um motor DC no Capítulo 4 (veja a Figura 4-1).

Para montar o projeto, deixe o LCD e coloque potenciômetro no mesmo local em que ele estava no exemplo anterior.

Os dois botões têm um lado conectado à energia; o outro lado é conectado ao terra através de resistores pull-down de 10kΩ e para o Arduino.

O alto-falante é conectado a um pino de E/S através de um resistor de 150Ω e ao terra. A frequência do som será configurada no programa.

Você conecta o sensor de temperatura I²C exatamente como fez no Capítulo 8. Colocá-lo na frente do potenciômetro de contraste do LCD permite economizar algum espaço na placa de teste e encaixar tudo na mesma placa que você vem usando até agora. O diagrama na Figura 10-3 mostra o esquema de fiação completo com tudo que você precisa para criar esse projeto. O símbolo para o sensor de temperatura do TC74 foi tornado parcialmente transparente para permitir ver o potenciômetro por trás dele.

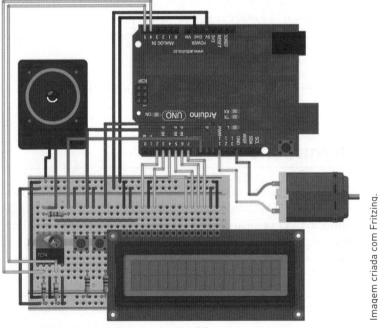

Figura 10-3: Sistema de termostato LCD

Exibindo dados no LCD

Ter alguns parâmetros configurados de antemão torna a escrita de informações na tela de LCD mais fácil. Primeiro, use graus Celsius na tela e, segundo, suponha que você sempre irá mostrar dois dígitos para a temperatura. Depois que o software estiver em execução, a tela de LCD ficará parecida com a Figura 10-4.

Figura 10-4: Tela de LCD

As strings "Current:" e "Set:" são estáticas; podem ser escritas na tela uma vez no início e deixadas lá. Da mesma maneira, como se assume que as temperaturas têm dois dígitos, você pode estaticamente colocar as duas strings "°C" nos locais corretos. A leitura atual será exibida na posição (8,0) e será atualizada a cada passagem pelo loop(). A temperatura desejada, ou configurada, será colocada na posição (8,1) e atualizada sempre que um botão for utilizado para ajustar seu valor. O indicador do ventilador no canto inferior direito da tela estará na posição (15,1). Ele deve ser atualizado para refletir o estado do ventilador toda vez que ela muda.

O símbolo de grau, o indicador de ventilador desligado, e o ventilador no indicador não são parte do conjunto de caracteres LCD. Antes de usá-los em seu sketch, você precisa criá-los como arrays de bytes no início do programa, como mostrado no seguinte trecho do código.

```
// Caractere de grau personalizado
byte degree[8] = {
  B00110,
  B01001,
  B01001,
  B00110,
  B00000,
  B00000,
  B00000,
  B00000,
};
```

212 Parte III ▪ Interfaces de comunicação

```
// Indicador de ventilador ligado
byte fan_on[8] = {
  B00100,
  B10101,
  B01110,
  B11111,
  B01110,
  B10101,
  B00100,
  B00000,
};

// Indicador de ventilador desligado
byte fan_off[8] = {
  B00100,
  B00100,
  B00100,
  B11111,
  B00100,
  B00100,
  B00100,
  B00000,
};
```

O código para criar esses caracteres será feito no `setup()`. Mova o cursor para os locais certos e com as funções `write()` e `print()` da biblioteca LCD, atualizar a tela, como mostra o trecho a seguir.

```
// Cria caracteres personalizados
lcd.createChar(0, degree);
lcd.createChar(1, fan_off);
lcd.createChar(2, fan_on);

// Imprime uma mensagem estática no LCD
lcd.setCursor(0,0);
lcd.print("Current:");
lcd.setCursor(10,0);
lcd.write((byte)0);
lcd.setCursor(11,0);
lcd.print("C");
lcd.setCursor(0,1);
lcd.print("Set:");
lcd.setCursor(10,1);
lcd.write((byte)0);
lcd.setCursor(11,1);
lcd.print("C");
lcd.setCursor(15,1);
lcd.write(1);
```

Capítulo 10 ▪ Interface com telas de cristal líquido   213

Você também atualiza os valores dos indicadores de temperatura e ventilador a cada passagem pelo `loop()`. Você precisa mover o cursor para o local correto de cada vez antes de atualizar esses caracteres.

Ajustando o *set point* com um botão

No Capítulo 2, você usou uma função `debounce()`. Aqui, você a modifica ligeiramente para usá-la com vários botões. Um botão irá aumentar o *set point*, e o outro irá diminuí-lo. Você precisa definir variáveis para manter os estados anterior e atual do botão:

```
// Variáveis para o debouncing
boolean lastDownTempButton = LOW;
boolean currentDownTempButton = LOW;
boolean lastUpTempButton = LOW;
boolean currentUpTempButton = LOW;
```

Você pode modificar a função `debounce()` para suportar vários botões. Para conseguir isso, adicione um segundo argumento que especifica qual botão você quer estabilizar com debounce:

```
// Uma função de debouncing que pode ser utilizada pelos dois botões
boolean debounce(boolean last, int pin)
{
  boolean current = digitalRead(pin);
  if (last != current)
  {
    delay(5);
    current = digitalRead(pin);
  }
  return current;
}
```

No `loop()`, você pretende verificar os dois botões usando a função `debounce()`, alterar a variável `set_temp` conforme necessário, e atualizar o valor configurado que é exibido na tela de LCD:

```
// Debouncing dos dois botões
currentDownTempButton = debounce(lastDownTempButton, DOWN_BUTTON);
currentUpTempButton = debounce(lastUpTempButton, UP_BUTTON);

// Diminui a temperatura configurada
if (lastDownTempButton == LOW && currentDownTempButton == HIGH)
{
  set_temp--;
}
```

214 Parte III ■ Interfaces de comunicação

```
// Aumenta a temperatura configurada
else if (lastUpTempButton == LOW && currentUpTempButton == HIGH)
{
  set_temp++;
}
// Imprime a temperatura configurada
lcd.setCursor(8,1);
lcd.print(set_temp);
// Atualizar o estado do botão com o atual
lastDownTempButton = currentDownTempButton;
lastUpTempButton = currentUpTempButton;
```

O trecho de código anterior primeiro executa a função debounce() para cada botão e, então, ajusta a variável temperatura configurada se um dos botões for pressionado. Depois, a temperatura exibida no LCD é atualizada, assim como são as variáveis de estado de botão.

Adicionando um aviso sonoro e uma ventoinha

Nesta seção, você adiciona o código para controlar o ventilador e o alto-falante. Embora o LCD que mostra a informação dinâmica seja legal, muitas vezes você vai achar que é útil ter uma maneira adicional de feedback para dizer-lhe quando algo está acontecendo. Por exemplo, o alto-falante emite um bipe quando o ventilador é ligado. Neste exemplo, você usa tone() junto com delay() e um comando notone(). Você poderia, em vez disso, adicionar um argumento de duração a tone() para determinar a duração do som. Você quer ter certeza de que o som é reproduzido apenas por um determinado tempo (e não que fique tocando o tempo todo quando a temperatura está acima do limiar configurado).

Usando uma variável de estado, você pode detectar quando o alto-falante bipou e, assim, impedi-lo de bipar novamente até que a temperatura caia abaixo da temperatura configurada e redefina a variável de estado.

Quando o ventilador é ligado, um indicador muda no LCD (representados pelo caractere personalizado configurado na parte superior do programa). O seguinte trecho de código verifica a temperatura e controla o alto-falante, o indicador de ventilador no LCD, e o ventilador:

```
// Se ele estiver muito quente!
if (c >= set_temp)
{
  // Verifica se o alto-falante já bipou
  if (!one_time)
  {
    tone(SPEAKER, 400);
    delay(500);
    one_time = true;
  }
```

Capítulo 10 ■ Interface com telas de cristal líquido   215

```
  // Desliga o alto-falante quando o bipe terminar
  else
  {
    noTone(SPEAKER);
  }
  // Liga o ventilador e atualiza a tela
  digitalWrite(FAN, HIGH);
  lcd.setCursor(15,1);
  lcd.write(2);
}
// Se ele não estiver muito quente!
else
{
  // Verifica se o alto-falante está desligado
  // redefine a variável "one beep"
  // atualiza o estado do ventilador e a tela de LCD
  noTone(SPEAKER);
  one_time = false;
  digitalWrite(FAN, LOW);
  lcd.setCursor(15,1);
  lcd.write(1);
}
```

A variável `one_time` é usada para garantir que o bipe toque apenas uma vez, e não continuamente. Uma vez que o alto-falante bipou por 500ms a 400Hz, a variável é configurada como `true` e é redefinida como `false` somente quando a temperatura cai abaixo da temperatura desejada.

Juntando tudo: o programa completo

É hora de juntar todas as peças em um todo coeso. Você precisa se assegurar de que as bibliotecas adequadas sejam incluídas, definir os pinos e inicializar as variáveis de estado na parte superior do sketch. A Listagem 10-3 mostra o programa completo. Carregue-o no Arduino e compare seus resultados com o vídeo de demonstração mostrando o sistema em ação.

Listagem 10-3: Programa de termostato pessoal — LCD_thermostat.ino

```
// Fique frio! Esse é um termostato.
// Assume-se que as temperaturas sempre têm dois dígitos

// Inclui a biblioteca Wire I2C e configura o endereço
#include <Wire.h>
#define TEMP_ADDR 72

// Inclui a biblioteca de LCD e inicializa:
#include <LiquidCrystal.h>
```

216 Parte III ▪ Interfaces de comunicação

```
LiquidCrystal lcd(2, 3, 4, 5, 6, 7);

// Caractere de grau personalizado
byte degree[8] = {
  B00110,
  B01001,
  B01001,
  B00110,
  B00000,
  B00000,
  B00000,
  B00000,
};

// Indicador de ventilador ligado personalizado
byte fan_on[8] = {
  B00100,
  B10101,
  B01110,
  B11111,
  B01110,
  B10101,
  B00100,
  B00000,
};

// Indicador de ventilador desligado personalizado
byte fan_off[8] = {
  B00100,
  B00100,
  B00100,
  B11111,
  B00100,
  B00100,
  B00100,
  B00000,
};

// Conexões de pino
const int SPEAKER      =8;
const int DOWN_BUTTON =9;
const int UP_BUTTON    =10;
const int FAN          =11;

// Variáveis para o debouncing
boolean lastDownTempButton = LOW;
boolean currentDownTempButton = LOW;
boolean lastUpTempButton = LOW;
boolean currentUpTempButton = LOW;

int set_temp = 23;     // A temperatura padrão desejada
boolean one_time = false; // Usado para fazer o alto-falante bipar
                          // apenas 1 vez
```

Capítulo 10 ■ Interface com telas de cristal líquido 217

```cpp
void setup()
{
  pinMode(FAN, OUTPUT);

  // Cria um objeto wire para o sensor de temperatura
  Wire.begin();

  // Configura o número de colunas e linhas do LCD:
  lcd.begin(16, 2);

  // Cria caracteres personalizados
  lcd.createChar(0, degree);
  lcd.createChar(1, fan_off);
  lcd.createChar(2, fan_on);

  // Imprime uma mensagem estática no LCD
  lcd.setCursor(0,0);
  lcd.print("Current:");
  lcd.setCursor(10,0);
  lcd.write((byte)0);
  lcd.setCursor(11,0);
  lcd.print("C");
  lcd.setCursor(0,1);
  lcd.print("Set:");
  lcd.setCursor(10,1);
  lcd.write((byte)0);
  lcd.setCursor(11,1);
  lcd.print("C");
  lcd.setCursor(15,1);
  lcd.write(1);
}

// Uma função de debounce que pode ser utilizada por vários botões
boolean debounce(boolean last, int pin)
{
  boolean current = digitalRead(pin);
  if (last != current)
  {
    delay(5);
    current = digitalRead(pin);
  }
  return current;
}

void loop()
{
  // Obtém a temperatura
  Wire.beginTransmission(TEMP_ADDR); // Começa a falar
  Wire.write(0);                     // Solicita o registro de zero
  Wire.endTransmission();            // Transmissão completa
  Wire.requestFrom(TEMP_ADDR, 1);    // Solicita 1 byte
```

218 Parte III ■ Interfaces de comunicação

```
while(Wire.available() == 0);      // Aguarda resposta
int c = Wire.read();               // Obtém a temperatura em C
lcd.setCursor(8,0);                // Move o cursor
lcd.print(c);                      // Imprime esse novo valor

// Debouncing dos dois botões
currentDownTempButton = debounce(lastDownTempButton, DOWN_BUTTON);
currentUpTempButton  = debounce(lastUpTempButton, UP_BUTTON);

// Diminui a temperatura configurada
if (lastDownTempButton== LOW && currentDownTempButton == HIGH)
{
  set_temp--;
}
// Aumenta a temperatura configurada
else if (lastUpTempButton== LOW && currentUpTempButton  == HIGH)
{
  set_temp++;
}
// Imprime a temperatura configurada
lcd.setCursor(8,1);
lcd.print(set_temp);
lastDownTempButton = currentDownTempButton;
lastUpTempButton = currentUpTempButton;

// Está muito quente!
if (c >= set_temp)
{
  // Assim o alto-falante só emitirá um bipe uma vez...
  if (!one_time)
  {
    tone(SPEAKER, 400);
    delay(500);
    one_time = true;
  }
  // Desliga o alto-falante se ele tiver terminado
  else
  {
    noTone(SPEAKER);
  }
  // Liga o ventilador e atualiza a tela
  digitalWrite(FAN, HIGH);
  lcd.setCursor(15,1);
  lcd.write(2);
}
// Não está muito quente!
else
{
  // Verifica se o alto-falante está desligado, redefine a
  // variável "one beep"
  // Atualiza o estado do ventilador e a tela de LCD
  noTone(SPEAKER);
  one_time = false;
  digitalWrite(FAN, LOW);
  lcd.setCursor(15,1);
  lcd.write(1);
}
}
```

Capítulo 10 ■ Interface com telas de cristal líquido   **219**

Você não precisa mais ter o Arduino e componentes amarrados ao computador para ver qual é a temperatura. Se quiser, você pode conectar uma fonte de alimentação proveniente de uma bateria ou de uma tomada de energia de parede e colocá-lo em qualquer lugar em seu quarto.

NOTA   Para assistir a um vídeo de demonstração desse termostato pessoal em ação, confira www.exploringarduino.com/content/ch10.

Elevando o nível desse projeto

Você pode expandir a funcionalidade do programa de inúmeras maneiras. Eis algumas sugestões para outras melhorias que você pode fazer:

- Adicione um transistor ao ventilador para que ele possa puxar mais corrente e mover mais ar.
- Use modulação por largura de pulso (PWM) para controlar a velocidade do ventilador de modo que ele mude de acordo com o quanto a temperatura está mais quente.
- Adicione indicadores LED que exibem alertas visuais.
- Faça o alto-falante tocar uma melodia em vez de um tom.
- Adicione um sensor de luz e ajuste automaticamente o brilho da luz de fundo da tela usando um potenciômetro SPI do Capítulo 9, "Um barramento SPI", com base na luminosidade da sala.

Resumo

Neste capítulo, você aprendeu:

- LCDs paralelos podem ser integrados com o Arduino por meio de um esquema de conexão padrão.
- Você pode criar caracteres personalizados para o LCD, gerando mapas de bits arbitrários.
- Você pode modificar a função de debounce do Capítulo 2 para fazer o debounce de vários botões.
- Você pode combinar vários sensores, motores, botões e telas em um projeto coerente.

CAPÍTULO

11

Comunicação sem fio com rádios XBee

Peças que você precisa para este capítulo

Dois Arduinos (Unos e/ou Leonardos recomendados)

Cabos USB para programar os Arduinos

As fontes de alimentação para cada Arduino (opcionalmente energia via USB)

SparkFun USB XBee Explorer

Rádio XBee Series 1 (×2)

Shields XBee (×2)

Botão de pressão

Buzzer piezo

LED RGB de cátodo comum

Resistor de 10kΩ

Potenciômetro de 10KΩ

Resistor de 150Ω

Resistores de 220Ω (×3)

Fios jumper

Matriz de contato (x2)

222   Parte III ■ Interfaces de comunicação

CÓDIGO E CONTEÚDO DIGITAL PARA ESTE CAPÍTULO

Downloads de código, vídeo e outros conteúdos digitais para este capítulo podem ser encontrados em www.exploringarduino.com/content/ch11.

Além disso, os códigos também podem ser encontrados em www.altabooks.com.br, procurando pelo nome do livro. Outra opção é em www.wiley.com/go/exploringarduino, na guia Download Code. Eles estão no arquivo chapter 11 download e individualmente nomeados de acordo com seus nomes ao longo do capítulo.

É hora de soltar as amarras! Um requisito comum em muitos projetos de microcontroladores é a conectividade sem fio. Há muitas maneiras de conseguir a conectividade sem fio, mas um dos métodos mais fáceis com o Arduino é usar rádios XBee, que são produzidos por uma empresa chamada Digi. XBees atuam como um pass-through serial sem fio, permitindo que você use a impressão serial e leia comandos sobre os quais já aprendeu. Este capítulo se concentra apenas na comunicação XBee, mas não cobre algumas das questões que você deve entender quando usa qualquer forma de comunicação sem fio.

XBees facilitam a comunicação sem fio entre o Arduino e o computador ou entre vários Arduinos. Neste capítulo, você aprenderá a utilizar ambos.

NOTA   Para acompanhar um tutorial em vídeo sobre o uso de rádios XBee, visite www.jeremyblum.com/2011/02/27/arduino-tutorial-9-wireless-communication/.

Entendendo as comunicações sem fio XBee

O nome já diz tudo: a comunicação sem fio permite que dois ou mais dispositivos falem entre si sem fios os amarrando. Transmissores sem fios operam via transmissão de dados, sob a forma de ondas de rádio através do espaço livre por um processo de radiação eletromagnética com uma frequência particular. Diferentes frequências são utilizadas por diferentes tecnologias de transmissão para evitar a "aglomeração" de certas partes do espectro eletromagnético disponível. Agências governamentais, como a Comissão Federal de Comunicações (FCC) dos EUA, regulam esse espectro e publicam regras especificando quais as frequências podem ser usadas para quê. O rádio XBee transmite dados a 2,4GHz. Você pode reconhecer essa frequência porque muitos dispositivos em sua casa a utilizam. Ela cai dentro da banda ISM (Industrial, Scientific, and Medical), um conjunto de frequências reservadas para o uso de comunicações sem fios não licenciada. Seu roteador WiFi provavelmente opera nessa frequência também. Os módulos XBee utilizam o padrão IEEE 802.15.4, que especifica um conjunto de regras operacionais para redes de área pessoal (*personal area networks*, PANs) sem fio.

XBees são geralmente usados em uma configuração PAN ponto a ponto ou em ponto-multiponto; a Figura 11-1 mostra exemplos de ambos. Ponto a ponto é útil quando você quer simplesmente substituir a comunicação serial com fio entre duas unidades remotas. Ponto a multiponto é muitas vezes usado para redes de sensores distribuídos.

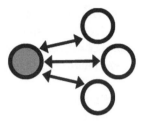

Ponto a ponto   Ponto a multiponto

Figura 11-1: Configurações PAN

Rádios XBee

Rádios XBee podem se comunicar em um modo de interface de programação de aplicativo (*application programming interface*, API), e um modo pass-through serial simples. No modo API, eles podem transmitir diretamente estados digitais ou analógicos de pinos de E/S. Isso permite ter uma estação meteorológica transmissora livre de microcontrolador, por exemplo. Neste capítulo, você usa os XBees como uma pass-through serial simples. Dados seriais enviados para um rádio saem de outro e vice-versa. Usando esse método, você pode usar os XBees como um substituto completo para uma conexão serial com fio (seja entre dois Arduinos ou entre um Arduino e computador).

XBees têm 20 pinos e são, em sua maioria, compatíveis pino a pino uns com os outros. Este capítulo utiliza Series 1 XBees, que usam o padrão 802.15.4. XBees Série 1 são capazes de comunicação ponto a ponto e ponto a multiponto, mas não implementam o padrão ZigBee, um padrão de rede de malha encontrado em rádios Series 2/ZB XBee. Se você não tem certeza sobre qual tipo de XBees tem, provavelmente tem o Series 1. Eles se parecem com os da Figura 11-2.

Figura 11-2: Rádios XBee Series 1

224   Parte III ▪ Interfaces de comunicação

> **NOTA**   Módulos Série 1 e Série 2 *não* são compatíveis entre si. Você pode usar qualquer um (desde que ambos os rádios sejam mesma série), mas recomendo usar a Série 1 se você estiver apenas começando. Módulos Série 1 exigem menos de configuração e são muito mais fáceis de configurar.

Há outras diferenças em cada série de XBee também. Há versões Pro e não Pro da maioria dos módulos XBee. As versões Pro são totalmente compatíveis com seus homólogos não Pro, mas consomem mais energia, custam mais caro, são um pouco maiores e têm um alcance significativamente mais longo (cerca de 1.600m contra 900m). Recomendo começar com a versão não Pro mais barata, e atualizar mais tarde, se você achar que precisa de mais variedade.

Além disso, alguns rádios estão disponíveis em versões de 2,4GHz e 900MHz. A frequência de 900MHz cai em outra parte da banda ISM e é legal para uso pessoal em alguns países, mas não em outros. Como é uma frequência menor, 900MHz tem maior alcance e é melhor para atravessar paredes. Os módulos de 900MHz e os módulos 2,4GHz não podem se comunicar entre si.

Por fim, módulos XBee vêm com várias opções de antenas: antenas com fio integradas, antenas de rastreamento, antenas de chips e conectores de antena externa. Escolha a opção que se adapte a suas necessidades; geralmente você pode obter melhor alcance com uma antena externa, mas ela vai ocupar mais espaço.

Este capítulo usa XBees não Pro, Série 1, de 2,4GHz com antenas de chips no modo pass-through serial. Familiarize-se com a pinagem do módulo a partir das especificações mostradas na Figura 11-3.

A maioria dos detalhes será abstraída pelo shield XBee (explicado na próxima seção), mas você deve estar ciente do fato de que o XBee é um módulo de 3,3V; ele precisa de uma fonte de alimentação de 3,3V.

> **ATENÇÃO**   Se fornecer 5V no pino de alimentação a um rádio XBee, você vai danificar o componente.

O shield de rádio XBee e conexões seriais

Neste capítulo, você aprenderá a usar o rádio XBee em conjunto com um shield que faz com que seja fácil conectar o módulo ao Arduino. Há muitos shields XBee Arduino disponíveis, assim minhas descrições aqui são genéricas para que possam ser aplicadas a qualquer shield que você venha a usar. Todos os shields fazem basicamente a mesma coisa, mas com algumas pequenas diferenças, como explicado nesta seção. A Figura 11-4 mostra exemplos dos shields XBee mais comuns.

Capítulo 11 ■ Comunicação sem fio com rádios XBee

XBee®/XBee-PRO® RF Module Pin Numbers
(top sides shown - shields on bottom)

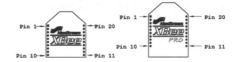

Pin Assignments for the XBee and XBee-PRO Modules
(Low-asserted signals are distinguished with a horizontal line above signal name.)

Pin #	Name	Direction	Description
1	VCC	-	Power supply
2	DOUT	Output	UART Data Out
3	DIN / CONFIG	Input	UART Data In
4	DO8*	Output	Digital Output 8
5	RESET	Input	Module Reset (reset pulse must be at least 200 ns)
6	PWM0 / RSSI	Output	PWM Output 0 / RX Signal Strength Indicator
7	PWM1	Output	PWM Output 1
8	[reserved]	-	Do not connect
9	DTR / SLEEP_RQ / DI8	Input	Pin Sleep Control Line or Digital Input 8
10	GND	-	Ground
11	AD4 / DIO4	Either	Analog Input 4 or Digital I/O 4
12	CTS / DIO7	Either	Clear-to-Send Flow Control or Digital I/O 7
13	ON / SLEEP	Output	Module Status Indicator
14	VREF	Input	Voltage Reference for A/D Inputs
15	Associate / AD5 / DIO5	Either	Associated Indicator, Analog Input 5 or Digital I/O 5
16	RTS / AD6 / DIO6	Either	Request-to-Send Flow Control, Analog Input 6 or Digital I/O 6
17	AD3 / DIO3	Either	Analog Input 3 or Digital I/O 3
18	AD2 / DIO2	Either	Analog Input 2 or Digital I/O 2
19	AD1 / DIO1	Either	Analog Input 1 or Digital I/O 1
20	AD0 / DIO0	Either	Analog Input 0 or Digital I/O 0

Crédito: Digi International, Inc., www.digi.com

Figura 11-3: Pinagem do XBee Series 1

Arduino Wireless Shield   Sparkfun Xbee Shield   Cooking Hacks XBee Shield

Créditos: Arduino, www.arduino.cc; SparkFun [fotógrafo Juan Peña], www.sparkfun.com; Cooking Hacks,

Figura 11-4: Vários shields XBee

226   Parte III ■ Interfaces de comunicação

A maioria dos shields XBee implementa vários recursos-chave, como explicado em detalhes nas seções a seguir.

Regulador 3.3V

A maioria dos Arduinos (excluindo a Due) opera em níveis lógicos de 5V; 0V indica uma lógica baixa, e 5V indica uma lógica alta. O XBee, porém, opera no nível lógico de 3,3V, e deve ser alimentado com uma fonte de 3,3V. Embora tenha um pequeno regulador de 3,3V onboard, o Arduino não fornece corrente suficiente para o XBee, por isso a maioria dos shields implementa um regulador linear LDO (*low dropout*) que converte a fonte de 5V para 3,3V para alimentação no pino VCC do XBee.

Deslocamento do nível lógico

Os pinos UART TX e RX do Arduino e do XBee precisam estar conectados; também aqui, porém, é preciso considerar o fato de que o XBee é uma peça de 3,3V. Os dados transmitidos a partir do XBee para o Arduino não precisam ser deslocados de nível (embora alguns shields façam isso de qualquer maneira). Isso ocorre porque a tensão de 3,3V ainda está acima do limiar para ser lido como um alto lógico pelo pino de E/S RX do Arduino. Os dados transmitidos do Arduino para o XBee, porém, devem ser deslocados para 3,3V antes de poderem alimentar o pino de E/S DI do XBee. Shields diferentes usam métodos diferentes para alcançar esse objetivo.

LED associado e LED RSSI

A maioria dos shields tem um LED "associado" que pisca sempre que o XBee está ligado e em uso como uma pass-through serial simples. Ele é geralmente usado ao executar o XBee no modo API, o que você não faz neste capítulo.

O LED RSSI, também presente na maioria dos shields XBee, acende-se brevemente quando dados estão sendo recebidos.

Jumper ou comutador de seleção UART

O rádio XBee comunica-se com o Arduino via uma conexão serial Universal Asynchronous Receiver/Transmitter (UART), RX e TX. No caso dos Arduinos diferentes do Mega e do Due, há apenas uma UART disponível que é duplexada para a conexão serial USB que você usa para se comunicar com seu computador para programação e depuração. O Leonardo (e placas semelhantes) tem apenas uma UART, mas pode ser dedicada aos pinos RX/TX, porque a interface de programação USB é diretamente conectada à unidade microcontroladora (MCU). No caso do Uno, isso levanta uma questão: Como é possível conectar simultaneamente o módulo XBee e a interface de seu computador na única UART do Arduino? Quando o shield está anexado, a conexão dos pinos de RX e TX se parece com o diagrama mostrado na Figura 11-5.

Capítulo 11 ■ Comunicação sem fio com rádios XBee

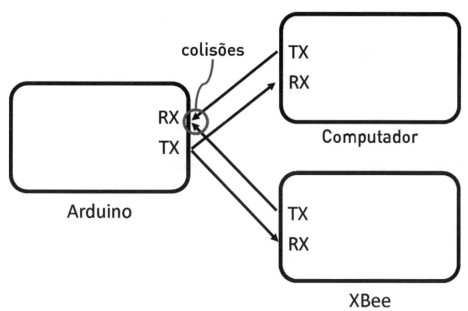

Figura 11-5: Colisão de linhas de comunicação UART

Observe a legenda de colisão na Figura 11-5. Considere o que aconteceria se tanto o XBee e seu computador tentassem transmitir dados para o Arduino. Como é que o Arduino saberia de onde os dados estão vindo? Mais importante ainda, o que aconteceria se ambos tentassem transmitir para o Arduino ao mesmo tempo? Os dados iriam "colidir", produzindo dados truncados que não poderiam ser adequadamente interpretados pelo Arduino.

Por causa dessa condição de colisão, e das complexidades relacionadas com os drivers para essas portas de E/S, você não pode programar o Arduino ou falar com ele a partir de seu computador enquanto o XBee estiver conectado à porta serial do Arduino. Você pode lidar com isso de duas maneiras:

- Você pode desconectar o shield XBee toda vez que quiser programar o Arduino.
- Você pode usar um jumper ou comutador no shield XBee para comutar se ou não o XBee está conectado ao Arduino.

Quando quiser programar o Arduino, você precisa remover o shield XBee, ou certificar-se de configurar o jumper/comutador de seu shield para que o XBee seja desconectado.

Opção de conexão serial UART por hardware versus software

Neste capítulo, você usa apenas a porta UART de "hardware" do Arduino para se comunicar com o XBee (pinos 0 e 1 no Arduino). Como explicado na seção anterior, esses pinos são também utilizados para a conexão USB com o computador. A maioria

228   Parte III ▪ Interfaces de comunicação

dos shields só permite uma conexão entre o XBee e o Arduino na porta UART serial do hardware. Se seu shield suportar, você pode evitar desligar o XBee para programar o Arduino usando a biblioteca SoftwareSerial. A biblioteca permite definir dois pinos digitais arbitrários no Arduino para atuar como pinos RX/TX a fim de conversar com o XBee. Para que isso funcione, o shield XBee deve ter jumpers que permitem escolher quais pinos do Arduino são as linhas RX/TX da conexão XBee. O shield SparkFun XBee tem um interruptor que permite conectar os pinos RX/TX aos pinos 2 e 3, em vez dos pinos 0 e 1. Se seu shield suportar isso, você pode usar os comandos SoftwareSerial ao longo deste capítulo no lugar dos tradicionais comandos Serial ao se comunicar com o rádio XBee.

Configurando o XBees

Antes de poder realmente usar seus XBees, você precisa configurá-los para conversar entre si. Como saem de fábrica, XBees já podem conversar entre si; eles são configurados em um canal padrão e estão no modo de transmissão. Em outras palavras, eles enviam e recebem, com qualquer outro XBee semelhantemente configurado dentro do alcance. Embora isso seja bom, em algum momento você pode querer usar várias configurações de XBee dentro do alcance uma da outra, mudar a velocidade de comunicação, alterar ou de outro modo configurar os XBee de uma maneira única para sua configuração. Aqui, você aprenderá a configurar os XBees para falar especificamente um com o outro.

Configurando com um protetor ou um adaptador USB

Você pode programar XBees, assim como pode programar o Arduino, por meio de uma conexão serial USB. Pode programar um XBee de duas maneiras. A primeira opção é usar o conversor USB-serial, que é incorporado ao Arduino (via o chip FTDI ou o chip Atmel 8U2/16U2 que foi explicado no Capítulo 6, "Comunicação USB e serial"). A segunda opção é usar um adaptador USB XBee dedicado. Recomendo obter um adaptador USB XBee; ele facilitará lidar com a comunicação entre um Arduino e o computador mais tarde neste capítulo. Neste capítulo, uso o popular SparkFun XBee USB Explorer (veja a Figura 11-6) para programar os XBees.

Figura 11-6: SparkFun USB Explorer

Opção de programação 1: Usando o Uno como um programador (não recomendado)

Não recomendo usar um Arduino Uno como o programador para seu XBee; isso pode danificar o Arduino se você não for cuidadoso. Se quiser programar o XBee usando o Arduino, você precisa lidar com o problema de colisão de dados seriais que foi explicada na seção anterior. Você terá de remover fisicamente (com cuidado) o chip ATMega do Arduino. Isso é possível com a placa Uno, mas não é possível com a versão Uno SMD ou qualquer outra placa que tenha o chip ATMega soldado na placa, em vez de em um soquete.

Depois de retirar o chip ATMega, anexe o shield XBee e o rádio XBee e conecte o Arduino ao computador via USB. Agora, todos os comandos seriais enviados vão para o XBee em vez de para seu chip ATMega. (Verifique a documentação específica da sua placa para ver se você precisa configurar um jumper ou comutador para a comunicação acontecer.)

Opção de programação 2: Usando o SparkFun USB Explorer (recomendado)

Usar um adaptador XBee-USB é fácil: Conecte o XBee no soquete no adaptador, ligue-o em seu computador com o cabo USB, e você está pronto para programar. A placa SparkFun usa o mesmo chip FTDI que Arduinos mais antigos usavam para comunicação serial-USB. Mais adiante neste capítulo, esse adaptador é usado para facilitar a comunicação sem fio entre o computador e um Arduino com um shield XBee.

Escolhendo as configurações de XBee e conectando o XBee com o computador host

Você tem um número enorme de opções de configuração para seus XBees, e cobrir todas elas daria assunto para um livro inteiro. Aqui, nós cobrimos os valores mais importantes que você precisa configurar:

- **ID:** ID da rede de área pessoal (PAN). Todos os XBees destinados a conversar entre si devem receber o mesmo PAN ID.
- **MY:** Meu endereço. Esse é um endereço único que identifica cada XBee dentro de uma determinada rede de área pessoal.
- **DL:** Endereço de destino. Esse é o endereço exclusivo do XBee que você quer para falar/ouvir.
- **BD:** Taxa de transmissão. A taxa em que os rádios se comunicam. Usaremos 9600 baud para esse valor, que é o padrão.

Esses valores estão apresentados na Figura 11-7 para um sistema de dois XBee usando os valores que você vai configurar no próximo passo.

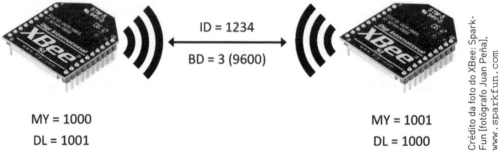

Figura 11-7: Sistema XBee ponto a ponto

Note que os valores MY e DL para cada XBee são trocados entre si, porque o endereço de destino de um XBee é endereço de origem do outro XBee. (O ID que uso nesses exemplos para o PAN é 1234, mas você pode escolher outro PAN ID de quatro dígitos em hexadecimal, se desejar.) O BD é configurado como 3, o valor padrão. Em vez de configurá-lo como a taxa de transmissão real, você deve configurá-lo com um número que represente a taxa de transmissão. Eis a relação entre os valores de transmissão e os valores de densidade:

- 0: 1200 baud
- 1: 2400 baud
- 2: 4800 baud
- 3: 9600 (padrão)
- 4: 19200 baud
- 5: 38400 baud
- 6: 57600 baud
- 7: 115200 baud

Conecte o XBee ao computador usando qualquer um dos dois métodos descritos anteriormente. Certifique-se de inserir o XBee na direção certa. Depois de conectá-lo, você precisa identificar a porta serial em que ele está conectado. Você pode fazer isso da mesma maneira que fez para o Arduino no Capítulo 1, "Ligando o Arduino e fazendo-o piscar". Anote a porta serial em que o XBee está conectado.

Configurando o XBee com X-CTU

Em seguida, você programa suas XBees com os valores especificados na Figura 11-7. Se estiver usando o Windows, você pode usar um aplicativo chamado X-CTU para fazer isso usando uma interface gráfica. Recomendo esse método se você tiver acesso a um computador com Windows. Se não tiver um computador com Windows, pule para a próxima seção, onde aprenderá a configurar os XBees usando um terminal serial no Linux ou no OS X.

Uma rápida pesquisa no Google por "X-CTU" retornará o link de download mais atualizado para o aplicativo do site da Digi. Também há um link para o instalador na página web deste capítulo: www.exploringarduino.com/content/ch11. Encontre um link para download e, então, siga estes passos:

1. Baixe o instalador, instale o X-CTU, e inicie o aplicativo. Depois de iniciar o aplicativo, você deverá ver uma janela como a da Figura 11-8. Uma lista de portas COM disponíveis aparece no lado esquerdo da janela.

Figura 11-8: Janela principal do X-CTU

2. Selecione a porta COM em que o Explorer do XBee está conectado e clique no botão Test/Query destacado na Figura 11-8. Se esse for um XBee novo que é configurado usando as configurações padrão (uma taxa de transmissão de 9600), a janela mostrada na Figura 11-9 deve aparecer confirmando que as informações de configuração atuais foram lidas a partir do rádio.

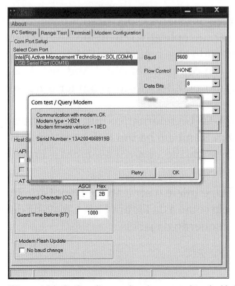

Figura 11-9: Confirmação de consulta do X-CTU

3. Navegue até a tela de configuração do modem e clique no botão Read para exibir todas as opções de configuração disponíveis no XBee e como elas estão atualmente configuradas. O resultado deve ser semelhante à Figura 11-10.

Figura 11-10: Configuração do modem X-CTU

4. Agora, você define o PAN ID, o endereço de origem e o endereço de destino. Também pode configurar muitas outras opções de configuração, mas vamos nos concentrar apenas nessas configurações neste livro. Para alterar uma configuração, basta clicar nela para torná-la editável. Configure o seguinte:

        ID   1234

        DL   1001

        MY 1000

5. Clique no botão Write na parte superior da janela para gravar esses valores no XBee. Quando você fizer isso, esses valores devem ficar azuis. A Figura 11-11 destaca esses valores.

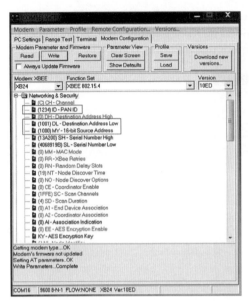

Figura 11-11: Configurações gravadas no XBee

Você configurou seu primeiro XBee! Agora, remova cuidadosamente esse XBee do USB Explorer e instale outro XBee. Execute os mesmos passos listados anteriormente com seu segundo XBee, mas inverta os valores DL e MY para que os XBees possam conversar entre si. A Figura 11-12 mostra a configuração concluída para essa segunda XBee.

Figura 11-12: Configurações gravadas no segundo XBee

Capítulo 11 ■ Comunicação sem fio com rádios XBee   235

Ambos os XBees agora estão configurados e prontos para comunicar-se entre si. Ao atribuir-lhes um PAN ID não padrão, você reduz o risco de eles interferirem em outras redes XBee. Se configurou com sucesso os rádios, você pode pular para a seção "Conversando sem fio com o computador".

Configurando o XBee com um terminal serial

Se não tiver Windows, você precisa fazer sua configuração XBee através de um terminal serial, porque o X-CTU é somente para Windows. Esse processo é o mesmo para máquinas Linux e Mac. Você usa o aplicativo "screen" que vem empacotado no sistema accessible. Como no primeiro capítulo, utilize o ambiente de desenvolvimento integrado (IDE) do Arduino para descobrir qual é o nome de dispositivo do seu adaptador USB-serial quando ele está conectado no Arduino. Você pode encontrar o nome examinando o menu Tools, sob "Serial Port".

Depois de identificar o nome do dispositivo, abra um terminal (você pode encontrar o terminal procurando-o na caixa de pesquisa do sistema) e siga estes passos:

1. No terminal, digite o comando `screen /dev/ttyUSB 9600` (substituindo `/dev/yytUSB6` pelo nome de sua porta serial) e pressione Enter.

   Ao pressionar Enter, uma conexão é iniciada para o terminal serial XBee, e a tela fica em branco. Uma vez conectado ao rádio, enquanto você digita os comandos, eles *não* vão aparecer no terminal. O XBee não ecoa seu texto de volta para você.

   Em primeiro lugar, eu explico o processo de programação, e então forneço uma lista de comandos para inserir no terminal. Para programar o XBee, você precisa seguir estes passos:

   a. Coloque o XBee no modo de programação.

   b. Defina o PAN ID (ATID).

   c. Defina o endereço de origem (ATMY).

   d. Defina o endereço de destino (ATDL).

   e. Faça os ajustes para a memória não volátil do XBee (ATWR).

   Depois que você entrou no modo de programação, a entrada dos outros comandos é sensível ao tempo. Se esperar muito tempo entre a introdução de comandos, você vai sair do modo de programação e precisará reentrar nele. Esse tempo limite acontece depois de apenas alguns segundos; portanto, tente ser rápido. Lembre-se de que, enquanto você digita, os comandos não são mostrados. Além disso, após cada comando, um retorno de carro não é adicionado ao terminal, assim você estará escrevendo "por cima" de seus comandos anteriores. Os passos 2 a 7 descrevem os comandos que você realmente precisa para entrar no terminal a fim de programar o XBee.

2. Escreva +++ e espere; não pressione Enter. O terminal irá responder com um "OK", indicando que o XBee entrou no modo de programação.

3. Escreva ATID1234 e pressione Enter. Isso configura o PAN ID como 1234.

4. Escreva ATMY1000 e pressione Enter. Isso configura o endereço de origem como 1000.

5. Escreva ATDL1001 e pressione Enter. Isso configura o endereço de destino como 1001.

6. Escreva ATWR e pressione Enter. Isso confirma as configurações que você acabou de inserir na memória não volátil. A memória não volátil não é excluída quando a energia é removida do XBee.

7. Se quiser, você pode confirmar que os valores foram escritos digitando os comandos ATID, ATMY, ou ATDL sem números depois e pressionando Enter. Isso imprime os valores atuais na tela.

> **NOTA** Se a qualquer momento você for colocado para fora do modo de programação, você pode reentrar nele digitando +++ e retomar a sessão a partir de onde parou.

Depois de concluir todas as etapas anteriores, substitua cuidadosamente o XBee pelo seu outro módulo. Em seguida, execute os mesmos passos, mas troque os valores para ATMY e ATDL de modo que os XBees sejam configurados para conversar entre si.

Seus XBees agora estão configurados, e você está pronto para fazê-los falar um com o outro! Se você estiver tendo problemas com a configuração, assista o vídeo mencionado no início deste capítulo; ele percorre as etapas de configuração visualmente.

Conversando com um computador sem fio

Agora que você sabe como configurar as XBees, é hora de começar a usá-los. Primeiro, você os usa para substituir o cabo USB entre o computador e o Arduino. Você não pode baixar programas para o Arduino através de uma conexão XBee sem modificações de hardware, assim você ainda carrega e testa seus programas através de uma conexão USB. Então, você elimina os cabos que o prendem ao computador e substitui a conexão USB por uma conexão sem fio XBee.

Ligando um Arduino remoto

O Arduino remoto não se conectará ao computador via USB, então você precisa para ligá-lo de alguma maneira. Você tem algumas opções para fazer isso, como descrito nesta seção.

USB com um computador ou um adaptador de parede 5V

Esse método de conexão derrota a ideia de ficar sem fios, mas você pode deixar o Arduino conectado ao computador via USB. O cabo USB fornecerá energia de 5V para o Arduino, e o XBee irá se comunicar com uma USB XBee Explorer conectado a uma porta USB diferente no computador. Esse método é bom para testar a comunicação sem fio, mas é um pouco tolo para qualquer aplicação prática. Se você seguir esse caminho, certifique-se de escolher a porta serial conectada ao USB Explorer para receber a comunicação no monitor serial ou no Processing.

Você também pode usar a conexão USB de 5V com um adaptador de parede. Isso faz um pouco mais de sentido porque você não está mais preso ao mesmo computador a partir do qual está programando. Se você tem um smartphone, provavelmente já tem um desses adaptadores; eles são comumente usados para carregar iPhones, dispositivos Android e outros smartphones e tablets. A Figura 11-13 mostra um adaptador de parede USB padrão para tomadas dos Estados Unidos.

Figura 11-13: Adaptador de parede USB 5V

Baterias

Você também pode ligar o Arduino usando baterias. Um dos métodos mais populares é a utilização de uma bateria de 9V conectada à tomada alimentação de corrente contínua (DC) ou ao pino de entrada "Vin". Ambas essas entradas alimentam o regulador linear onboard de 5V do Arduino, que gera um sinal de 5V limpo para o microcontrolador. A Figura 11-14 mostra um exemplo de uma bateria de 9V com um comutador integrado e uma tomada de energia DC do site adafruit.com.

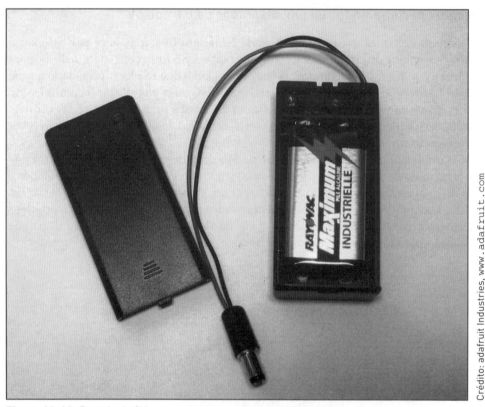

Figura 11-14: Bateria de 9V

Baterias 9V são caras, por isso algumas pessoas preferem usar uma bateria AA. Uma bateria AA média tem uma tensão nominal de 1,5V. Por isso, é bastante comum colocar quatro delas em série para gerar cerca de 6V no total. Conectar quatro pilhas AA ao pino Vin ou à entrada de alimentação coaxial do Arduino envia a energia através do regulador de tensão, que tem uma pequena tensão de "dropout". (Uma tensão de *dropout* é a tensão mínima que deve existir entre as tensões de entrada e de saída.) No Arduino, o regulador 5V tem uma diferença de 1V aproximadamente na saída (embora isso varie com a temperatura e consumo de corrente). A entrada de uma bateria AA (com quatro baterias) está geralmente em torno de 5,5V. Com uma queda de 1V, em geral você pode esperar que a lógica do Arduino opere em torno de 4,5V. O ATMega está classificado para funcionar com essa tensão (e realmente pode funcionar com até a 1,8V), mas você deve estar ciente de que toda sua lógica estará operando a uma tensão ligeiramente inferior quando estiver usando alimentação via USB.

Adaptadores de energia de parede

Uma terceira opção para alimentar o Arduino remoto é usar um adaptador de parede. Esse é ligado em uma tomada comum e tem um conector coaxial na outra extremidade para se conectar ao Arduino. Existem três especificações importantes que você precisa verificar ao escolher um adaptador de alimentação de parede: as características físicas do conector, a tensão fornecida, e a capacidade máxima de saída de corrente.

O Arduino requer um conector DC coaxial de 2,1mm centro-positivo. Em outras palavras, o interior do conector deve estar sob tensão positiva, e o contato exterior deve estar conectado ao terra. Isso geralmente está indicado no carregador por um símbolo semelhante ao mostrado na Figura 11-15.

Figura 11-15: Símbolo de centro-positivo

Como o Arduino tem um regulador de tensão integrado, você pode usar qualquer tensão entre 7V e 12V. Essa tensão também estará disponível no pino Vin, o que pode revelar-se útil para alimentar dispositivos de potência mais elevada, como motores.

Todos os adaptadores DC de parede também são classificados para a corrente máxima que eles fornecem. Quanto maior a corrente, mais coisas você pode alimentar com ela. Uma alimentação de 1 amp é bastante comum e fornece potência mais do que suficiente para sua lógica regulada de 5V do Arduino e alguns componentes adicionais.

Revisitando os exemplos seriais: Controlando o processamento com um potenciômetro

A esta altura, você está finalmente pronto para começar a fazer algum tipo de comunicação sem fio. Como o XBee nada mais é do que um pass-through serial, você pode começar a testar sua configuração com os exemplos que já criou no Capítulo 6. Você precisará seguir estes passos:

1. Carregue o sketch que permite alterar a cor de uma janela do Processing usando um potenciômetro conectado ao Arduino.

240 Parte III ■ Interfaces de comunicação

Faça isso antes de instalar o shield XBee no Arduino, por causa das complexidades da UART compartilhada que foram discutidas anteriormente neste capítulo. Se seu shield tem um jumper ou comutador para selecionar se o XBee está ou não ligado ao UART, você pode usar isso ao programar. (Verifique a documentação de seu shield específico se não tiver certeza.)

O sketch que lê o potenciômetro e o transmite ao computador é repetido na Listagem 11-1 para sua referência.

Listagem 11-1: Código Arduino para enviar dados para o computador — pot_to_processing/arduino_read_pot

```
// Enviando valor do pot para o computador

const int POT=0; // Pot no pino analógico 0

int val; // Para armazenar o valor mapeado do pot

void setup()
{
  Serial.begin(9600); // Inicia a porta serial
}

void loop()
{
  val = map(analogRead(POT), 0, 1023, 0, 255); // Lê e mapeia o pot
  Serial.println(val);                          // Envia o valor
  delay(50);                                    // Atraso para não
                                                // inundar o computador
}
```

2. Desconecte o Arduino do computador e instale o shield XBee junto com o XBee. Conecte um potenciômetro à entrada analógica 0, como mostrado no diagrama esquemático na Figura 11-16.

3. Alimente esse Arduino usando um dos métodos descritos na seção anterior. Optei por usar um cabo USB com um adaptador de energia de parede, mas qualquer um dos métodos descritos funcionaria bem.

4. Conecte o XBee USB Explorer e o outro rádio XBee programado ao computador usando um cabo USB. (Alternativamente, você pode usar outra placa Arduino conectada a um XBee Shield com o chip ATMega removido.) Se os rádios estiverem configurados corretamente, você deve ver a luz RX no USB XBee Explorer piscar rapidamente ao receber dados.

Capítulo 11 ■ Comunicação sem fio com rádios XBee 241

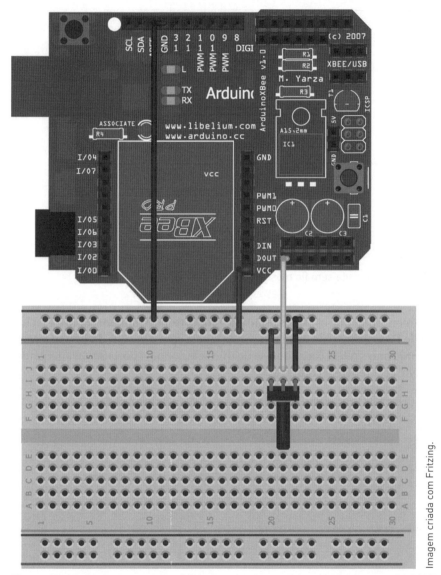

Figura 11-16: Diagrama esquemático mostrando uma placa Arduino com shield XBee e potenciômetro

5. Antes de usar isso para controlar o sketch do Processing, você pode abrir uma janela de monitor serial no IDE Arduino para ver a entrada que vem do XBee. Selecione a porta serial a que o Explorer está conectado e abra o monitor serial para ver os valores correrem (veja a Figura 11-17).

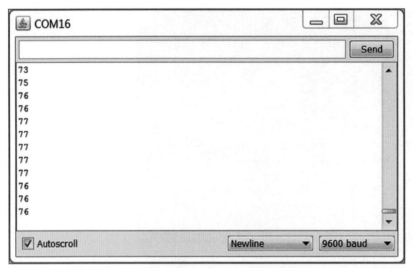

Figura 11-17: Dados de entrada sem fio mostrados com o monitor serial

6. Depois de confirmar que os dados estão chegando, feche o monitor serial e execute o sketch de Processing para ajustar a cor da janela com base nos dados entrantes. Antes de iniciar o sketch, certifique-se de que selecionou a porta serial adequada. A Listagem 11-2 repete o código.

Listagem 11-2: Código do Processing para ler dados e mudam de cor na tela — pot_to_processing/processing_display_color

```
// Sketch de Processing para ler o valor e mudar de cor na tela

// Importa e inicializa a biblioteca de porta serial
import processing.serial.*;
Serial port;

float brightness = 0; // Para armazenar o valor do potenciômetro

void setup()
{
  size(500,500);                          // O tamanho da janela
  port = new Serial(this, "COM3", 9600);  // Configura a porta serial
  port.bufferUntil('\n');                 // Configura a porta para ler
                                          // até nova linha
}

void draw()
{
  background(0,0,brightness); // Atualiza a janela
}
```

Capítulo 11 ■ Comunicação sem fio com rádios XBee   243

```
void serialEvent (Serial port)
{
  brightness = float(port.readStringUntil('\n')); // Obtém o valor
}
```

Ao executar, o sketch deve funcionar exatamente como quando você estava conectado diretamente ao Arduino com um cabo USB. Ande pela sua casa ou escritório (se você estiver usando uma bateria) e controle as cores da tela.

Revisitando os exemplos seriais: Controlando um LED RGB

Você já confirmou que pode enviar dados do Arduino para o computador sem usar fios. Em seguida, você usa o sketch de controle RGB LED do Capítulo 6 para confirmar que pode enviar comandos do computador para o Arduino sem fio. Depois de confirmar que pode enviar dados com sucesso entre o Arduino e o computador sem usar fios, você pode criar várias aplicações interessantes; algumas ideias estão listadas na página da web deste capítulo.

Mais uma vez, o primeiro passo é carregar o programa adequado (consulte a Listagem 11-3) sobre o Arduino. Use o mesmo programa que você usou no Capítulo 6. Ele aceita uma string de valores RGB e configura um LED RGB de acordo.

Listagem 11-3: Controle de LED RGB via serial — processing_control_RGB/list_control

```
// Envio de múltiplas variáveis de uma vez

// Definir Pinos LED
const int RED   =11;
const int GREEN =10;
const int BLUE  =9;

// Variáveis para os níveis de RGB
int rval = 0;
int gval = 0;
int bval = 0;

void setup()
{
  Serial.begin(9600); // Porta serial a 9600 baud

  // Configura os pinos como saídas
  pinMode(RED, OUTPUT);
  pinMode(GREEN, OUTPUT);
```

244   Parte III ▪ Interfaces de comunicação

```
  pinMode(BLUE, OUTPUT);
}

void loop()
{
  // Continue trabalhando enquanto dados estão no buffer
  while (Serial.available() > 0)
  {
    rval = Serial.parseInt();  // Primeiro inteiro válido
    gval = Serial.parseInt();  // Segundo inteiro válido
    bval = Serial.parseInt();  // Terceiro inteiro válido

    if (Serial.read() == '\n') // Transmissão concluída
    {
      // configura o LED
      analogWrite(RED, rval);
      analogWrite(GREEN, gval);
      analogWrite(BLUE, bval);
    }
  }
}
```

Em seguida, monte o Arduino como fez no Capítulo 6 (com a adição do shield sem fio e do rádio XBee), como mostrado na Figura 11-18.

Como na seção anterior, conecte o USB Explorer ao computador e inicie o sketch de Processing, que é mostrado na Listagem 11-4. Certifique-se de colocar o arquivo hsv.jpg na pasta de dados do sketch, como você fez no Capítulo 6 (esse arquivo está incluído no download do código online). Antes de executar o sketch, não se esqueça de configurar o nome da porta serial com o valor correto.

Listagem 11-4: Sketch de Processing para configurar cores RGB do Arduino — processing_control_RGB/processing_control_RGB

```
import processing.serial.*; // Importa biblioteca serial
PImage img;                 // Objeto imagem
Serial port;                // Objeto porta serial

void setup()
{
  size(640,256); // Tamanho da imagem HSV
  img = loadImage("hsv.jpg"); // Carrega imagem de fundo
  port = new Serial(this, "COM9", 9600); // Abre a porta serial

}

void draw()
{
  background(0);    // Fundo preto
  image(img,0,0);   // Imagem sobreposta
}
```

```
void mousePressed()
{
  color c = get(mouseX, mouseY); // Obtém a cor RGB onde o mouse
                                 // foi pressionado
  String colors = int(red(c))+","+int(green(c))+","+int(blue(c))+"\n";
  // extrai valores de cor
  print(colors); // Imprime cores para a depuração
  port.write(colors); // Envia valores ao Arduino
}
```

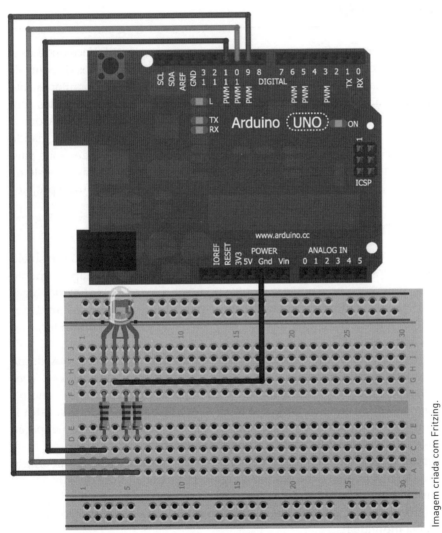

Figura 11-18: Arduino montado com um shield XBee e um LED RGB

Quando você executar esse sketch, o seletor de cores deve aparecer exatamente como no Capítulo 6. Clique em uma cor. A cor será transmitida para o Arduino remoto, e o LED RGB ganhará a cor que você escolheu. Os valores transmitidos devem aparecer no terminal do Processing também. Neste ponto, você testou completamente seus XBees para se comunicar com um computador. Na próxima seção, você usa as técnicas que desenvolveu aqui para fazer dois Arduinos se comunicarem diretamente.

Conversando com outro Arduino: Construindo uma campainha sem fio

Facilitar a comunicação sem fio entre Arduinos é extremamente útil. Você pode usar vários nós de Arduino para criar redes de sensores, transmitir comandos de controle (para um carro controlado por rádio [RC], por exemplo), ou para facilitar o monitoramento remoto de um sistema elétrico. Nesta seção, você usa dois Arduinos equipados com XBees para fazer uma campainha para sua casa, apartamento ou escritório. Um Arduino remoto na sua porta responderá ao pressionamento de botões de um visitante. Quando um visitante "tocar" a campainha, seu outro Arduino vai acender e fazer sons para indicar que tem uma visita. Você pode assistir ao vídeo de demonstração do sistema em ação em `www.exploringarduino.com/content/ch11` antes de construir o projeto.

Projeto de sistema

O sistema que você vai construir consiste em dois Arduinos. Cada um terá um shield XBee e um rádio. Um Arduino pode ser colocado fora de sua casa ou apartamento para as pessoas pressionarem o botão, e o outro pode ser colocado em qualquer lugar dentro para alertá-lo quando alguém toca a campainha. O alcance das duas unidades depende do tipo dos XBees, de quantas paredes estão entre as duas unidades, e de outros fatores ambientais.

Como simplesmente fazer uma campainha genérica é algo meio chato, o Arduino receptor piscará luzes multicoloridas e tons alternados para atrair sua atenção. Você pode facilmente personalizar o sistema para adicionar seus próprios efeitos sonoros. Embora o sistema externo neste exemplo seja um botão simples, você poderia substituir o botão por um sensor de infravermelhos, um sensor de luz, um sensor de ocupação ou determinar automaticamente quando alguém se aproxima.

Ao projetar um sistema multifacetado, é boa prática de engenharia elaborar um projeto de sistema de alto nível, como o mostrado na Figura 11-19. Cabe a você decidir o nível de detalhe usado para projetar um diagrama assim. Projetar um simples diagrama como o mostrado aqui vai ajudá-lo a elaborar um plano para a construção de cada parte do sistema individual.

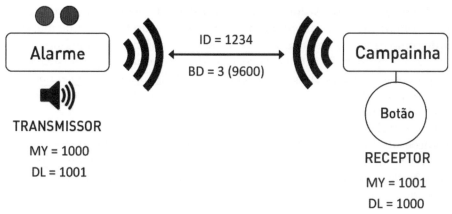

Figura 11-19: Diagrama do sistema de campainha sem fio

Hardware transmissor

Em primeiro lugar, o hardware do componente campanhia, que chamaremos aqui de transmissor, precisa de um botão com um resistor pull-down conectado a uma entrada digital em um Arduino com um shield XBee montado (veja a Figura 11-20).

Figura 11-20: Transmissor de campainha sem fio

Não faz diferença o tipo de Arduino que você usa em seu sistema, mas é importante notar que a comunicação serial em placas como a Leonardo funciona de maneira diferente de como funciona em uma Uno. A Leonardo e a Micro têm um único MCU para controlar a comunicação serial e a execução de programas, enquanto a Uno e a Mega têm processadores separados. Para demonstrar essas diferenças, optei por usar uma Leonardo para o transmissor. O circuito para qualquer tipo de placa é o mesmo; as diferenças de software são abordadas a seguir.

Como presumivelmente o transmissor não estará perto de um computador, escolha uma das opções de energia discutidas anteriormente neste capítulo que não requer energia via a USB de um computador. No vídeo de demonstração, usei uma bateria de 9V ligado ao conector de energia coaxial. Se você quer que isso seja um pouco mais permanente, pode querer alimentar o circuito usando um adaptador de parede DC.

DICA Se você estiver interessado em fazer algo um pouco mais sofisticado, poderia comprar um grande botão de pressão com fios e conectá-lo através da parede ao Arduino, do outro lado.

Hardware receptor

Em seguida, construa o circuito que irá notificá-lo quando o botão do transmissor for pressionado. Esse será seu receptor. O hardware para esse circuito é composto por um Arduino com um shield XBee e um rádio, um LED RGB, resistores, e um alto-falante Piezo pequeno. Siga o diagrama esquemático na Figura 11-21. Note que apenas os LEDs vermelhos e verdes são usados no desenho; portanto, não é necessário acrescentar um resistor ao LED azul. Você também pode instalar um potenciômetro em linha com o alto-falante para tornar o volume ajustável.

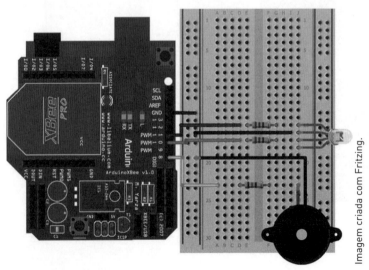

Figura 11-21: Receptor de campainha sem fio

Capítulo 11 ■ Comunicação sem fio com rádios XBee 249

Você precisa escolher um Arduino e uma fonte de alimentação. Embora qualquer tipo de placa funcione para isso, eu estou usando uma Uno. Escolhi um cabo USB conectado a um adaptador de parede como fonte de energia. Você poderia facilmente usar uma bateria ou uma conexão USB com o computador. Você pode expandir a funcionalidade do receptor, adicionando mais luzes, motores, ou controlar um sketch de Processing no computador.

Software transmissor

Depois de configurar todo o hardware, você precisa escrever o software para as duas pontas do sistema. Tenha em mente que existem inúmeras maneiras de configurar esse esquema de comunicação, e apenas uma metodologia é descrita aqui.

Para essa configuração, você faz o transmissor enviar um valor a cada 50ms. Ele será `'0'` quando o botão não for pressionado e `'1'` quando o botão for pressionado. Não é necessário fazer o debounce do botão, porque você não está procurando cliques de botão; o receptor tocará enquanto o botão do transmissor estiver pressionado.

O código muda ligeiramente dependendo do tipo de Arduino que você está usando. No caso do Arduino Uno (ou qualquer outro Arduino que tem um chip Atmel ou FTDI separado, para gerenciar a comunicação serial), a principal conexão MCU UART é compartilhada entre a porta USB e os pinos de RX/TX (pinos 0 e 1) no Arduino. Se estiver usando uma Uno ou uma Mega (ou qualquer outro Arduino com um chip serial-USB separado), você precisa remover o shield XBee para programar o Arduino, ou ajustar os jumpers/comutador se o shield tiver essa funcionalidade. Nessas placas, `Serial` refere-se a comunicações tanto USB como UART pelos pinos 0 e 1.

Se estiver usando a placa Leonardo, ou outra placa Arduino que tenha comunicação USB integrada, você usa `Serial` para falar via USB e `Serial1` para falar pelos pinos RX/TX. Você não precisa remover um shield XBee para programar uma placa como a Leonardo porque o UART não é compartilhada. O código na Listagem 11-5 foi escrito para a placa Leonardo e outras placas Arduino semelhantes. Se você estiver usando uma plataforma baseada na Uno, substitua as referências a `Serial1` por `Serial`.

Listagem 11-5: Transmissor de campainha — doorbell/transmitting_arduino

```
// Código que executa em um Arduino para transmitir o pressionamento de uma
// campainha

const int BUTTON =12; // Botão no pino 12

void setup()
{
  // NOTA: Na Leonardo, os pinos serial RX/TX não são
  // multiplexados com USB como o são na Uno.
  // Esse sketch é escrito para a Leonardo (Serial1 = RX/TX pinos)
  // Se você estiver usando a Uno, mude Serial1 para Serial, aqui e abaixo
  Serial1.begin(9600); // Inicia a porta serial
}
```

```
void loop()
{
  Serial1.println(digitalRead(BUTTON)); // Envia o estado do botão
  delay(50); // Pequeno atraso para que não inundar o receptor
}
```

Na configuração, a porta serial conectada ao XBee começa a funcionar a 9600 baud. A cada 50ms, o valor da entrada digital é lido e impresso no rádio. `DigitalRead()` pode ser colocada diretamente dentro da instrução `println` porque o valor de saída não precisa ser usado em qualquer outro lugar no programa.

Software receptor

O software do receptor é mais complicado do que o programa transmissor. O código de exemplo fornecido na Listagem 11-6 foi escrito para uma Arduino Uno. Se você estiver usando uma placa tipo Leonardo, substitua `Serial` por `Serial1`.

Esse software precisa ouvir a porta serial, determinar se o botão do controle remoto está sendo pressionado, e modular luz/som enquanto ainda ouve se novos dados são recebidos. A última parte é o que torna esse programa complicado; você precisa usar uma técnica "não bloqueadora" de modo que o programa não precise chamar `delay()` em qualquer ponto. Uma função bloqueadora é qualquer coisa que impede o sistema de realizar outras tarefas. `delay()` é um exemplo de uma função bloqueadora. Quando ela é chamada, nada mais acontece no programa até `delay()` terminar. Se você tivesse de usar uma instrução `delay()` em um esquema de comunicação como esse, você encontraria dois problemas: A resposta do receptor ao sinal do transmissor não seria instantânea, e o buffer de entrada poderia transbordar porque o transmissor pode enviar dados a uma velocidade mais rápida do que o receptor pode ler.

O objetivo é fazer uma luz piscar, alternando entre vermelho e verde, e fazer o alto-falante Piezo tocar, alternando entre duas frequências. Você não pode usar um `delay()` pelas razões mencionadas anteriormente. Em vez de um `delay()`, você usa as funções `millis()`, que retorna o número de milissegundos desde que o Arduino começou a rodar o sketch. A luz e o alto-falante comutam a uma taxa de uma vez a cada 100ms. Assim, você armazena o tempo em que a comutação anterior foi feita e espera um novo valor de `millis()` que seja pelo menos de 100ms maior que o tempo de comutação anterior. Quando isso acontece, você inverte os pinos do LED e ajusta a frequência. Também no `loop()`, você verifica se o buffer serial tem um `'0'` ou um `'1'` e ajusta as luzes e som de acordo.

O `setup()` inicializa os valores do programa. Para facilitar a comutação, você monitora o estado dos pinos dos LEDs. Você também acompanha a frequência atual e o tempo de alternância anterior retornado de `millis()`.

Considere o código na Listagem 11-6 e carregue-o no Arduino receptor. Antes de carregar o código, lembre-se de configurar quaisquer jumpers necessários ou remover o shield XBee para programar a placa.

Capítulo 11 ■ Comunicação sem fio com rádios XBee 251

Listagem 11-6: Receptor de campainha — doorbell/receiving_arduino

```
// Código que executa em um Arduino para receber o valor campainha

const int RED    =11; // LED vermelho no pino 11
const int GREEN  =10; // LED verde no pino 10
const int SPEAKER =8;  // Alto-falante no pino 8

char data;                  // Char para armazenar dados seriais entrantes
int onLED = GREEN;          // LED inicialmente aceso
int offLED = RED;           // LED inicialmente apagado
int freq = 131;             // Frequência inicial do alto-falante
unsigned long prev_time = 0; // Timer para alternar o LED e o alto-falante

void setup()
{
  Serial.begin(9600); // Inicia a porta serial
}

void loop()
{

  // Trata da alternância de luzes e sons
  // Se já se passaram 100ms
  if (millis() >= prev_time + 100)
  {
    // Alterna o estado do LED
    if (onLED == GREEN)
    {
      onLED = RED;
      offLED = GREEN;
    }
    else
    {
      onLED = GREEN;
      offLED = RED;
    }
    // Alterna a frequência
    if (freq == 261){
        freq = 131;
    } else {
        freq = 261;
    }
    // Configura o tempo atual em ms como o
    // tempo anterior para a próxima passagem pelo loop
    prev_time = millis();
  }

  // Verifique se dados seriais estão disponíveis
  if (Serial.available() > 0)
  {
```

252 Parte III ■ Interfaces de comunicação

```
  // Lê byte de dados
  data = Serial.read();

  // Se o botão for pressionado, reproduz o tom e acende o LED
  if (data == '1')
  {
    digitalWrite(onLED, HIGH);
    digitalWrite(offLED, LOW);
    tone(SPEAKER, freq);
  }
  // Se o botão não estiver pressionado, desliga o som e apaga a luz
  else if (data == '0')
  {
    digitalWrite(onLED, LOW);
    digitalWrite(offLED, LOW);
    noTone(SPEAKER);
  }
 }
}
```

A primeira instrução if() no loop() verifica o tempo decorrido desde sua última execução. Se já tiver passado 100ms, é hora de mudar de luz e de frequência. Ao verificar os estados atuais, você pode alternar os valores de luz e frequência. Você configura o offLED quando a outra luz é acesa. No final da instrução, if(), o tempo anterior é definido como o tempo presente, para que o processo possa ser repetido.

A segunda grande instrução if() no loop() verifica dados seriais entrantes. Quando um '0' é recebido, tudo fica desligado. Quando existe um '1', a luz e o alto-falante são ligados de acordo com os valores estabelecidos anteriormente no loop().

NOTA   Assista a um vídeo de demonstração dessa campainha Arduino sem fio em www.exploringarduino.com/content/ch11.

Resumo

Neste capítulo, você aprendeu o seguinte:

- Há uma vasta gama de modelos XBee disponíveis.
- Você deve converter entre os níveis lógicos 5V e 3,3V para usar um XBee com a maioria dos Arduinos.
- Você pode configurar o XBee usando o X-CTU no Windows, ou o terminal no Linux e no Mac.
- Há uma variedade de opções para alimentar o Arduino que não exigem que você fique conectado ao computador via USB.

- Você pode estabelecer uma comunicação sem fios entre um computador e um Arduino usando XBees.

- Você pode se comunicar sem fio entre dois Arduinos usando XBees.

- A função `millis()` pode ser usada com variáveis de estado para criar código "não bloqueador" que implementa atrasos.

PARTE

IV

Temas e projetos avançados

Nesta parte

Capítulo 12: Interrupções por hardware e por timer
Capítulo 13: Registro de dados em log com cartões SD
Capítulo 14: Como conectar o Arduino à internet

CAPÍTULO 12

Interrupções por hardware e por timer

Peças que você precisa para este capítulo

Arduino (Uno recomendado)

Cabos USB para programação Arduino

Botão de pressão

Buzzer piezo

LED RGB de cátodo comum

Resistor de 10kΩ

Resistor de 100Ω

Resistor de 150Ω

Resistores de 220Ω (×3)

Capacitor eletrolítico de 10uF

74HC14 hex inverting Schmitt trigger IC

Fios jumper

Matriz de contato

258   Parte IV ■ Temas e projetos avançados

CÓDIGO E CONTEÚDO DIGITAL PARA ESTE CAPÍTULO

Downloads de código, vídeo e outros conteúdos digitais para este capítulo podem ser encontrados em `www.exploringarduino.com/content/ch12`.

Além disso, os códigos também podem ser encontrados em `www.altabooks.com.br`, procurando pelo nome do livro. Outra opção é em `www.wiley.com/go/explo ringarduino`, na guia Download Code. Eles estão no arquivo chapter 12 download e individualmente nomeados de acordo com seus nomes ao longo do capítulo.

Até esse ponto, todos os programas Arduino que você escreveu foram síncronos. Isso apresenta alguns problemas por que o uso de `delay()` pode impedir o Arduino de fazer outras coisas. No capítulo anterior, você criou um timer de software usando `millis()` para evitar a natureza bloqueadora síncrona de `delay()`. Neste capítulo, você leva essa ideia um passo além, adicionando interrupções tanto de timer como de hardware. Interrupções permitem executar código de forma assíncrona desencadeando certos eventos (tempo decorrido, mudança de estado da entrada e assim por diante). Interrupções, como o nome sugere, permitem que você pare o que quer que o Arduino esteja fazendo atualmente, realize uma tarefa diferente e depois volte para o que o Arduino estava anteriormente executando. Neste capítulo, você aprenderá a executar interrupções quando ocorrem eventos cronometrados ou quando pinos de entrada mudam de estado. Você vai usar esse conhecimento para construir um sistema "não bloqueador" de interrupção de hardware, bem como um aparelho de som usando interrupções por timer.

> **NOTA**   Siga um tutorial em vídeo sobre interrupções e debouncing de hardware:
> `www.jeremyblum.com/2011/03/07/arduino-tutorial-10-interrupts-and-hardware-debouncing`.

Usando interrupções de hardware

Interrupções de hardware são disparadas dependendo do estado (ou mudança de estado), de um pino de E/S. Interrupções de hardware podem ser especialmente úteis se você quer mudar alguma variável de estado dentro de seu código sem ter que consultar constantemente o estado de um botão. Em alguns capítulos anteriores, você usou uma rotina de debounce por software junto com uma verificação do estado do botão a cada passagem pelo loop. Isso funciona muito bem se outros conteúdos em seu loop não levarem muito tempo para executar.

Suponha, porém, que você queira executar um procedimento em seu loop que leva algum tempo. Por exemplo, talvez queira lentamente aumentar o brilho de um LED ou a velocidade de um motor usando um loop `for()` com algumas instruções `delay()`. Se quiser que o ato de pressionar o botão ajuste a cor ou a velocidade desse aumento gradual do LED, você vai perder qualquer pressionamento do botão que ocorrer enquanto o `delay()` estiver acontecendo. Normalmente, o tempo de reação humana é lento o suficiente para que você possa executar várias funções dentro do `loop()` de um programa

Arduino, e pode sondar um botão uma vez a cada passagem pelo loop sem perder o pressionamento do botão. Mas quando há componentes "lentos" no código dentro do loop(), você arrisca perder entradas externas.

É aqui que as interrupções entram. Selecionar pinos no Arduino (ou todos os pinos no Due) pode funcionar como interrupções de hardware externas. O hardware dentro do ATMega conhece o estado desses pinos e pode relatar seus valores para o código assincronamente. Assim, você pode executar o programa principal, e "interrompê-lo" para executar uma função especial sempre que um evento externo de interrupção for detectado. Essa interrupção pode acontecer em qualquer lugar na execução do programa. A Figura 12-1 mostra como esse processo poderia se parecer na prática.

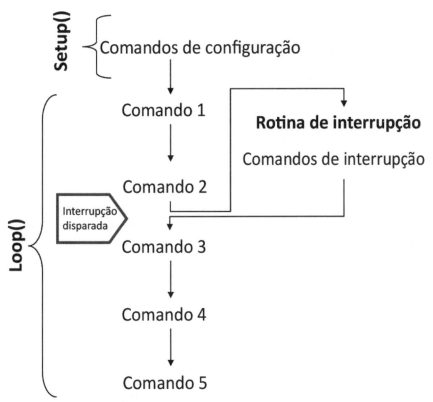

Figura 12-1: Como uma interrupção externa afeta o fluxo do programa

Conhecendo as vantagens e desvantagens de polling e interrupção

Interrupções de hardware são uma alternativa a repetidamente sondar entradas externas no loop(). Elas não são melhores nem piores; ambas as técnicas têm suas vantagens e suas desvantagens. Ao projetar um sistema, você deve considerar todas as opções e escolher a mais adequada para sua aplicação. Esta seção descreve as principais diferenças entre

260 Parte IV ∎ Temas e projetos avançados

sondar entradas e usar interrupções para permitir que você decida por conta própria qual é a melhor opção para seu projeto particular.

Facilidade de implementação (software)

Graças à excelente linguagem de programação que vem sendo construída no Arduino, anexar interrupções externas via software é realmente muito simples. Usar sondagem para detectar entradas no Arduino é ainda mais fácil, porque tudo que você tem a fazer é chamar `digitalRead()`. Se você não precisa usar interrupções de hardware, não se dê ao trabalho de usá-las no lugar da sondagem, porque isso exigiria escrever um pouco mais de código.

Facilidade de implementação (hardware)

Para a maioria das entradas digitais, o hardware de uma entrada que dispara via sondagem ou interrupção é exatamente o mesmo, porque você está apenas procurando uma mudança de estado na entrada. Mas, em uma situação, você precisa ajustar seu hardware se estiver usando uma interrupção disparada por borda: entradas de botões que pulsam. Como discutido no Capítulo 2, "Entradas e saídas digitais, e modulação por largura de pulso", muitos botões (algo que você vai comumente querer usar para disparar uma entrada) pulsam quando você os pressiona. Isso pode ser um problema significativo, pois fará com que a rotina de interrupção dispare várias vezes quando você quer que ela dispare apenas uma vez. O que é pior, não é possível usar a função de debouncing via software que escreveu anteriormente porque você não pode usar um `delay()` em uma rotina de interrupção. Portanto, se você precisa usar uma entrada de botão que pulsa com uma interrupção de hardware, primeiro será preciso fazer o debounce com hardware. Se sua entrada não pulsar (como um codificador rotativo) você não precisa se preocupar, e seu hardware não será diferente do que era com a configuração de sondagem.

Multitarefa

Uma das principais razões para o uso de interrupções é permitir pseudomultitarefa. Você nunca pode alcançar a verdadeira multitarefa em um Arduino porque existe apenas uma unidade microcontroladora (MCU), e porque ele só pode executar um comando de cada vez. Mas como ele executa comandos tão rapidamente, você pode usar as interrupções para "entrelaçar" as tarefas de modo que pareçam executar simultaneamente. Por exemplo, usando as interrupções, você pode diminuir a intensidade de LEDs com `delay()` enquanto parece responder simultaneamente a uma entrada de botão que ajusta a velocidade da graduação ou a cor. Ao sondar uma entrada externa, só é possível ler a entrada quando você chega a um `digitalRead()` no loop do programa, o que significa que ter funções "lentas" no programa poderia tornar difícil "ouvir" efetivamente uma entrada.

Capítulo 12 ▪ Interrupções por hardware e por timer 261

Precisão de aquisição

Para certas tarefas de aquisição rápidas, a interrupção é uma necessidade absoluta. Por exemplo, suponha que você esteja usando um codificador rotativo. Codificadores rotativos são comumente montados em motores de corrente contínua (DC) e enviam um pulso para o microcontrolador toda vez que alguma porcentagem de uma revolução é concluída. Você pode usá-los para criar um sistema de retroalimentação para motores DC que permite monitorar sua posição, em vez de apenas sua velocidade. Isso permite ajustar dinamicamente a velocidade com base em requisitos de torque ou de monitorar o quanto um motor DC se moveu. Mas você precisa ter certeza de que cada pulso é capturado pelo Arduino. Esses pulsos são bastante curtos (muito menores que um pulso criado por você empurrando manualmente um botão) e podem ser perdidos se você verificá-los por sondagem dentro do loop(). No caso de um codificador rotativo que dispara apenas uma vez por revolução, perder um pulso faz seu programa acreditar que o motor está movendo-se à metade de sua velocidade real! Para garantir que você capture eventos importantes como esse, usar uma entrada de hardware é uma obrigação. Se você estiver usando uma entrada que muda lentamente (como um botão), a sondagem pode ser suficiente.

Entendendo as capacidades de interrupção de hardware do Arduino

Com a maioria das placas Arduino, você pode usar apenas determinados pinos como interrupções. Interrupções são referidas por um número de identificação que corresponde a um pino específico. A exceção é a Due, em que todos os pinos podem atuar como interrupções, e você referenciá-los pelo número de pinos. Se você não estiver usando a Due, consulte a Tabela 12-1 para determinar quais pinos em seu Arduino podem atuar como interrupções e qual é seu número de ID.

Tabela 12-1: Interrupções de hardware disponíveis nos vários Arduinos

PLACA	INT 0	INT 1	INT 2	INT 3	INT 4	INT 5
Uno, Ethernet	Pino 2	Pino 3	-	-	-	-
Mega2560	Pino 2	Pino 3	Pino 21	Pino 20	Pino 19	Pino 18
Leonardo	Pino 3	Pino 2	Pino 0	Pino 1	-	-

Essas identificações são utilizadas em conjunto com attachInterrupt(). O primeiro argumento é o ID (no caso das placas na Tabela 12-1) ou o número PIN (no caso da Due). Se, na Uno, você quiser anexar uma interrupção no pino físico 2 na placa, o primeiro argumento de attachInterrupt() seria 0, porque o pino 2 é anexado à interrupção 0 na Uno. A Uno (e outras placas baseadas no ATMega328) suporta apenas duas interrupções externas, enquanto a Mega e a Leonardo suportam mais interrupções externas.

262 Parte IV ▪ Temas e projetos avançados

Interrupções de hardware funcionam "anexando" pinos de interrupção a determinadas funções. Assim, o segundo argumento de `attachInterrupt()` é um nome de função. Se quiser alternar o estado de uma variável booleana a cada vez que uma interrupção for disparada, você pode escrever uma função como a seguinte, que passa para `attachInterrupt()`:

```
void toggleLed()
{
    var = !var;
}
```

Quando essa função é chamada, a `var` booleana é alternada para o oposto de seu estado anterior, e no resto do programa continua a executar a partir de onde parou.

O argumento final passado para `attachInterrupt()` é o modo de disparo. Interrupções do Arduino podem ser disparadas em `LOW`, `CHANGE`, `RISING` ou `FALLING`. (A Due também pode ser disparada em `HIGH`.) `CHANGE`, `RISING` e `FALLING` são as coisas mais comuns em que disparar porque fazem com que uma interrupção execute exatamente uma vez quando uma entrada externa mudar de estado, como um botão mudando de `LOW` para `HIGH`. A transição de `LOW` a `HIGH` é `RISING`, e de `HIGH` a `LOW` é `FALLING`, e ambos são `CHANGE`. É menos comum disparar em `LOW` ou `HIGH` porque estes fazem com que a interrupção dispare continuamente enquanto esse estado for verdadeiro, efetivamente bloqueando a execução do resto do programa.

Construindo e testando um circuito de interrupção de botão com debouncing de hardware

Para testar seu novo conhecimento, você constrói um circuito com um LED RGB e um botão de pressão com debounce por hardware. O LED aumenta e diminui gradualmente a intensidade da cor selecionada. Quando o botão é pressionado, o LED imediatamente muda a cor da gradação, enquanto utilizar `delay()` realiza a gradação.

Criando um botão com debouncing de hardware

Como você aprendeu no Capítulo 2, a maioria dos botões realmente "pulsa" para cima e para baixo quando os pressiona. Essa ação apresenta um sério problema quando você está usando interrupção de hardware porque isso pode fazer com que uma ação seja disparada mais vezes do que pretende. Felizmente, você pode fazer o debounce de um botão por hardware para sempre ter um sinal limpo entrando no microcontrolador.

Primeiro, analise o sinal de um botão comum ligado usando um resistor pull-up. Usar um resistor pull-up em vez de um pull-down é exatamente o que você esperaria: Por padrão, o estado do botão é puxado alto pelo resistor; quando o botão é pressionado, ele conecta o terra ao pino de E/S e a entrada torna-se baixa. Você usará um circuito de pull-up em vez de um pull-down neste exemplo e inverterá a saída mais adiante. A Figura 12-2 mostra o sinal do botão sendo sondado com um osciloscópio. Ao pressionar o botão, ele pulsa para cima e para baixo antes de finalmente se estabilizar em um estado baixo.

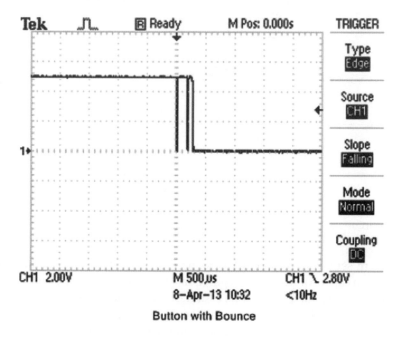

Figura 12-2: Botão de pressão comum pulsando antes de se estabilizar

Se você disparar uma interrupção a partir desse sinal, ela executa a função de interrupção três vezes em sequência. Mas, usando uma rede resistor-capacitor (comumente chamada de circuito RC), você pode evitar isso.

Se você conectar um capacitor ao longo do terminal do comutador e um resistor em série com o comutador, isso cria uma rede resistor-capacitor. Enquanto o comutador não estiver pressionado, o capacitor carrega através dos resistores. Quando você pressiona o botão, o capacitor começa a descarregar, e a saída torna-se alta. Se o botão salta para cima e para baixo durante alguns milésimos de segundo, os resistores recarregam o capacitor enquanto o comutador se abre momentaneamente, permitindo manter o nível de tensão na saída. Nesse processo, você obtém um sinal que faz a transição entre alto e baixo apenas uma vez em um período determinado pelos valores do resistor e do capacitor. Tal circuito seria parecido com o mostrado na Figura 12-3.

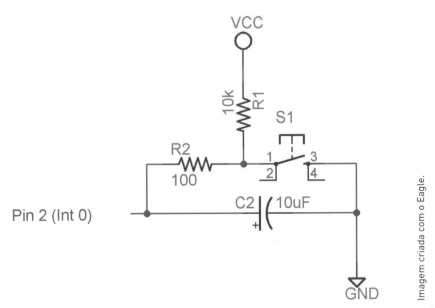

Figura 12-3: Criando um circuito de debounce: a adição de um capacitor e um resistor

Aumentar o resistor em série com o comutador (R2 na Figura 12-3) não é absolutamente necessário; sem ele, o capacitor iria descarregar (quase) instantaneamente e ainda seria recarregado rápido o suficiente por R1. Mas essa descarga rápida no comutador pode danificar botões baratos. Incluir o resistor de 100Ω aumenta o tempo de descarga e mantém todos os seus componentes seguros. Isso, porém, adiciona uma curva de descarga à saída. Você pode ver esse efeito no osciloscópio na Figura 12-4.

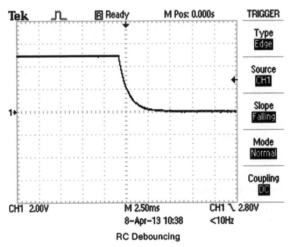

Figura 12-4: Pulsar do sinal removido com um circuito RC

Capítulo 12 ■ Interrupções por hardware e por timer

O circuito RC que você acabou de criar fará um sinal de entrada "curvo" para o pino de E/S do Arduino. Nossa interrupção está à procura de uma borda, que é detectada quando uma mudança de alto para baixo ou de baixo para alto ocorre a certa velocidade. A "nitidez" dessa borda é chamada de *histerese* da borda do sinal, e pode não ser nítida o suficiente com a suavização causada pelo capacitor. Você pode aumentar a nitidez desse sinal descendente com um gatilho de Schmitt. *Gatilhos de Schmitt* são circuitos integrados (CIs) que criam uma borda nítida quando o sinal ultrapassa um determinado limite. A saída do gatilho pode então ser enviada diretamente para o pino de E/S do Arduino. Nesse caso, você usa um gatilho de Schmitt inversor, o 74HC14 IC. Esse chip tem seis gatilhos de Schmitt inversores separados, mas você usa apenas um. Dê uma olhada na imagem das especificações do IC na Figura 12-5.

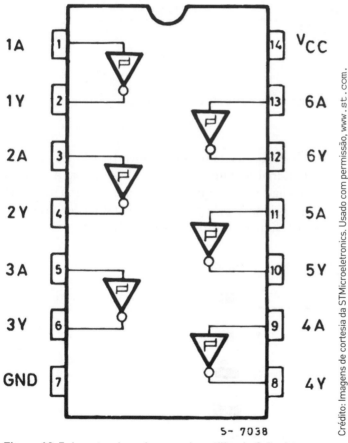

Figura 12-5: Invertendo a pinagem do gatilho de Schmitt

A saída de seu circuito de debounce vai passar por um desses gatilhos de Schmitt inversores antes de finalmente alimentar o Arduino. O circuito resultante é parecido com a Figura 12-6.

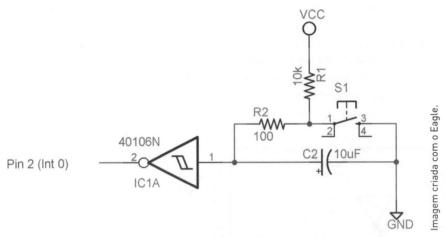

Figura 12-6: O passo final para a criação de um circuito de debounce: adição de um gatilho de Schmitt inversor

Como esse é um gatilho de inversão, o sinal também será invertido. Então, quando o botão estiver pressionado, o sinal final será um alto lógico, e vice-versa. Assim, no próximo passo, quando escrever o código, você vai querer procurar uma borda de subida para detectar quando o botão foi pressionado pela primeira vez. O sinal de saída final se parece com um bom e limpo sinal livre de pulsos (veja a Figura 12-7).

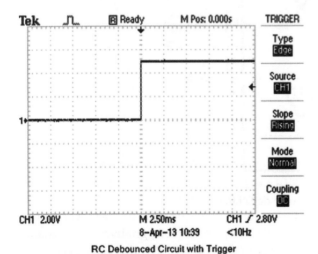

Figura 12-7: Saída final do circuito de debounce

Agora você tem um sinal bom e limpo que pode ser usado para alimentar sua função de interrupção de hardware!

Montando um circuito de teste completo

Partindo de um nível esquemático, agora você sabe como conectar um botão debouncer. Para os testes que vai executar brevemente, você usa um LED RGB junto com um botão para testar seu código de interrupção e debouncing por hardware. Conectar um circuito completo, como mostrado no diagrama esquemático na Figura 12-8.

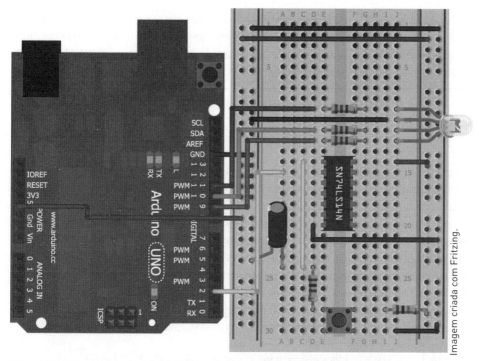

Figura 12-8: Diagrama esquemático da interrupção de hardware completa

Escrevendo o software

Agora é hora de escrever um programa simples para testar sua técnica de debouncing e as capacidades de interrupção de hardware do Arduino. A aplicação mais óbvia e útil das interrupções de hardware no Arduino é permitir escutar entradas externas, mesmo durante a execução de operações cronometradas que usam delay(). Há muitos cenários em que isso pode acontecer, mas um simples ocorre ao graduar a intensidade de um LED utilizando modulação por largura de pulso (PWM) via analogWrite(). Nesse sketch, você faz um dos três LEDs RGB sempre mudar de intensidade gradualmente de 0 para 255 e voltar. Toda vez que você pressiona o botão, a cor que está sendo

268 Parte IV ■ Temas e projetos avançados

graduada imediatamente muda. Isso não seria possível usando sondagem porque você só estaria verificando o estado do botão depois de completar um ciclo de graduação; você quase certamente perderia o pressionamento do botão.

Em primeiro lugar, você precisa entender as variáveis *voláteis*. Sempre que uma variável vai mudar dentro de uma interrupção, ela *deve* ser declarada como *volátil*. Isso é necessário para assegurar que o compilador trata a variável corretamente. Para declarar uma variável como volátil, basta adicionar `volatile` antes da declaração:

```
volatile int selectedLED = 9;
```

Para garantir que o Arduino está escutando uma interrupção, você usa `attachInterrupt()` dentro de `setup()`. As entradas para a função são o ID da interrupção (ou o número do pino para a Due), a função que deve ser executada quando ocorre uma interrupção, e o modo de disparo (`RISING`, `FALLING` etc.). Nesse programa, o botão está conectado à interrupção 0 (pino 2 no Uno), ele executa a função `swap()` quando disparado, e dispara na borda de subida:

```
attachInterrupt(0, swap, RISING);
```

Você precisa escrever a função `swap()` e adicioná-la a seu programa; essa função está incluída no código do programa completo mostrado na Listagem 12-1. Isso é tudo que você tem de fazer! Depois de ter anexado a interrupção e escrito sua função de interrupção, você pode escrever o resto de seu programa para fazer o que quiser. Sempre que a interrupção for disparada, o resto do programa faz uma pausa, a função de interrupção é executada e, então, o programa retoma de onde parou. Como as interrupções pausam o programa, elas são geralmente muito curtas e não contêm qualquer tipo de atraso. De fato, `delay()` não funciona mesmo dentro de uma função disparada por interrupção. Compreendendo tudo isso, agora você pode escrever o programa a seguir para percorrer todas as cores de LED e trocá-las com base no botão pressionado.

Listagem 12-1: Interrupções de hardware para multitarefa — hw_multitask.ino

```
// Usa comutador com debounce por hardware para controlar interrupções

// Pinos do botão
const int BUTTON_INT =0;   // Interrupção 0 (pino 2 no Uno)
const int RED        =11;  // LED vermelho no pino 11
const int GREEN      =10;  // LED verde no pino 10
const int BLUE       =9;   // LED azul no pino 9
```

Capítulo 12 ■ Interrupções por hardware e por timer   269

```
// Variáveis voláteis podem alterar interrupções internas
volatile int selectedLED = RED;

void setup()
{
  pinMode (RED, OUTPUT);
  pinMode (GREEN, OUTPUT);
  pinMode (BLUE, OUTPUT);
  // O pino é invertido, assim queremos olhar para a borda de subida
  attachInterrupt(BUTTON_INT, swap, RISING);
}

void swap()
{
  // Desligue o LED atual
  analogWrite(selectedLED, 0);
  // Em seguida, escolha um novo.
  if (selectedLED == GREEN)
    selectedLED = RED;
  else if (selectedLED == RED)
    selectedLED = BLUE;
  else if (selectedLED == BLUE)
    selectedLED = GREEN;
}

void loop()
{
  for (int i = 0; i<256; i++)
  {
    analogWrite(selectedLED, i);
    delay(10);
  }
  for (int i = 255; i>= 0; i--)
  {
    analogWrite(selectedLED, i);
    delay(10);
  }
}
```

Quando você carregar isso, seu LED RGB deve começar a mudar gradualmente de intensidade e de cor. Cada vez que você pressiona o botão, uma nova cor irá predominar, com o mesmo brilho que a cor anterior.

NOTA   Você pode assistir a um vídeo de demonstração de interrupção de hardware no Arduino com o botão de debouncing em www.exploringarduino.com/content/ch12.

Usando interrupções por timer

Interrupções por hardware não são o único tipo de interrupção que pode ser disparada em um Arduino; também há interrupções por timer. O ATMega328 (o chip utilizado no Uno) tem três timers de hardware, que você pode usar para todo tipo de coisa diferente. Na verdade, a biblioteca Arduino padrão já utiliza esses timers para incrementar `Millis()`, operar `delay()` e ativar a saída PWM com `analogWrite()`. Embora não oficialmente suportado pela linguagem de programação Arduino (ainda), você também pode assumir controle manual de um desses timers para iniciar funções temporizadas, gerar sinais PWM arbitrários em qualquer pino e muito mais. Nesta seção, você aprenderá a usar uma biblioteca de terceiros (a biblioteca TimerOne) para assumir o controle manual do 16-bit Timer1 em placas Arduino baseadas no ATMega328. Bibliotecas similares estão disponíveis para fazer esses truques na Leonardo, e outras placas Arduino, mas esta seção concentra-se na Uno.

NOTA Timer1 é usado para ativar a saída PWM nos pinos 9 e 10; por isso, quando usar essa biblioteca, você não será capaz de executar `analogWrite()` nos pinos.

Entendendo interrupções por timer

Assim como um cronômetro em seu relógio, timers no Arduino contam a partir de zero, incrementando a cada ciclo de relógio do cristal oscilante que orienta o Arduino. Timer1 é um timer de 16 bits, o que significa que ele pode contar de zero a $2^{16}-1$, ou 65.535. Quando esse número é atingido, ele é redefinido de volta para zero e começa a contar novamente. A rapidez com que ele atinge esse número depende do divisor do relógio. Sem divisor, o relógio iria passar por 16 milhões de ciclos por segundo (16MHz), e iria transbordar e reiniciar esse contador muitas vezes por segundo. Mas você pode "dividir" o relógio, uma abordagem adotada por muitas funções e bibliotecas nativas do Arduino. A biblioteca TimerOne abstrai grande parte da complexidade de lidar com o timer, permitindo que você simplesmente configure um período de gatilho. Usando o timer, uma função pode ser disparada a cada número configurado de microssegundos.

Obtendo a biblioteca

Para começar, baixe a biblioteca TimerOne, a partir da página web Exploring Arduino deste capítulo ou diretamente a partir do link `https://code.google.com/p/arduino-timerone/downloads`. Descompacte-a (mas mantenha-a dentro de uma pasta chamada `TimerOne`), e copie-a para a pasta de bibliotecas do Arduino. O local padrão da pasta será diferente de acordo com seu sistema operacional:

- **Windows:** `Documents/Arduino/libraries`
- **Mac:** `Documents/Arduino/libraries`
- **Linux:** `/home/YOUR_USER_NAME/sketchbook/libraries`

Capítulo 12 ■ Interrupções por hardware e por timer   271

Se o ambiente de desenvolvimento integrado (IDE) do Arduino estava aberto quando você copiou a pasta TimerOne, certifique-se de reiniciá-lo para que a biblioteca seja carregada. Agora você está pronto para assumir o controle Timer1 com o Arduino.

Executando duas tarefas simultaneamente

É importante ter em mente que não existe isso que se chama de execução simultânea "verdadeira" em um Arduino. Interrupções apenas fazem parecer que várias coisas estão acontecendo ao mesmo tempo, permitindo que você alterne entre várias tarefas com extrema rapidez. Usando a biblioteca TimerOne que você acabou de instalar, você faz um LED piscar usando o timer enquanto executa outras funções dentro do loop(). No final do capítulo, você vai executar instruções de impressão serial no loop principal com atrasos, enquanto usa interrupções por timer para controlar luzes e sons simultaneamente. Para confirmar que a biblioteca está instalada corretamente, você pode carregar o programa mostrado na Listagem 12-2 para um Arduino Uno (sem outros componentes conectados). Ele deve piscar o LED integrado ligado ao pino 13. Esse LED pisca a cada segundo e é controlado pelo timer. Se você colocar qualquer outro código no loop(), esse código parecerá executar simultaneamente.

Listagem 12-2: Teste simples de piscar um LED com interrupção por timer — timer1.ino

```
// Usando interrupções por timer com o Arduino
#include <TimerOne.h>
const int LED=13;

void setup()
{
  pinMode(LED, OUTPUT);
  Timer1.initialize(1000000); // Configura um timer de 1000000
                              // microssegundos (1 segundo)
  Timer1.attachInterrupt(blinky); // Executa "blinky" a cada
                                  // interrupção por timer
}

void loop()
{
  // Coloque qualquer outro código aqui.
}

// Função de interrupção por timer
void blinky()
{
  digitalWrite(LED, !digitalRead(LED)); // Alterna o estado do LED
}
```

Ao chamar `Timer1.initialize`, você está definindo o período do timer em microssegundos. Neste caso, ele foi configurado para disparar a cada 1 segundo. (Há um milhão de microssegundos em 1 segundo.) Ao executar `Timer1.attachInterrupt()`, você pode escolher uma função que será executada toda vez que o período especificado expirar. Obviamente, a função que você chama deve levar menos tempo para executar do que o tempo entre as execuções.

Agora que pode implementar tanto interrupções por timer como por hardware, você pode desenvolver um hardware que tira proveito de ambos. Você fará isso na próxima seção.

Construindo um aparelho de som baseado em interrupção

Para finalizar e confirmar sua compreensão de interrupções por hardware e por timer, você construirá um "aparelho de som" que lhe permite percorrer e ouvir várias oitavas de cada nota em uma escala musical maior. O sistema utiliza um botão de interrupção com debounce por hardware para selecionar a nota tocada (C, A, B etc.). Uma interrupção por timer percorre todas as oitavas da nota em ordem até a próxima nota ser selecionada com o botão de pressão. No `loop()`, você pode executar uma interface de depuração serial simples que imprime o tom (*key*) e a altura (*pitch*) atuais na tela do computador. As notas começam na oitava 2 (abaixo disso, as notas não soam muito bem) e sobe até a oitava 6.

Calcular a frequência de cada oitava é fácil quando você sabe a frequência inicial. Considere o C, por exemplo. C2, onde estaremos começando, tem uma frequência de cerca de 65Hz. Para chegar a C3 (130Hz), multiplique a frequência de C2 por 2. Para obter C4, multiplique por 2 novamente, para obter 260Hz. A frequência de cada passo pode ser calculada como uma potência de 2 relacionada com a frequência inicial. Sabendo disso, você pode construir uma interrupção por timer que aumenta pela potência de 2 a cada passo no tempo.

Você pode alternar entre as notas da mesma maneira que alternou entre as cores de LED no exemplo anterior com o botão de pressão. Atribua frequências de base a cada nota, e alterne qual frequência de base é usada para `tone()` a cada vez que o botão é pressionado.

Hardware do aparelho de som

A configuração de hardware aqui é muito simples. Mantenha o botão do debounce conectado como você fez no exemplo LED RGB, e adicione um alto-falante ao pino 12 com um resistor de 150Ω. Eu usei um alto-falante piezo, mas você também pode usar um alto-falante maior. O circuito deve ser o mostrado na Figura 12-9.

Capítulo 12 ■ Interrupções por hardware e por timer

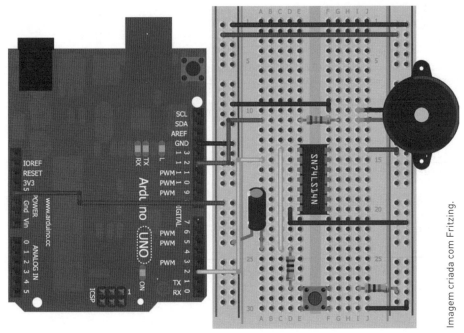

Figura 12-9: Diagrama esquemático do aparelho de som

Software do aparelho de som

O software para o aparelho de som utiliza interrupções por software e hardware, além de comunicação serial e tone() para controlar um alto-falante. Coloque o código da Listagem 12-3 no Arduino e pressione o botão na placa de teste para percorrer as frequências de base. Você pode abrir o monitor serial para ver a frequência que está tocando atualmente.

Listagem 12-3: Código do aparelho de som — fun_with_sound.ino

```
// Use interrupções por hardware e por timer para se divertir com som

// Inclui a biblioteca TimerOne
#include <TimerOne.h>

// Pinos do botão
const int BUTTON_INT =0;  // Interrupção 0 (pino 2 no Uno)
const int SPEAKER    =12; // Alto-falante no pino 12

// Tons musicais
#define NOTE_C 65
#define NOTE_D 73
#define NOTE_E 82
#define NOTE_F 87
```

274 Parte IV ■ Temas e projetos avançados

```cpp
#define NOTE_G 98
#define NOTE_A 110
#define NOTE_B 123

// Variáveis voláteis podem alterar interrupções internas
volatile int key = NOTE_C;
volatile int octave_multiplier = 1;

void setup()
{
  // Configura a porta serial
  Serial.begin(9600);

  pinMode (SPEAKER, OUTPUT);
  // O pino é invertido, assim queremos olhar para a borda de subida
  attachInterrupt(BUTTON_INT, changeKey, RISING);

  // Configura a interrupção por timer
  Timer1.initialize(500000); // (0,5 segundo)
  Timer1.attachInterrupt(changePitch); // Executa "changePitch" em cada
                                        // interrupção por timer
}

void changeKey()
{
  octave_multiplier = 1;
  if (key == NOTE_C)
    key = NOTE_D;
  else if (key == NOTE_D)
    key = NOTE_E;
  else if (key == NOTE_E)
    key = NOTE_F;
  else if (key == NOTE_F)
    key = NOTE_G;
  else if (key == NOTE_G)
    key = NOTE_A;
  else if (key == NOTE_A)
    key = NOTE_B;
  else if (key == NOTE_B)
    key = NOTE_C;
}

// Função de interrupção por timer
void changePitch()
{
  octave_multiplier = octave_multiplier * 2;
  if (octave_multiplier > 16) octave_multiplier = 1;
  tone(SPEAKER,key*octave_multiplier);
}

void loop()
```

```
{
  Serial.print("Key: ");
  Serial.print(key);
  Serial.print(" Multiplier: ");
  Serial.print(octave_multiplier);
  Serial.print(" Frequency: ");
  Serial.println(key*octave_multiplier);
  delay(100);
}
```

Você pode facilmente encontrar os tons musicais definidos no início com uma pesquisa na internet. Eles são as frequências da segunda oitava dessas notas. Observe que `key` e `octave_multiplier` devem ser declarados como inteiros voláteis porque serão alterados dentro das rotinas de interrupção. `changeKey()` é chamada cada vez que o botão interrupção é disparado. Ele muda o valor de base da oitava ao passar de tom para tom. `changePitch()` chama `tone()` para definir a frequência para o alto-falante. Ele é disparado a cada 0,5 segundo pela interrupção por timer. Cada vez que é disparado, essa função dobra a frequência da nota original até atingir 16 vezes a frequência original. Em seguida, a função reinicia na frequência de base da nota atual. Dentro do `loop()`, o tom, o multiplicador e a frequência atuais são impressos no monitor serial a cada 0,1 segundo.

NOTA   Para assistir a um vídeo de demonstração do aparelho de som, confira www.exploringarduino.com/content/ch12.

Resumo

Neste capítulo, você aprendeu:

- Há de se pesar as vantagens e desvantagens de sondar as entradas ou usar interrupções.
- Diferentes Arduinos têm diferentes capacidades de interrupção. O Due pode interromper qualquer pino de E/S, mas outros Arduinos têm pinos específicos habilitados para interrupção.
- O debounce dos botões pode ser feito por hardware usando um circuito RC e um gatilho de Schmitt.
- Pode-se fazer o Arduino responder às entradas assincronamente, anexando funções de interrupção.
- Você pode instalar uma biblioteca de timer de terceiros para adicionar funcionalidades de interrupção por timer ao Arduino.
- Você pode combinar interrupções por timer, interrupções por hardware e sondagem em um programa para permitir a execução de código pseudossimultânea.

CAPÍTULO 13

Registro de dados em log com cartões SD

Peças que você precisa para este capítulo

Arduino (Uno recomendado)

Cabo USB

Fonte de alimentação do Arduino (DC, USB ou bateria)

Sensor de distância IR

Placa de circuito de relógio em tempo real (ou circuito RTC automontado)

Shield de cartão SD

Cartão SD

Fios jumper

Matriz de contato

Computador com leitor de cartão SD

CÓDIGO E CONTEÚDO DIGITAL PARA ESTE CAPÍTULO

Downloads de código, vídeo e outros conteúdos digitais para este capítulo podem ser encontrados em www.exploringarduino.com/content/ch13.

Além disso, os códigos também podem ser encontrados em www.altabooks.com.br, procurando pelo nome do livro. Outra opção é em www.wiley.com/go/exploringarduino, na guia Download Code. Eles estão estão no arquivo chapter 13 download e individualmente nomeados de acordo com seus nomes ao longo do capítulo.

278 Parte IV ▪ Temas e projetos avançados

Há inúmeros exemplos de Arduinos sendo usados para registrar condições meteorológicas, condições atmosféricas a partir de balões meteorológicos, dados de entrada em ambientes, cargas elétricas em edificações e muito mais. Dado seu pequeno tamanho mínimo, consumo de energia e facilidade de integrar com uma vasta gama de sensores, Arduinos são uma escolha óbvia para construir coletores de dados, que são dispositivos que gravam e armazenam informações durante um período de tempo. Registradores de dados são frequentemente implantados em todo tipo de ambiente para coletar dados ambientais ou de usuário e armazená-lo em algum tipo de memória não volátil, como um cartão SD. Neste capítulo, você aprenderá tudo o que poderia querer saber sobre a interface com um cartão SD de um Arduino. Você aprenderá a gravar dados em um arquivo e ler as informações existentes em um cartão SD. Você usará um clock de tempo real para adicionar registros de data/hora precisos a seus dados. Você também aprenderá a exibir os dados em seu computador depois de recuperá-los.

> **NOTA** Para acompanhar um tutorial em vídeo sobre o registro de dados em log, confira www.jeremyblum.com/2011/04/05/tutorial-11-for-arduino-sd-cards-and-datalogging/.

> **NOTA** Para acompanhar um tutorial mais avançado sobre o log de localização de um receptor GPS, confira www.jeremyblum.com/2012/07/16/tutorial-15-for-arduino-gps-tracking/.

Preparando-se para o registro de dados em log

Sistemas de registro de dados em log são muito simples. Eles consistem geralmente em algum tipo de sistema de aquisição, como sensores analógicos, para obter dados. Eles também contêm algum tipo de memória para o armazenamento de quantidades substanciais de dados ao longo de um extenso período de tempo.

Este capítulo destaca algumas maneiras comuns como você pode usar um cartão SD com o Arduino para registrar dados úteis. Mas existem muitos usos para registro de dados em log. Eis uma breve lista de projetos em que você poderia usá-lo:

- Uma estação meteorológica para acompanhar luz, temperatura e umidade ao longo do tempo
- Um rastreador GPS e coletor de dados que mantém um registro de onde você esteve ao longo de um dia
- Um monitor de temperatura para seu computador desktop para relatar dados sobre quais componentes estão ficando mais quentes
- Um coletor de dados de luz que monitora quando, e por quanto tempo, as luzes são deixadas acesas em sua casa ou escritório

Mais adiante neste capítulo, você criará um sistema de registro de dados que usa um sensor de distância infravermelho (IR) para criar um registro de quando as pessoas entram e saem de uma sala.

Formatando dados com arquivos CSV

Arquivos CSV, ou valores separados por vírgula, será o formato de escolha para o armazenamento de dados com seu cartão SD. Arquivos CSV são fáceis de implementar com uma plataforma de microcontrolador e podem facilmente ser lidos e analisados por uma ampla gama de aplicações desktop, tornando-os adequados para esse tipo de tarefa. Um arquivo CSV padrão geralmente é algo assim:

```
Date,Time,Value1,Value2
2013-05-15,12:00,125,255
2013-05-15,12:30,100,200
2013-05-15,13:00,110,215
```

As linhas são delimitadas por quebras de linha, e as colunas são delimitadas por vírgulas. Como as vírgulas são usadas para distinguir colunas de dados, o principal requisito é que seus dados não podem ter vírgulas dentro dele. Além disso, cada linha geralmente deve ter sempre o mesmo número de entradas. Quando aberto com um programa de planilha no computador, o arquivo CSV anterior seria algo parecido com a Tabela 13-1.

Tabela 13-1: Um arquivo CSV importado

DATE	TIME	VALUE1	VALUE2
2013-05-15	12:00	125	255
2013-05-15	12:30	100	200
2013-05-15	13:00	110	215

Como os arquivos CSV são apenas texto simples, o Arduino pode facilmente gravar dados neles usando os familiares comandos no estilo de `print()` e `println()`. Por outro lado, Arduinos também podem analisar arquivos CSV com relativa facilidade, procurando por um caractere de quebra de linha e delimitadores de comando para encontrar a informação certa.

Preparando um cartão SD para registro de dados em log

Antes de iniciar o registro de dados em log com o Arduino, prepare o cartão SD que você planeja usar. O tipo de cartão SD que você empregará vai depender do tipo de shield que está usando. Alguns usam cartões SD de tamanho grande, outros usam cartões micro SD. A maioria dos cartões micro SD vem de fábrica com um adaptador que permite conectá-los a leitores de cartões SD de tamanho padrão. Para completar os exercícios neste capítulo, você precisa de um leitor de cartão SD para seu computador (seja interno ou externo).

A maioria dos novos cartões SD já estará devidamente formatada e pronta para uso com um Arduino. Se seu cartão não é novo, ou já tem coisas nele, primeiro formate o cartão em FAT16 (às vezes chamado apenas de FAT) ou FAT32. Cartões de 2GB ou menos devem ser formatados como FAT16, e os cartões maiores devem ser formatados como FAT32. Neste capítulo, os exemplos usam um cartão micro SD de 2GB formatado como FAT16. Note que a formatação do cartão remove tudo que há nele, mas isso garante que o cartão está pronto para ser usado com o Arduino. Se seu cartão SD é novo, você pode pular essas etapas e voltar para concluí-las somente se tiver problemas ao acessar o cartão a partir do Arduino quando executar o sketch mais adiante neste capítulo.

A formatação do cartão SD a partir do Windows é fácil:

1. Insira o cartão SD no leitor de cartão; ele deve aparecer em Meu Computador (veja a Figura 13-1).

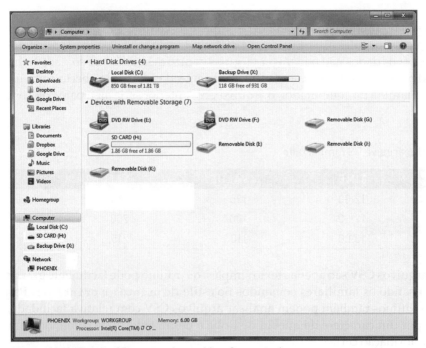

Figura 13-1: Cartão SD mostrado em Meu Computador

2. Clique com o botão direito no cartão (que provavelmente terá um nome diferente), e selecione a opção Formatar (veja a Figura 13-2). Aparecerá uma janela com opções para formatar o cartão.

Capítulo 13 ■ Registro de dados em log com cartões SD

Figura 13-2: Opção de formato selecionada

3. Escolha o tipo de sistema de arquivos (FAT para cartões de 2GB e menores, FAT32 para cartões maiores), use o tamanho de alocação padrão e escolha um rótulo de volume. (Eu escolhi LOG, mas você pode escolher o que quiser.) A Figura 13-3 mostra a configuração de um cartão de 2GB.

Figura 13-3: Janela de opção de formato

282   Parte IV ▪ Temas e projetos avançados

4. Clique no botão Iniciar para formatar o cartão SD.

Em um Mac, o processo é igualmente simples:

1. Utilize o Finder para localizar e abrir o aplicativo Utilitário de Disco.

2. Clique no cartão SD no painel esquerdo, e clique na aba Apagar. Escolha MS-DOS (FAT) para o formato.

3. Clique em Apagar. Isso irá formatar o cartão como FAT16, independentemente de sua capacidade. (Macs não podem formatar cartões nativamente como FAT32.)

No Linux, você pode formatar o cartão a partir do terminal. A maioria das distribuições do Linux monta o cartão automaticamente quando você o insere:

1. Insira o cartão, e uma janela deve aparecer, mostrando o cartão.

2. Abra um terminal e digite **df** para obter uma lista das mídias montadas. O resultado deve ser semelhante à Figura 13-4.

   A última entrada deve ser seu cartão SD. Em meu sistema, ele foi montado como /dev/mmcblk0p1, mas pode ser diferente no seu.

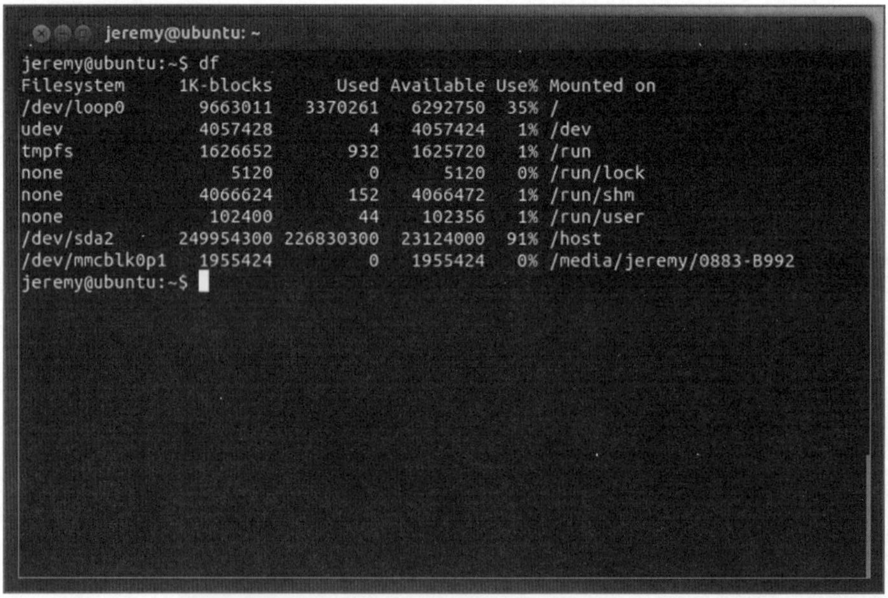

```
jeremy@ubuntu: ~
jeremy@ubuntu:~$ df
Filesystem      1K-blocks       Used Available Use% Mounted on
/dev/loop0       9663011    3370261   6292750  35% /
udev             4057428          4   4057424   1% /dev
tmpfs            1626652        932   1625720   1% /run
none                5120          0      5120   0% /run/lock
none             4066624        152   4066472   1% /run/shm
none              102400         44    102356   1% /run/user
/dev/sda2      249954300  226830300  23124000  91% /host
/dev/mmcblk0p1   1955424          0   1955424   0% /media/jeremy/0883-B992
jeremy@ubuntu:~$ 
```

Figura 13-4: Comando df do Linux

3. Desmonte o cartão antes de formatá-lo usando o comando **umount**. O argumento será o nome do cartão SD (veja a Figura 13-5).

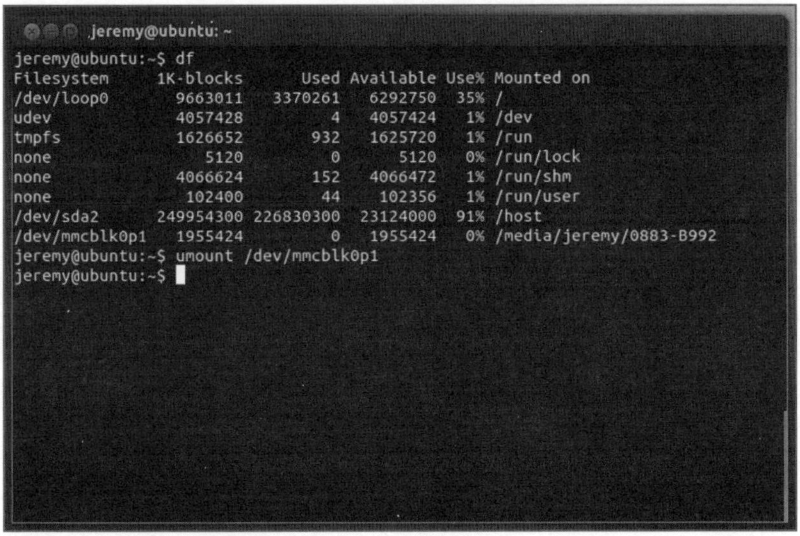

Capítulo 13 ■ Registro de dados em log com cartões SD   283

```
jeremy@ubuntu: ~
jeremy@ubuntu:~$ df
Filesystem      1K-blocks        Used Available Use% Mounted on
/dev/loop0        9663011     3370261   6292750  35% /
udev              4057428           4   4057424   1% /dev
tmpfs             1626652         932   1625720   1% /run
none                 5120           0      5120   0% /run/lock
none              4066624         152   4066472   1% /run/shm
none               102400          44    102356   1% /run/user
/dev/sda2       249954300   226830300  23124000  91% /host
/dev/mmcblk0p1    1955424           0   1955424   0% /media/jeremy/0883-B992
jeremy@ubuntu:~$ umount /dev/mmcblk0p1
jeremy@ubuntu:~$ █
```

Figura 13-5: Desmontando o cartão SD no Linux

4. Formate o cartão usando o comando `mkdosfs`. Você pode precisar executar o comando como um superusuário (usando o comando `sudo`). Você vai passar o flag `-F`, especificando a utilização de um sistema de arquivos FAT. Você pode incluir 16 ou 32 como o argumento do flag para escolher FAT16 ou FAT32. Para formatar um cartão que foi montado como /dev/mmcblk0p1, você usa o comando `sudo mkdosfs -F 16 /dev/mmcblk0p1` (veja a Figura 13-6).

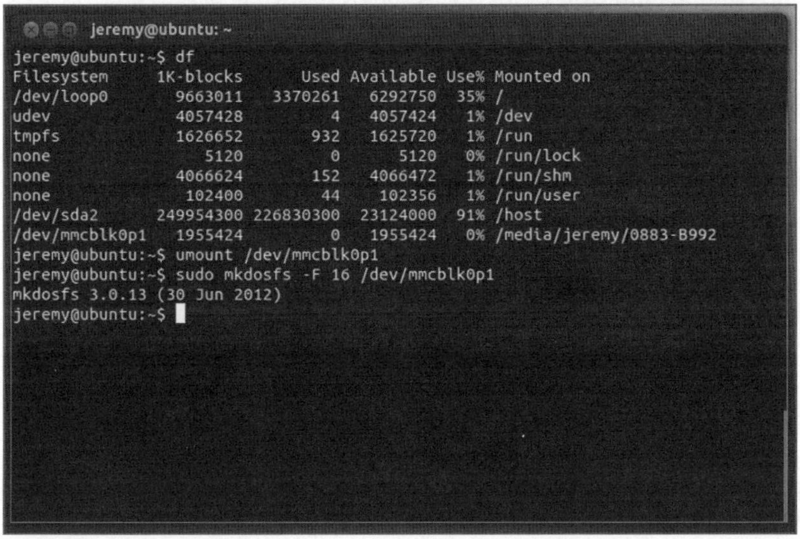

```
jeremy@ubuntu: ~
jeremy@ubuntu:~$ df
Filesystem      1K-blocks        Used Available Use% Mounted on
/dev/loop0        9663011     3370261   6292750  35% /
udev              4057428           4   4057424   1% /dev
tmpfs             1626652         932   1625720   1% /run
none                 5120           0      5120   0% /run/lock
none              4066624         152   4066472   1% /run/shm
none               102400          44    102356   1% /run/user
/dev/sda2       249954300   226830300  23124000  91% /host
/dev/mmcblk0p1    1955424           0   1955424   0% /media/jeremy/0883-B992
jeremy@ubuntu:~$ umount /dev/mmcblk0p1
jeremy@ubuntu:~$ sudo mkdosfs -F 16 /dev/mmcblk0p1
mkdosfs 3.0.13 (30 Jun 2012)
jeremy@ubuntu:~$ █
```

Figura 13-6: Formatando o cartão SD no Linux

284 Parte IV ▪ Temas e projetos avançados

Seu cartão SD agora deve estar formatado e pronto para ser usado! Agora você está pronto para começar a interfacear com o cartão SD por meio de um shield de cartão SD.

A interface do Arduino com um cartão SD

Cartões SD, como rádios XBee que você usou no Capítulo 11, "Comunicação sem fio com rádios XBee", são dispositivos de 3,3V. Portanto, é importante se conectar a cartões SD por meio de um shield que controla adequadamente a mudança de nível lógico e a alimentação de tensão para o cartão SD. Além disso, a comunicação SD pode ser feita usando o barramento de interface periférica serial (SPI), algo com que você já deve estar familiarizado depois de ter lido o Capítulo 9, "O barramento SPI". A linguagem Arduino vem com uma biblioteca acessível (a biblioteca SD) que abstrai a comunicação SPI de baixo nível e permite ler e gravar arquivos armazenados no cartão SD facilmente. Você usará essa biblioteca em todo o capítulo.

Shields de cartão SD

Você tem um enorme número de opções para adicionar recursos de registro de dados em log ao Arduino. É impossível fornecer a documentação para cada shield disponível, de modo que esse debate mantém os exemplos gerais o suficiente para que eles possam ser aplicados à maioria dos shields com capacidades de conexão de cartão SD. Esta seção identifica alguns dos shields mais populares e os prós e contras do uso de cada um.

Todos os shields têm as seguintes coisas em comum:

- Eles se conectam a pinos SPI via o header de programação de 6 pinos ou por meio de pinos digitais multiplexados. Estes são os pinos 11, 12 e 13 no Uno, e os pinos 50, 51, e 52 em placas Mega. Os pinos SPI do Leonardo estão localizados apenas no header de programação serial integrado no circuito (*in-circuit serial programming*, ICSP).

- Eles designam um pino CS (*chip select*), que pode ou não pode ser o pino CS padrão (10 em placas não Mega, 53 em placas Mega).

- Eles fornecem 3,3V para o cartão SD e farão o deslocamento dos níveis lógicos.

Eis uma lista dos shields mais comuns:

- **Cooking Hacks Micro SD shield** (www.exploringarduino.com/parts/cooking-hacks-SD-shield). Esse shield é utilizado para ilustrar os exemplos neste capítulo. Esse é o menor shield dos listados aqui (e não um shield de tamanho normal), e pode ser conectado a uma fila de pinos de header (8–13 no Uno), ou ao header ICSP de 6 pinos do Arduino. Quando conectado aos pinos 8–13, o pino padrão 10 está ligado ao CS. Quando ligado ao conector ISP, o pino CS pode ser conectado a qualquer pino que você quiser. Isso é útil se você estiver utilizando outro shield que requer o uso do pino 10. Essa placa vem de fábrica com um cartão SD de 2GB (veja a Figura 13-7).

Figura 13-7: Shield Cooking Hacks MicroSD

- **Official Arduino Wireless SD shield** (www.exploringarduino.com/parts/arduino-wireless-shield). Esse é o primeiro de vários shields Arduino "oficiais" com suporte a cartão SD. Esse shield inclui circuitos para adicionar tanto um rádio XBee como um cartão SD ao Arduino, tornando mais fácil combinar lições deste capítulo com aulas do Capítulo 11. Nesse shield, o pino CS do cartão SD é conectado ao pino 4 do Arduino. Você deve manter o pino 10 como uma saída, e também especificar que o pino 4 é seu CS quando executando seu sketch com esse shield (veja a Figura 13-8).

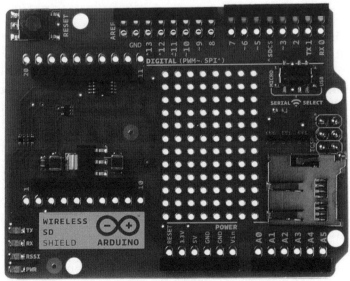

Figura 13-8: Shield Arduino Wireless SD

- **Official Arduino Ethernet SD shield** (www.exploringarduino.com/parts/arduino-ethernet-shield). O shield Arduino Ethernet permite que o Arduino se conecte a uma rede com fio. Ele implementa uma interface de cartão SD, também, embora seu principal objetivo seja permitir o armazenamento de arquivos para acesso via rede. Tanto o controlador Ethernet como o cartão SD são dispositivos SPI nesse shield; o CS controlador de Ethernet é conectado ao pino 10, e o CS do cartão SD é conectado ao pino 4 (veja a Figura 13-9).

Figura 13-9: Shield Arduino Ethernet SD

- **Official Arduino Wi-Fi SD shield** (www.exploringarduino.com/parts/arduino-wifi-shield). Esse shield também implementa a conectividade de rede, mas tira proveito de um rádio Wi-Fi para fazer isso. Pelas mesmas razões que o shield Ethernet, ele também abriga um leitor/gravador de cartão SD. Tal como acontece com o shield Ethernet, CS controlador de Wi-Fi é o pino 10, e o CS do cartão SD é o pino 4. Você deve tomar cuidado para não tentar ativar simultaneamente ambos os dispositivos; apenas uma linha de CS pode estar ativa de cada vez (nível lógico baixo), como ocorre com todas as configurações do SPI (veja a Figura 13-10).

Capítulo 13 ■ Registro de dados em log com cartões SD

Figura 13-10: Shield Arduino Wi-Fi SD

- **Adafruit data logging shield** (www.exploringarduino.com/parts/adafruit-data-logging-shield). Esse shield é particularmente adequado para as experiências que você vai fazer mais tarde neste capítulo porque inclui tanto um chip de relógio em tempo real (*real-time clock*, RTC) como uma interface de cartão SD. Esse shield liga o cartão SD ao pino CS padrão e conecta um chip de clock em tempo real ao barramento I²C (veja a Figura 13-11).

Figura 13-11: Shield Adafruit data logging

- **SparkFun MicroSD shield** (www.exploringarduino.com/parts/spark-fun-microSD-shield). Esse shield é, como o shield Cooking Hacks, um shield minimalista que só tem um slot para cartão SD. Mas ele também tem uma área de prototipagem para permitir que você solde componentes adicionais. Ele conecta o pino CS do cartão SD ao pino 8 no Arduino, de modo você deve especificar isso quando utilizar a biblioteca de cartão SD com esse shield (veja a Figura 13-12).

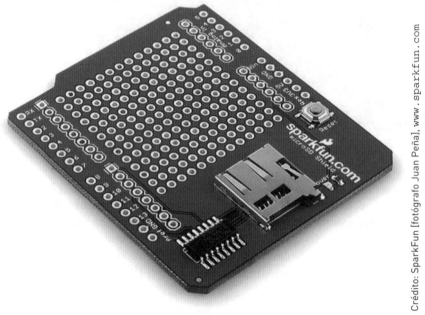

Figura 13-12: Shield SparkFun MicroSD

Interface SPI de cartão SD

Como mencionado anteriormente, o Arduino se comunica com o cartão SD por meio de uma interface SPI. Isso requer a utilização de um pino MOSI (*master output, slave input*), MISO (*master input, slave output*), SCLK (*serial clock*) e CS (*chip select*). Você usará a biblioteca de cartão SD do Arduino para completar os exemplos a seguir. Presume-se que você está usando os pinos SPI de hardware no Arduino e um pino CS padrão, ou um personalizado. A biblioteca de cartão SD deve ter o pino CS padrão definido como uma saída para funcionar corretamente, mesmo se você estiver usando um pino CS diferente. No caso da Uno, esse é o pino 10; no caso da Mega, esse é o pino 53. Os exemplos a seguir usam a Uno com o pino de CS 10 padrão.

Gravando em um cartão SD

Primeiro, você usa a biblioteca de cartão SD para gravar alguns dados de exemplo no cartão SD. Mais adiante no capítulo, você irá capturar alguns dados de sensor e gravá-los diretamente no cartão SD. Os dados são armazenados em um arquivo chamado log.csv que posteriormente pode ser aberto no computador. É importante notar que se você formatou seu cartão de FAT16, os nomes de arquivos que você usa devem estar no formato 8.3. Isso significa que a extensão deve ser de três caracteres, e o nome do arquivo deve ter oito caracteres ou menos.

Certifique-se de que seu shield SD está montado corretamente no Arduino e que você tem um cartão SD inserido. Quando montado, o shield Cooking Hacks SD se parece com a Figura 13-13. (Os pinos são inseridos nos pinos 8–13, e o jumper está no lado direito quando visto desse ângulo.)

Figura 13-13: Shield de cartão SD montado

Para fins de depuração, você vai tirar proveito da funcionalidade de geração de relatórios de muitas funções de cartão SD. Por exemplo, para iniciar a comunicação com um cartão SD, você chama a seguinte função em seu setup:

```
if (!SD.begin(CS_pin))
{
  Serial.println("Card Failure");
```

290 Parte IV ▪ Temas e projetos avançados

```
 return;
}
Serial.println("Card Ready");
```

Observe que, em vez de apenas chamar `SD.begin(CS_pin)`, a função é executada dentro de uma instrução `if`. Esta tenta inicializar o cartão SD e retorna um status. Se a função retornar `true`, o programa prossegue, e uma mensagem de sucesso é impressa no terminal serial. Se ela retornar `false`, uma mensagem de falha é relatada, e o comando `return` suspende a execução do programa.

Você usará uma abordagem semelhante quando estiver pronto para escrever uma nova linha de dados em um arquivo de log. Se quiser escrever "hello" em uma nova linha no arquivo, o código ficaria assim:

```
File dataFile = SD.open("log.csv", FILE_WRITE);
if (dataFile)
{
  dataFile.println("hello");
  dataFile.close(); // Os dados não são gravados até fecharmos a conexão!
}
else
{
  Serial.println("Couldn't open log file");
}
```

Essa primeira linha cria um novo arquivo (ou abre o arquivo se ele existir) chamado log.csv no cartão SD. Se o arquivo for aberto/criado com êxito, a variável `dataFile` será `true`, e o processo de gravação será iniciado. Se for `false`, um erro é relatado para o monitor serial. Gravar novas linhas em um arquivo é fácil: basta executar `dataFile.println()` e passar o que quer gravar para uma nova linha. Você também pode usar `print()` para evitar acrescentar um caractere de quebra de linha no final. Este é enviado a um buffer, e só é realmente adicionado ao arquivo depois que o comando `close` é chamado sobre o mesmo `File`.

Agora, você pode juntar todo esse conhecimento em um programa simples que irá criar um arquivo log.csv em seu cartão SD e gravar um registro de data/hora separado por vírgula e a frase a cada 5 segundos. Em cada linha do arquivo CSV, você registra a data/hora atual a partir de `millis()` e uma frase simples. Isso pode não parecer muito útil, mas é um passo importante para testar antes de você começar a adicionar as medições reais nos próximos exemplos. O código deve ser algo parecido com a Listagem 13-1.

Listagem 13-1: Teste de gravação de cartão SD — write_to_sd.ino

```
// Grava no cartão SD

#include <SD.h>
```

Capítulo 13 ∎ Registro de dados em log com cartões SD   291

```cpp
// Configurado por padrão para a biblioteca de cartão SD
// MOSI = pino 11
// MISO = pino 12
// SCLK = pino 13
// Sempre precisamos configurar o pino CS
const int CS_PIN = 10;

// Configuramos essa porta com nível lógico para fornecer energia
const int POW_PIN =8;

void setup()
{
  Serial.begin(9600);
  Serial.println("Initializing Card");
  // O pino CS é uma saída
  pinMode(CS_PIN, OUTPUT);

  // O cartão irá puxar a energia do pino 8, portanto configure-o como alto
  pinMode(POW_PIN, OUTPUT);
  digitalWrite(POW_PIN, HIGH);

  if (!SD.begin(CS_PIN))
  {
    Serial.println("Card Failure");
    return;
  }
  Serial.println("Card Ready");
}

void loop()
{
  long timeStamp = millis();
  String dataString = "Hello There!";

  // Abre um arquivo e grava nele.
  File dataFile = SD.open("log.csv", FILE_WRITE);
  if (dataFile)
  {
    dataFile.print(timeStamp);
    dataFile.print(",");
    dataFile.println(dataString);
    dataFile.close(); // Os dados não são realmente gravados até
                      // fecharmos a conexão!

    // Imprime a mesma coisa na tela para depuração
    Serial.print(timeStamp);
    Serial.print(",");
    Serial.println(dataString);
  }
  else
```

```
{
  Serial.println("Couldn't open log file");
}
delay(5000);
}
```

Você deve observar algumas coisas importantes aqui, especialmente se não estiver usando o mesmo shield de cartão MicroSD Hacks Cooking:

- CS_PIN deve ser configurado como o pino em que seu cartão SD CS está conectado. Se não for 10, você também deve adicionar pinMode(10, OUTPUT) dentro de setup(); caso contrário, a biblioteca SD não vai funcionar.

- Esse shield especial puxa energia do pino 8 (em vez de ser conectado diretamente a uma fonte de 5V). Portanto, POW_PIN deve ser configurado como uma saída e como HIGH na função setup para ligar o shield de cartão SD.

- A cada passagem pelo loop, a variável timestamp é atualizada com o tempo atual decorrido em milissegundos. Deve ser do tipo long porque vai gerar um número maior que 16 bits (o tamanho padrão de um tipo inteiro do Arduino).

Como você viu anteriormente, o arquivo é aberto para gravação e dados são acrescentados em um formato separado por vírgulas. Os mesmos dados também são impressos no terminal serial para fins de depuração. Isso não é explicitamente necessário, e você não vai usá-lo depois de colocar o coletor de dados "em campo". Mas é útil para a confirmação de que tudo está funcionando. Se abrir o terminal serial, você deve ver algo como a Figura 13-14.

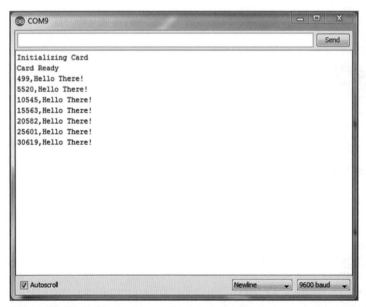

Figura 13-14: Saída de depuração do cartão SD

Capítulo 13 ■ Registro de dados em log com cartões SD   293

Se você receber erros, certifique-se de que seu shield está recebendo energia, que o cartão SD está inserido completamente e que o cartão foi formatado corretamente. Você pode confirmar que os dados estão sendo gravados corretamente retirando o cartão SD, inserindo-o no computador, e abrindo-o com um programa de planilha (veja a Figura 13-15). Observe como os dados separados por vírgulas são automaticamente colocados em linhas e colunas com base na localização dos caracteres delimitadores (vírgulas e novas linhas).

	A	B
1	10	Hello There!
2	5030	Hello There!
3	10049	Hello There!
4	15067	Hello There!
5	20085	Hello There!
6	25104	Hello There!
7	30123	Hello There!
8	35141	Hello There!
9	40160	Hello There!
10	45178	Hello There!
11	50197	Hello There!
12	55218	Hello There!
13	60239	Hello There!
14	65258	Hello There!
15	70277	Hello There!
16	75295	Hello There!
17	80313	Hello There!

Figura 13-15: Dados registrados em uma planilha

Lendo um cartão SD

Agora é hora de aprender a ler cartões SD. Isso não é usado tão comumente para registro de dados, mas pode ser útil para configurar os parâmetros do programa. Por exemplo, você pode especificar a frequência com que deseja que os dados sejam registrados. Isso é o que você faz a seguir.

Insira o cartão SD no computador e crie um novo arquivo TXT chamado speed.txt no cartão SD. Nesse arquivo, basta digitar o tempo de atualização em milissegundos que você deseja usar. Na Figura 13-16, você pode ver que eu o configurei como 1000ms, ou 1 segundo.

Figura 13-16: Criando o arquivo de comando de velocidade

Depois de escolher uma velocidade de atualização desejada, salve o arquivo no cartão SD e coloque-o de volta no shield Arduino. Agora você modificará o programa para ler esse arquivo, extrair o campo desejado e usá-lo para definir a velocidade de atualização do registro de dados.

Para abrir um arquivo para leitura, você usa o mesmo comando SD.open que usou anteriormente, mas não precisa especificar o parâmetro FILE_WRITE. Como a classe File que está usando herda da classe stream (assim como a classe Serial), você pode usar muitos dos mesmos comandos úteis, como parseInt(), que já usou em capítulos anteriores. Para abrir e ler a velocidade de atualização do arquivo, tudo que você tem a fazer é isto:

```
File commandFile = SD.open("speed.txt");
if (commandFile)
{
  Serial.println("Reading Command File");
```

Capítulo 13 ∎ Registro de dados em log com cartões SD 295

```
    while(commandFile.available())
    {
      refresh_rate = commandFile.parseInt();
    }
    Serial.print("Refresh Rate = ");
    Serial.print(refresh_rate);
    Serial.println("ms");
  }
  else
  {
    Serial.println("Could not read command file.");
    return;
  }
```

Isso abre o arquivo para leitura e analisa quaisquer inteiros lidos. Como você definiu apenas uma variável, ele pega essa variável e a salva na variável da taxa de atualização, que precisaria ser definida no início do programa. Você pode abrir apenas um arquivo de cada vez, e é uma boa prática fechar um arquivo quando você terminar de ler ou gravar dados em um cartão.

Agora você pode integrar isso no programa de gravação anterior para ajustar a velocidade de gravação com base no arquivo speed.txt, como mostrado na Listagem 13-2.

Listagem 13-2: Gravação e leitura de cartão SD — sd_read_write.ino

```
// Gravação e leitura de cartão SD

#include <SD.h>

// Configurado por padrão para a biblioteca de cartão SD
// MOSI = pino 11
// MISO = pino 12
// SCLK = pino 13
// Sempre precisamos configurar o pino CS
const int CS_PIN  =10;
const int POW_PIN =8;

// Velocidade padrão de 5 segundos
int refresh_rate = 5000;

void setup()
{
  Serial.begin(9600);
  Serial.println("Initializing Card");
  // O pino CS é uma saída
  pinMode(CS_PIN, OUTPUT);
  // O cartão puxará a energia do pino 8; portanto, configure-o como alto
  pinMode(POW_PIN, OUTPUT);
```

296 Parte IV ■ Temas e projetos avançados

```cpp
digitalWrite(POW_PIN, HIGH);

if (!SD.begin(CS_PIN))
{
  Serial.println("Card Failure");
  return;
}
Serial.println("Card Ready");

// Lê as informações de configuração (speed.txt)
File commandFile = SD.open("speed.txt");
if (commandFile)
{
    Serial.println("Reading Command File");

    while(commandFile.available())
    {
      refresh_rate = commandFile.parseInt();
    }
    Serial.print("Refresh Rate = ");
    Serial.print(refresh_rate);
    Serial.println("ms");
    commandFile.close(); // Fecha o arquivo ao terminar
}
else
{
  Serial.println("Could not read command file.");
  return;
}
}

void loop()
{
  long timeStamp = millis();
  String dataString = "Hello There!";

  // Abre um arquivo e grava nele.
  File dataFile = SD.open("log.csv", FILE_WRITE);
  if (dataFile)
  {
    dataFile.print(timeStamp);
    dataFile.print(",");
    dataFile.println(dataString);
    dataFile.close(); // Os dados não são realmente gravados até
                      // fecharmos a conexão!

    // Imprime a mesma coisa na tela para depuração
    Serial.print(timeStamp);
    Serial.print(",");
    Serial.println(dataString);
```

```
    }
    else
    {
      Serial.println("Couldn't open log file");
    }
    delay(refresh_rate);
}
```

Agora, quando você executar esse programa, os dados devem ser gravados à velocidade que você especificar. Olhar para o terminal serial confirma isso (veja a Figura 13-17).

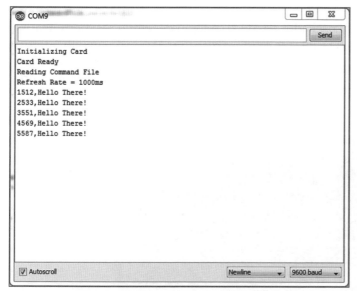

Figura 13-17: Registro de dados na velocidade especificada pelo arquivo de comando

Usando um relógio de tempo real

Quase todos os aplicativos de registro de dados irão se beneficiar do uso de um relógio de tempo real. Usar um relógio de tempo real dentro de seu sistema permite fazer um registro de data/hora das medições para que você possa mais facilmente monitorar quando certos eventos ocorreram. Na seção anterior, você simplesmente usou millis() para monitorar o tempo decorrido desde que o Arduino foi ligado. Nesta seção, você usa um circuito integrado dedicado com relógio de tempo real para manter o tempo exato de modo que quando você salvar os dados no cartão SD esse tempo corresponda à data/hora em que os dados foram obtidos.

Entendendo relógios de tempo real

Relógios de tempo real fazem exatamente o que seu nome sugere. Você configura o tempo uma vez, e eles mantêm o tempo muito precisamente, mesmo tendo em conta os anos bissextos e coisas dessa natureza. Este exemplo usa o popular circuito integrado com relógio de tempo real DS1307.

Usando o relógio de tempo real DS1307

O relógio de tempo real se comunica com o Arduino por meio de uma conexão I²C e se conecta a uma bateria de célula tipo moeda que lhe permitirá manter o tempo por vários anos. Um cristal oscilador ligado ao relógio de tempo real permite uma cronometragem precisa. Para facilitar as coisas, sugiro usar a placa de circuito Adafruit DS1307 (www.exploringarduino.com/parts/adafruit-DS1307-breakout); que combina o CI, o oscilador, uma bateria de célula, um capacitor de desacoplamento, e os resistores pull-up I²C em um belo pacote que pode ser facilmente montado no Arduino (veja a Figura 13-18).

Figura 13-18: Circuito de relógio de tempo real montado em um Arduino

As demais instruções assumem que você está utilizando essa placa de circuito. Mas você pode montar facilmente esses componentes em uma matriz de contatos e conectá--los diretamente ao Arduino. O cristal é uma unidade de 32.768kHz, e os resistores pull-up I²C são de 2,2kilohms. A bateria é de célula do tipo moeda de 3,0V padrão. Se optar por montá-lo você mesmo, poderá comprar todos esses componentes e colocá-los em uma matriz de contatos, como mostrado na Figura 13-19.

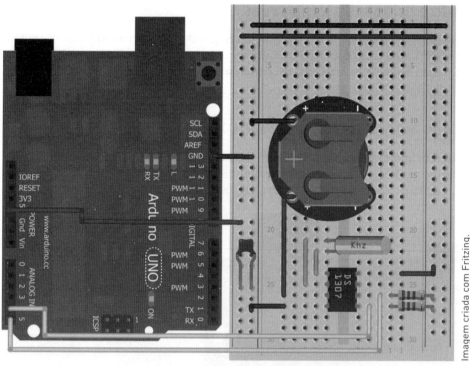

Figura 13-19: Circuito de relógio de tempo real montado na placa de teste

Usando a RTC Arduino Third-Party Library

Como no capítulo anterior, você novamente usará uma biblioteca de terceiros para estender as capacidades do Arduino. Nesse caso, é para facilitar a comunicação com o chip de relógio de tempo real (RTC). Não surpreendentemente, a biblioteca chama-se *RTClib*. A biblioteca foi desenvolvida originalmente por JeeLabs, e foi atualizado pela Adafruit Industries. Um link para baixar a biblioteca pode ser encontrado na página da web deste capítulo: www.exploringarduino.com/content/ch13. Baixe a biblioteca e a adicione à pasta de biblioteca do usuário do Arduino, assim como você fez no capítulo anterior. Certifique-se de que o nome da pasta não tem traços nele; sublinhados são aceitos.

A biblioteca é fácil de usar. Na primeira vez que executa o código de exemplo, você usa a função RTC.adjust para obter automaticamente a data/hora atual de seu computador no momento da compilação e usa isso para configurar o relógio. Desse ponto em diante, o RTC é executado de forma autônoma, e você pode obter a data/hora atual a partir dele executando o comando RTC.now(). Na próxima seção, você usa essa funcionalidade para habilitar o registro em tempo real.

Usando o relógio de tempo real

Agora é hora de combinar o cartão SD e o relógio de tempo real, juntamente com a biblioteca RTC que você acabou de baixar, para ativar o registro em log usando registros de data/hora reais. Você atualiza seu sketch mais uma vez para usar os valores RTC em vez dos valores de millis.

Instalando os módulos de cartão de RTC e SD

Em primeiro lugar, certifique-se de que o shield de cartão SD e o RTC estão conectados ao Arduino. Se você estiver usando o shield SD Cooking Hacks e o shield Adafruit RTC, a montagem deve se parecer com a Figura 13-20.

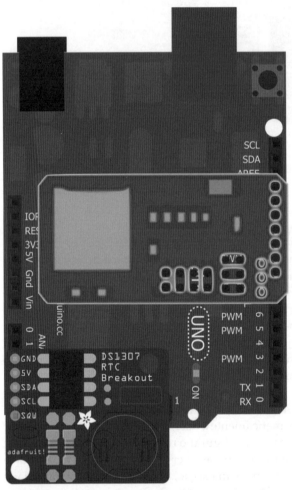

Figura 13-20: Arduino com cartão SD montado e placas de circuito RTC

Capítulo 13 ■ Registro de dados em log com cartões SD   301

Note que o último pino no RTC está fora do Arduino; é uma onda quadrada gerada pelo RTC que você não vai usar. No código, você precisa puxar A2 para o terra e A3 para 5V para garantir que o circuito RTC seja alimentado. Se você montou seu próprio circuito RTC em uma matriz de contatos, a configuração vai parecer um pouco diferente.

Atualizando o software

Agora, você adiciona a funcionalidade RTC ao software. Você precisa adicionar algumas coisas a seu programa anterior para obter o RTC integrado:

- Incluir as bibliotecas RTC
- Alimentar o módulo RTC
- Inicializar o objeto RTC
- Configurar a data/hora RTC usando a data/hora do computador, se esta não estiver configurada
- Gravar a data e a hora reais no arquivo de log

Além disso, nessa revisão de código, adicionei um cabeçalho de coluna que é impresso toda vez que o código é iniciado. Dessa forma, mesmo se estiver anexando a um arquivo CSV existente, você poderá facilmente se localizar sempre que o registro for reiniciado.

ATENÇÃO Se, ao executar o programa, você perceber que ele simplesmente para depois de um curto período de tempo, talvez esteja ficando sem memória RAM. Na maioria dos casos, isso pode ser atribuído às strings que ocupam uma grande quantidade de RAM, especialmente dentro de suas instruções `Serial.print` e `Serial.println`. Você pode resolver esse problema removendo instruções de impressão serial, ou dizendo para o Arduino armazenar essas strings na memória flash em vez de na memória RAM. Você pode armazenar strings de caracteres na memória flash envolvendo a string de impressão serial em um `F()`, como neste exemplo: `Serial.println(F("Hello"));`. Esse método foi utilizado na Listagem 13-3.

O programa atualizado é mostrado na Listagem 13-3, usando o RTC como um relógio para registro de dados. Ela move a maioria das strings para a memória flash a fim de economizar RAM usando a técnica explicada na seção Atenção anterior.

Listagem 13-3: Leitura e gravação de cartão SD com um RTC — sd_read_write_rtc.ino

```
// Leitura e gravação de cartão SD com um RTC

#include <SD.h>    // Biblioteca do cartão SD
#include <Wire.h>  // Para o RTC
#include "RTClib.h" // Para o RTC

// Define os pinos
// O cartão SD está nos pinos SPI padrão
// O RTC está no padrão nos pinos de I2C
```

302 Parte IV ▪ Temas e projetos avançados

```cpp
const int CS_PIN       =10;
const int SD_POW_PIN  =8;
const int RTC_POW_PIN =A3;
const int RTC_GND_PIN =A2;

// Velocidade padrão de 5 segundos
int refresh_rate = 5000;

// Define um objeto RTC
RTC_DS1307 RTC;

// Inicializa as strings
String year, month, day, hour, minute, second, time, date;

void setup()
{
  Serial.begin(9600);
  Serial.println(F("Initializing Card"));

  // Pino CS e pinos pwr/gnd são saídas
  pinMode(CS_PIN,    OUTPUT);
  pinMode(SD_POW_PIN, OUTPUT);
  pinMode(RTC_POW_PIN, OUTPUT);
  pinMode(RTC_GND_PIN, OUTPUT);

  // Pinos de alimentação e terra para ambos os módulos
  digitalWrite(SD_POW_PIN, HIGH);
  digitalWrite(RTC_POW_PIN, HIGH);
  digitalWrite(RTC_GND_PIN, LOW);

  // Inicia o barramento I2C e a biblioteca RTC
  Wire.begin();
  RTC.begin();

  // Se o RTC não estiver em execução, configura-o como tempo de
  // compilação do computador
  if (! RTC.isrunning())
  {
    Serial.println(F("RTC is NOT running!"));
    RTC.adjust(DateTime(__DATE__, __TIME__));
  }

  // Inicializa o cartão SD
  if (!SD.begin(CS_PIN))
  {
    Serial.println(F("Card Failure"));
    return;
  }
  Serial.println(F("Card Ready"));
```

Capítulo 13 ∎ Registro de dados em log com cartões SD   303

```
  // Lê as informações de configuração (speed.txt)
  File commandFile = SD.open("speed.txt");
  if (commandFile)
  {
    Serial.println(F("Reading Command File"));
    while(commandFile.available())
    {
      refresh_rate = commandFile.parseInt();
    }
    Serial.print(F("Refresh Rate = "));
    Serial.print(refresh_rate);
    Serial.println(F("ms"));
    commandFile.close();
  }
  else
  {
    Serial.println(F("Could not read command file."));
    return;
  }

  // Escreve os cabeçalhos de coluna
  File dataFile = SD.open("log.csv", FILE_WRITE);
  if (dataFile)
  {
    dataFile.println(F("\nNew Log Started!"));
    dataFile.println(F("Date,Time,Phrase"));
    dataFile.close(); // Os dados não são realmente gravados até
                      // fecharmos a conexão!

    // Imprime a mesma coisa na tela para depuração
    Serial.println(F("\nNew Log Started!"));
    Serial.println(F("Date,Time,Phrase"));
  }
  else
  {
    Serial.println(F("Couldn't open log file"));
  }
}

void loop()
{
  // Obtém as informações de data/hora e as armazena em strings
  DateTime datetime = RTC.now();
  year   = String(datetime.year(),   DEC);
  month  = String(datetime.month(),  DEC);
  day    = String(datetime.day(),    DEC);
  hour   = String(datetime.hour(),   DEC);
  minute = String(datetime.minute(), DEC);
  second = String(datetime.second(), DEC);
```

304   Parte IV ■ Temas e projetos avançados

```
// Concatena as strings em date e time
date = year + "/" + month + "/" + day;
time = hour + ":" + minute + ":" + second;

String dataString = "Hello There!";

// Abre um arquivo e grava nele.
File dataFile = SD.open("log.csv", FILE_WRITE);
if (dataFile)
{
  dataFile.print(date);
  dataFile.print(F(","));
  dataFile.print(time);
  dataFile.print(F(","));
  dataFile.println(dataString);
  dataFile.close(); // Os dados não são realmente gravados até
                    // fecharmos a conexão!

  // Imprime a mesma coisa na tela para depuração
  Serial.print(date);
  Serial.print(F(","));
  Serial.print(time);
  Serial.print(F(","));
  Serial.println(dataString);
}
else
{
  Serial.println(F("Couldn't open log file"));
}
delay(refresh_rate);
}
```

A biblioteca RTC é importada pelo sketch via #include "RTClib.h" e um objeto RTC é criado com RTC_DS1307 RTC;. O RTC é um dispositivo de I^2C, e baseia-se na biblioteca Wire; portanto, isso precisa ser incluído também. Essa é a mesma biblioteca que você usou no Capítulo 8, "O barramento I^2C". Em setup(), RTC.isrunning() verifica se o RTC não está em execução. Se não estiver, a data e a hora são configuradas com base na data/hora da compilação, determinada pelo relógio do computador. Depois que isso é configurado, a data/hora não é redefinida enquanto a bateria permanecer conectada ao RTC. Também no setup(), um cabeçalho de coluna é inserido no arquivo de log, acrescentando uma nota de que o registro foi reiniciado. Isso é útil para anexar dados ao arquivo de log sempre que você reinicia o sistema.

A cada passagem pelo loop, o objeto datetime é configurado com a data e hora atuais. Você pode então extrair o ano, o mês, a hora etc. desse objeto e convertê-los para strings de caracteres que podem ser concatenados em date e time. Essas variáveis são impressas no console serial e no arquivo de log do cartão SD.

Depois de executar esse sketch no Arduino por algum tempo, use o computador para ler o cartão SD e para abrir o arquivo de log; ele deve estar preenchido com a data e a hora e parecer com a Figura 13-21. Seu software de planilha pode mudar automaticamente as datas para sua formatação local.

	A	B	C
1			
2	New Log Started!		
3	Date	Time	Phrase
4	4/8/2013	23:24:05	Hello There!
5	4/8/2013	23:24:07	Hello There!
6	4/8/2013	23:24:09	Hello There!
7	4/8/2013	23:24:11	Hello There!
8	4/8/2013	23:24:14	Hello There!
9	4/8/2013	23:24:16	Hello There!
10	4/8/2013	23:24:18	Hello There!
11	4/8/2013	23:24:20	Hello There!
12	4/8/2013	23:24:22	Hello There!
13	4/8/2013	23:24:24	Hello There!
14	4/8/2013	23:24:26	Hello There!
15	4/8/2013	23:24:28	Hello There!
16	4/8/2013	23:24:30	Hello There!
17	4/8/2013	23:24:32	Hello There!
18	4/8/2013	23:24:34	Hello There!
19	4/8/2013	23:24:36	Hello There!
20	4/8/2013	23:24:38	Hello There!

Figura 13-21: Saída em planilha do teste com cartão SD e RTC

Construindo um registro de log de presença

Agora que dominou todas as habilidades básicas, você pode colocá-las em prática para construir um coletor de dados de presença para seu ambiente de trabalho. Você usa o sensor de distância de alguns de seus projetos anteriores para criar um sensor de movimento básico que pode monitorar quando as pessoas entram ou saem por uma porta. O coletor de dados irá acompanhar os tempos desses eventos no cartão SD para que você possa rever mais tarde.

Hardware de registro de log

Tudo que você precisa fazer é adicionar um sensor de distância analógico à sua configuração existente. Se estiver usando a mesma configuração que eu, não precisa nem de uma matriz de contatos; basta ligar os fios adequados à fonte de alimentação, o terra, e a A0 (para a saída de sinal analógico do sensor). Com tudo conectado, a montagem deve se parecer com a Figura 13-22.

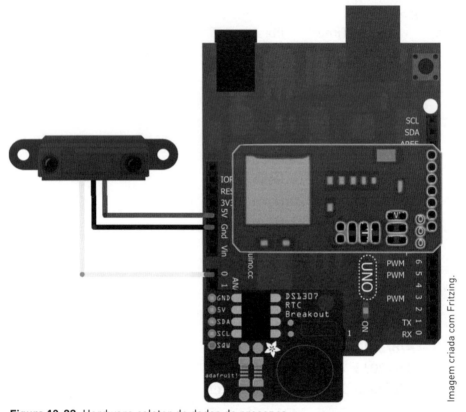

Figura 13-22: Hardware coletor de dados de presença

Para isso realmente funcionar bem, você deve montar o sensor de distância IR e o Arduino em uma parede de modo que o feixe de IR corte a porta horizontalmente. Dessa forma, qualquer pessoa que atravessar a porta deve passar na frente do sensor de distância IR. Não cole nada na parede até ter escrito o software da próxima etapa e carregá-lo. Sugiro usar facilmente fita adesiva que não descola a tinta ao fixar o equipamento na parede para não danificar nada. Uma vez configurado, o sistema deve ficar parecido com a Figura 13-23.

Capítulo 13 ■ Registro de dados em log com cartões SD   307

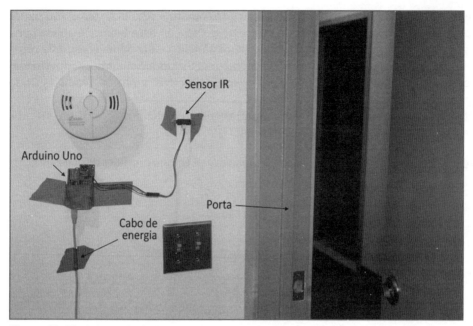

Figura 13-23: Coletor de dados de entrada em uma porta

Software de registro de log

Para o coletor de dados de presença, ler as variáveis de configuração a partir do cartão SD não é particularmente útil; portanto, você pode remover essas partes do código. Você deve adicionar algum código para verificar o estado da distância e ver se suas leituras mudaram drasticamente entre as consultas. Se mudaram, você pode assumir que algo se moveu na frente do sensor de distância e que alguém deve ter entrado ou saído da sala.

Você também precisa escolher um "limiar de mudança". Para minha configuração, descobri que uma mudança de leitura analógica de mais de 75 entre consultas era uma boa indicação de movimento. (Sua configuração será provavelmente diferente. É uma boa ideia verificar os valores de seu sistema depois de fixar a configuração física.) Você deve se certificar de que o sensor de distância está verificando com frequência suficiente para capturar sempre qualquer movimento. Mas não faz sentido executá-lo tantas vezes que você acabe com milhões de leituras para apenas um dia de registro em log.

Recomendo que você grave no cartão SD sempre que um movimento for detectado, mas que você só grave periodicamente no cartão SD quando não houver movimento. Essa metodologia estabelece um bom equilíbrio entre o espaço de armazenamento necessário e precisão. Como você se importa mais em registrar o momento exato em que

308 Parte IV ▪ Temas e projetos avançados

alguém passou o sensor, essa detecção é gravada com uma resolução temporal maior do que quando nada está acontecendo na frente do sensor. Essa técnica é aplicada na Listagem 13-4. O Arduino sonda o sensor de distância a cada 50ms (e escreve um 1 na coluna "active" cada vez que um movimento é detectado). Se nenhum movimento estiver sendo detectado, ele só grava um 0 na coluna "active" uma vez a cada segundo (em oposição a cada 50ms).

A Listagem 13-4 mostra o software completo para o coletor de dados de entrada, com as melhorias que acabamos de descrever.

Listagem 13-4: Software coletor de dados de presença — entrance_coletor de dados.ino

```
// Registra em log atividade de entrada

#include <SD.h>    // Para falar com o cartão SD
#include <Wire.h>  // Para o RTC
#include "RTClib.h" // Para o RTC

// Define os pinos
// O cartão SD está nos pinos SPI padrão
// O RTC está no padrão nos pinos de I2C
const int CS_PIN      =10; // SS para o shield SD
const int SD_POW_PIN  =8;  // Energia para o shield SD
const int RTC_POW_PIN =A3; // Usado como saída digital
const int RTC_GND_PIN =A2; // Usado como saída digital
const int IR_PIN      =0; // Entrada analógica 0

// Define um objeto RTC
RTC_DS1307 RTC;

// Inicializa as strings
String year, month, day, hour, minute, second, time, date;

// Inicializa as variáveis de distância
int raw = 0;
int raw_prev = 0;
boolean active = false;
int update_time = 0;

void setup()
{
  Serial.begin(9600);
  Serial.println(F("Initializing Card"));

  // Pino CS, e pinos pwr/gnd são saídas
  pinMode(CS_PIN,    OUTPUT);
  pinMode(SD_POW_PIN, OUTPUT);
  pinMode(RTC_POW_PIN, OUTPUT);
  pinMode(RTC_GND_PIN, OUTPUT);

  // Pinos de alimentação e terra para ambos os módulos
```

Capítulo 13 ■ Registro de dados em log com cartões SD   309

```cpp
digitalWrite(SD_POW_PIN, HIGH);
digitalWrite(RTC_POW_PIN, HIGH);
digitalWrite(RTC_GND_PIN, LOW);

// Inicia o barramento I2C e a biblioteca RTC
Wire.begin();
RTC.begin();

// Se RTC não estiver em execução, configura-o como a data/hora
// da compilação do computador
if (! RTC.isrunning())
{
  Serial.println(F("RTC is NOT running!"));
  RTC.adjust(DateTime(__DATE__, __TIME__));
}

// Inicializa o cartão SD
if (!SD.begin(CS_PIN))
{
  Serial.println(F("Card Failure"));
  return;
}
Serial.println(F("Card Ready"));
// Escreve os cabeçalhos de coluna
File dataFile = SD.open("log.csv", FILE_WRITE);
if (dataFile)
{
  dataFile.println(F("\nNew Log Started!"));
  dataFile.println(F("Date,Time,Raw,Active"));
  dataFile.close(); // Os dados não são realmente gravados até
                    // fecharmos a conexão!

  // Imprime a mesma coisa na tela para depuração
  Serial.println(F("\nNew Log Started!"));
  Serial.println(F("Date,Time,Raw,Active"));
}
else
{
  Serial.println(F("Couldn't open log file"));
}

}

void loop()
{
  // Obtém as informações de data/hora e as armazena em strings
  DateTime datetime = RTC.now();
  year  = String(datetime.year(),  DEC);
  month = String(datetime.month(), DEC);
  day   = String(datetime.day(),  DEC);
  hour  = String(datetime.hour(),  DEC);
```

```
minute = String(datetime.minute(), DEC);
second = String(datetime.second(), DEC);

// Concatena as strings em date e time
date = year + "/" + month + "/" + day;
time = hour + ":" + minute + ":" + second;

// Coleta dados de movimento
raw = analogRead(IR_PIN);
// Se o valor mudar em mais de 75 entre as leituras,
// indica movimento.
if (abs(raw-raw_prev) > 75)
  active = true;
else
  active = false;
raw_prev = raw;

// Abre um arquivo e grava nele.
if (active || update_time == 20)
{
  File dataFile = SD.open("log.csv", FILE_WRITE);
  if (dataFile)
  {
    dataFile.print(date);
    dataFile.print(F(","));
    dataFile.print(time);
    dataFile.print(F(","));
    dataFile.print(raw);
    dataFile.print(F(","));
    dataFile.println(active);
    dataFile.close(); // Os dados não são realmente gravados até
                      // fecharmos a conexão!

    // Imprime a mesma coisa na tela para depuração
    Serial.print(date);
    Serial.print(F(","));
    Serial.print(time);
    Serial.print(F(","));
    Serial.print(raw);
    Serial.print(F(","));
    Serial.println(active);
  }
  else
  {
    Serial.println(F("Couldn't open log file"));
  }
  update_time = 0;
}
delay(50);
update_time++;
}
```

Análise de dados

Depois de colocar esse código no Arduino, monte-o na porta de entrada do seu ambiente e deixe-o rodar por algum tempo. Quando estiver satisfeito com a quantidade de dados que você coletou, coloque o cartão SD no computador e carregue o arquivo CSV com seu programa de planilha favorito. Assumindo que você só registrou um período de um dia, agora pode plotar a coluna tempo contra a coluna de atividade. Sempre que não houver atividade, o gráfico de linha atividade permanece em zero. Sempre que alguém entrar ou sair da sala, ele salta para um, e você pode ver exatamente quando isso aconteceu.

O procedimento para criar um gráfico vai variar de acordo com os diferentes aplicativos de plotagem. Para facilitar, criei uma planilha online pré-formatada que vai fazer a plotagem para você. Deverá ter uma conta do Google para usá-lo. Visite a página web para este capítulo (www.exploringarduino.com/content/ch13) e siga o link para a planilha de geração de gráfico. Esse link irá pedir-lhe para criar uma nova planilha em sua conta do Google Drive. Depois de fazer isso, basta copiar seus dados no lugar onde estão os dados do modelo, e o gráfico será atualizado automaticamente para você. A Figura 13-24 mostra como pode ficar um gráfico de dados ao longo de alguns minutos.

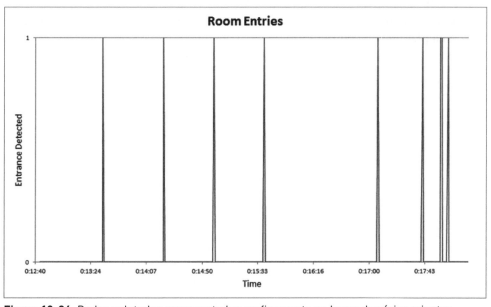

Figura 13-24: Dados coletados representados graficamente ao longo de vários minutos

Resumo

Neste capítulo, você aprendeu:

- Arquivos CSV usam quebras de linha e vírgulas como delimitadores para armazenar facilmente os dados em um formato de texto simples.
- Você pode formatar um cartão SD no Windows, Mac ou Linux.
- Há uma infinidade de shields de cartão SD disponíveis, cada um com características únicas.
- Você pode usar a SD Library para gravar e ler dados de um arquivo em um cartão SD.
- Você pode construir um RTC e escrever um software que o utiliza para inserir registros de data/hora.
- Você pode superar as limitações de memória RAM, armazenando strings de caracteres na memória flash.
- Você pode detectar movimento, procurando alterações em valores analógicos produzidos por um sensor de distância.
- Você pode representar graficamente os dados de um coletor de dados usando uma planilha no computador.

CAPÍTULO 14

Como conectar o Arduino à internet

Peças que você precisa para este capítulo

Arduino (Uno recomendado)

Cabo USB

Shield Arduino Ethernet

Fotorresistor

Resistor de 10kΩ

Sensor de temperatura TMP36

LED RGB

Resistores de 220Ω (x3)

Resistor de 150Ω

Alto-falante ou buzzer

Cabo Ethernet

Acesso a um roteador com fio

Fios jumper

Matriz de contatos

314 Parte IV ▪ Temas e projetos avançados

CÓDIGO E CONTEÚDO DIGITAL PARA ESTE CAPÍTULO

Downloads de código, vídeo e outros conteúdos digitais para este capítulo podem ser encontrados em www.exploringarduino.com/content/ch14.

Além disso, os códigos também podem ser encontrados em www.altabooks.com.br, procurando pelo nome do livro. Outra opção é em www.wiley.com/go/exploringarduino, na guia Download Code. Eles estão no arquivo chapter 14 download e individualmente nomeados de acordo com seus nomes ao longo do capítulo.

Chegamos à fronteira (e ao capítulo) final. À exceção de lançar o Arduino ao espaço, conectá-lo à internet é provavelmente o mais próximo que você vai chegar de transformar o mundo todo em seu parque de diversões. Conectividade com a internet, em geral, é um tema extremamente complexo; você poderia facilmente escrever volumes inteiros de livros sobre a melhor maneira de integrar o Arduino com a "internet das coisas", como é chamada agora frequentemente. Como é inviável cobrir a infinidade de maneiras como você pode interfacear o Arduino com a web, este capítulo concentra-se em transmitir algum conhecimento a respeito de como a conectividade de rede funciona com o Arduino e como você pode usar o shield Arduino Ethernet tanto para servir páginas web e como para transmitir dados para a web. Especificamente, você aprenderá a atravessar sua topologia de rede, como uma página web é servida, e como usar um serviço de registro de dados de terceiros para conectar o Arduino à "internet das coisas".

A web, o Arduino e você

Explicar todos os meandros da web é um pouco ambicioso para um capítulo de um livro; portanto, para este capítulo, você pode pensar, basicamente, na relação do Arduino com a internet utilizando o diagrama mostrado na Figura 14-1.

Em primeiro lugar, você irá trabalhar só no âmbito de sua rede local. Ao trabalhar dentro de sua rede local, você pode conversar com o Arduino por meio de um navegador web apenas se ambos estiverem na mesma rede local. Então, vai explorar maneiras como pode atravessar seu roteador para acessar a funcionalidade do Arduino em qualquer lugar do mundo (ou pelo menos em qualquer lugar em que você possa obter uma conexão com a internet).

Jargão de rede

Antes de começar a usar seu Arduino em rede, vamos esclarecer alguns termos técnicos. O que se segue são termos, conceitos e abreviaturas que você precisa entender ao avançar por este capítulo.

Endereço IP

Um endereço IP (internet Protocol) é um endereço único que identifica cada dispositivo que se conecta à internet. No caso de sua rede doméstica, na verdade existem dois tipos de endereços IP com que você precisa se preocupar: o endereço IP local e o endereço IP global. Se sua casa ou escritório tem um roteador (como o da Figura 14-1), tudo dentro de sua rede local tem um endereço IP local que só é visível para outros dispositivos dentro de sua rede. Seu roteador/modem tem um endereço IP global voltado para o público que é visível para o resto da internet. Se quiser obter dados entre outro lugar na internet e um dispositivo atrás de um roteador, você precisará usar o Network Address Translation (NAT).

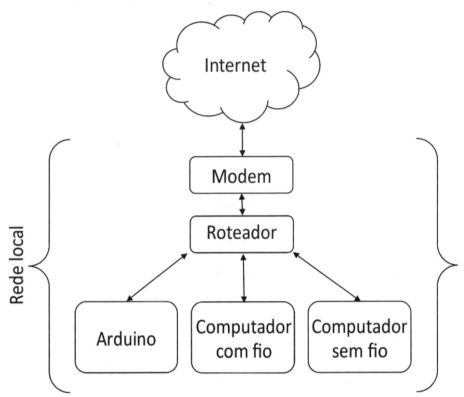

Figura 14-1: Uma visão simplificada da web e sua rede local

Network Address Translation

Não existem endereços IP suficientes para ter um para cada dispositivo no mundo. Além disso, os usuários muitas vezes não querem que seus computadores e outros dispositivos em rede fiquem visíveis para o resto do mundo. Por essa razão, os roteadores são usados para criar redes isoladas de computadores com endereços IP locais. Mas quando você quer que uma dessas máquinas seja acessível para o resto da internet, você precisa usar o NAT através do roteador. Isso permite que um dispositivo remoto envie uma solicitação para seu roteador pedindo para falar com um dispositivo em sua rede local. Quando você conecta o Arduino à web global mais adiante neste capítulo, você usa uma forma de NAT.

Endereço MAC

Os endereços MAC, ao contrário de endereços IP, são globalmente únicos. (Bem, eles deveriam ser, mas, na prática, muitas vezes não são.) Os endereços MAC são atribuídos a cada interface de rede física e não mudam. Por exemplo, quando você compra um computador, o módulo Wi-Fi dentro tem um endereço MAC único, e o adaptador Ethernet tem um endereço MAC único. Isso torna os endereços MAC úteis para identificar sistemas físicos em uma rede.

HTML

HTML, ou Hypertext Markup Language, é a linguagem da web. Para exibir uma página web a partir do Arduino, você vai escrever algum código em HTML simples que cria botões e sliders para o envio de dados.

HTTP

HTTP, ou Hypertext Transfer Protocol, define o protocolo para a comunicação através da World Wide Web, e é mais comumente usado em navegadores. O HTTP define um conjunto de informações de cabeçalho que deve ser enviado como parte de uma mensagem através da web. Esse cabeçalho define como uma página web será exibida além de se a solicitação foi recebida e reconhecida com sucesso.

GET/POST

GET e POST definem duas formas para a transferência de informações para um servidor web remoto. Se você já viu um URL que se parece com www.jeremyblum.com/?s=arduino, então já viu uma solicitação GET. GET define uma série de variáveis após um ponto de interrogação no URL. Nesse caso, a variável s está sendo configurada como Arduino. Quando a página recebe esse URL, ela identifica essa variável, executa a pesquisa e retorna a página de resultados.

Um POST é muito semelhante, mas a informação não é transmitida de maneira visível por meio do URL. Em vez disso, as mesmas variáveis são transmitidas invisivelmente em segundo plano. Isso geralmente é usado para esconder informações sigilosas ou para garantir que a página não pode ser acessada se contiver informações exclusivas.

DHCP

O DHCP, ou Dynamic Host Configuration Protocol, facilita a conexão de dispositivos a uma rede local. Em geral, quando você se conecta a uma rede Wi-Fi (com fio), não precisa configurar manualmente um endereço IP por meio do qual o roteador pode se conectar a você. Então, como é que o roteador sabe rotear os pacotes de dados da internet para você?

Quando se conecta à rede, inicia-se uma solicitação DHCP com o roteador que permite que este atribua dinamicamente a você um endereço IP disponível. Isso torna a configuração de rede muito mais fácil porque você não precisa saber nada sobre sua configuração de rede para se conectar ao roteador. Mas o roteador pode tornar a comunicação com o Arduino um pouco mais difícil, porque você precisa descobrir o IP que foi atribuído.

DNS

DNS significa Domain Name System. Cada site que você acessa na internet tem um endereço IP único que é a localização do servidor na web. Quando você digita www. google.com, um servidor DNS olha para uma tabela que informa o endereço IP associado a esse URL "amigável". Em seguida, ele relata esse IP de volta para o navegador do computador, o qual, por sua vez, pode falar com o servidor do Google. O DNS permite que você digite nomes amigáveis em vez de lembrar os endereços IP de todos os seus sites favoritos. O DNS está para os sites da web assim como a lista telefônica está para os números de telefone.

Clientes e servidores

Neste capítulo, você aprenderá a usar o shield Ethernet para fazer o Arduino agir como um cliente ou um servidor. Todos os dispositivos conectados à internet são clientes ou servidores, embora alguns realmente desempenhem ambos os papéis. Um *servidor* faz o que seu nome diz: quando informações são solicitadas, ele as serve para o computador solicitante através da rede. Essas informações podem assumir várias formas; poderia ser uma página web, informações de banco de dados, e-mail ou uma infinidade de outras coisas. Um *cliente* é o dispositivo que solicita dados, e obtém uma resposta. Quando você navega na internet com seu computador, o navegador web do computador está agindo como um cliente.

Colocando o Arduino em rede

Para todos os exemplos neste capítulo, você usa o Arduino junto com o shield de Ethernet oficial do Arduino. Existem várias revisões desse shield, mas esses exemplos são testados para funcionar na versão mais recente do shield com o chip controlador de Ethernet WIZnet. Versões significativamente mais antigas do shield usavam um chip diferente, e não há garantia de que funcionem com esses exemplos. Você também pode usar o Arduino Ethernet, um Arduino de uma única placa que combina a conectividade Ethernet com a placa Arduino.

DICA   Eu descobri que o shield Ethernet funciona de maneira mais confiável que o Arduino Ethernet.

Conecte o shield Ethernet ao Arduino, e conecte a porta Ethernet do shield a uma porta Ethernet disponível em seu roteador doméstico usando um cabo Ethernet. Este deve ser um cabo Ethernet crossover comum (quase todos os cabos serão rotulados como "crossover" no revestimento). Conecte o cabo USB ao computador e ao Arduino para a programação. Se seu roteador não estiver perto do computador que você deseja usar para a programação, programe-o primeiro e, então, conecte-o ao roteador. Mas alguns dos exemplos dependem de informações de depuração mostradas via monitor serial. Se você quiser que seu sistema funcione sem uma conexão serial, pode querer conectá-lo a um LCD para exibir o endereço IP, que, de qualquer maneira, você exibirá via terminal serial no final do capítulo. Se quiser, você pode usar o conhecimento adquirido no Capítulo 10, "Telas de cristal líquido", para imprimir informações no LCD em vez do terminal serial; mas isso não é abordado neste capítulo.

Controlando o Arduino via web

Primeiro, você configura o Arduino para atuar como um servidor web. Usando alguns formulários HTML, e as bibliotecas Ethernet integradas, você fará o Arduino se conectar automaticamente à rede e servir uma página web que poderá acessar para controlar alguns dos pinos de E/S. Você irá expor botões na interface web para alternar as cores de um LED RGB e controlar a frequência de um alto-falante. O programa que você escreve para esse fim é extensível, permitindo que acrescente controle de dispositivos adicionais, à medida que você se familiariza com o funcionamento do Arduino.

Configurando o hardware de controle de E/S

Em primeiro lugar, configure algum hardware de teste conectado ao seu servidor Arduino para poder controlá-lo a partir da web. Para esse exemplo, você conectará um LED RGB e um piezo ou um alto-falante comum. Monte o hardware, como mostrado na Figura 14-2. Lembre-se de que os pinos 4, 10, 11, 12 e 13 são usados para comunicação com o chip Ethernet e um cartão SD; portanto, você não pode usar os pinos de E/S geral. Você conecta o LED RGB aos pinos 5, 6 e 7. O alto-falante é conectado ao pino 3.

Projetando uma simples página web

É útil criar uma página web simples separadamente do Arduino antes de tentar fazer o Arduino servi-la, assim você garante que ela tenha a aparência desejada. Sua página web terá simples botões para alternar cada LED, e terá um controle deslizante para ajustar a frequência com que um alto-falante está tocando. Você irá usar elementos de HTML form para exibir esses componentes, e usar o protocolo HTTP GET para enviar comandos do navegador para o servidor. Observe, porém, que quando você projetar o site, este não estará realmente hospedado em um servidor; portanto, interagir com o site não vai provocar qualquer ação do Arduino, ou qualquer outra coisa.

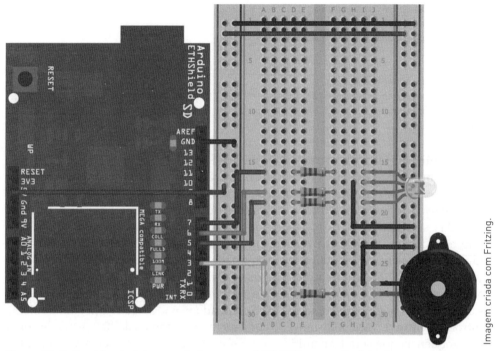

Figura 14-2: Servidor Arduino montado com um LED RGB e um alto-falante

Abra seu editor de texto favorito (eu recomendo o Notepad++ para Windows porque ele destaca e pinta com códigos de cor seu HTML quando você o salva como um arquivo HTML) e crie um novo arquivo com uma extensão .html. Não importa o nome que você dá ao arquivo; test.html funcionará bem. Esse será um website muito básico, por isso não se preocupe em torná-lo um site totalmente compatível com HTML; faltarão algumas tags que são normalmente utilizadas, como <body> e <head>. A falta dessas tags não afetará a maneira como a página é exibida no navegador. Em seu novo arquivo HTML, insira a tag mostrada de Listagem 14-1.

Listagem 14-1: Página de formulário HTML — server_form.html

```
<form action='' method='get'>
  <input type='hidden' name='L' value='7' />
  <input type='submit' value='Toggle Red' />
</form>

<form action='' method='get'>
  <input type='hidden' name='L' value='6' />
  <input type='submit' value='Toggle Green' />
</form>
```

```
<form action='' method='get'>
  <input type='hidden' name='L' value='5' />
  <input type='submit' value='Toggle Blue' />
</form>

<form action='' method='get'>
  <input type='range' name='S' min='0' max='1000' step='100' value='0'/>
  <input type='submit' value='Set Frequency' />
</form>
```

Essa página HTML inclui quatro elementos de formulário. `<form>` especifica o início de um formulário, e `</form>` especifica o fim. Dentro de cada formulário estão as tags `<input/>` que especificam os dados que serão passados para o servidor quando o formulário for enviado. No caso dos botões de alternância de LED, uma variável chamada L será passada para o servidor via um método GET com um valor equivalente ao número de pinos de E/S que você irá alternar. O elemento `action` vazio na tag `form` indica que a mesma página deve ser recarregada quando a variável for passada para o servidor. O `hidden input` especifica que o valor só vai ser transmitido quando o botão correspondente for pressionado. Para o controle deslizante de frequência, estamos usando um novo elemento `input` HTML5 chamado `range`. Isso criará o intervalo do controle deslizante. Você pode mover o cursor (em incrementos de 100) para selecionar uma frequência que será transmitida como o valor de uma variável chamada S. Em navegadores mais antigos, esse controle deslizante pode ser exibido como uma caixa de entrada em vez de um controle deslizante, se eles ainda não suportarem o elemento `range`. Para ver a aparência que terá a página, abra-a com seu navegador favorito (eu recomendo o Google Chrome). No Chrome, você precisa pressionar Ctrl+O (Windows) ou Cmd+O (OSX) para obter uma caixa de diálogo Abrir. Abra o arquivo HTML que você acabou de criar em seu navegador (veja a Figura 14-3).

Figura 14-3: Página web de teste de conteúdo no Chrome.

Se pressionar qualquer um dos botões, você deve ver uma instrução GET variável anexada ao endereço na barra de endereços do navegador.

Escrevendo um sketch de servidor Arduino

Agora, você precisa pegar a HTML que desenvolveu e integrá-la em um sketch de servidor maior que vai lidar com a conexão com a rede, responder às solicitações do cliente com a página que projetou, e responder a instruções GET a partir dos formulários de página.

Conectando-se à rede e recuperando um IP via DHCP

Graças às maravilhas do DHCP, conectar-se à rede com o shield Arduino Ethernet é muito fácil. Antes de mostrar o código, vejamos o que vai acontecer. Na parte superior de seu programa, você deve incluir as bibliotecas de interface periférica serial (SPI) e Ethernet, definir o endereço MAC de seu shield Ethernet (que está em uma etiqueta sobre o shield), e criar uma instância de `EthernetServer`. Dentro do `setup()`, você começa uma sessão de Ethernet com o endereço MAC que definiu e inicia o servidor web. Opcionalmente, você pode fornecer um endereço IP estático ao iniciar a sessão de Ethernet, mas deixando esse argumento de fora, o Arduino vai se conectar via DHCP e retornar o endereço IP atribuído via terminal serial. Você pode então usar esse endereço IP para se conectar ao Arduino e visualizar a página web que ele estará hospedando.

Respondendo a um cliente

O loop principal é responsável por várias ações. Para lidar com a passagem por todos esses vários estados de ação, uma série de "variáveis de estado" é usada em todo o loop para monitorar as ações que foram executadas e o que ainda precisa acontecer para que uma comunicação bem-sucedida com o cliente possa ocorrer.

O Arduino estará sempre verificando conexões de clientes (a partir de seu laptop, por exemplo) ao servidor. Quando um cliente se conecta, o Arduino responde com duas coisas: o cabeçalho de resposta HTTP e a página web formatada com HTML que foi solicitada. O cabeçalho de resposta informa ao navegador o tipo de informação que está prestes a ser enviada. Se você tentou visitar uma página web inexistente, você provavelmente já recebeu a temida "404 Response". O cabeçalho de uma resposta 404 indica ao navegador que o servidor não conseguiu encontrar a página solicitada. Uma "200 Response", em contraposição, indica que a solicitação foi recebida e que o HTML será transmitido para o navegador. Assim, no Arduino, você quer enviar uma "200 Response" para o navegador e siga isso com a definição do Content-Type (HTML, nesse caso). Esse cabeçalho completo fica assim:

```
HTTP/1.1 200 OK
Content-Type: text/html
```

Esse cabeçalho deve ser seguido por uma linha em branco e, então, pelo conteúdo da página HTML que você escreveu anteriormente. Esse mesmo programa também é usado para responder a solicitações GET. Para identificar solicitações GET, você precisa olhar para o caractere de ponto de interrogação no URL que especifica quais parâmetros foram selecionados e enviados. Se o ? for encontrado, o programa espera até receber um nome de variável. No caso da HTML que você escreveu anteriormente, o comando para o controle do LED é um `L`, e o comando para o ajuste de frequência do alto-falante é um `S`. Dependendo de qual deles está na URL, o programa extrai os inteiros do URL e controla o periférico correspondentemente. Depois que isso

322   Parte IV ▪ Temas e projetos avançados

aconteceu, um comando break é usado para fazer o código sair do loop do cliente conectado, e começa a ouvir uma nova conexão de cliente para fazer todo o processo novamente.

Juntando as peças: Sketch de servidor web

Tendo em conta todos os requisitos listados nas seções anteriores, agora você pode construir um programa de servidor para o Arduino. Esses programas tendem a ser relativamente não triviais, pois requerem o uso de diversas variáveis de estado que controlam a interação entre o cliente e o servidor. O sketch na Listagem 14-2 funciona muito bem para realizar as tarefas de controlar um LED RGB e um alto-falante. Se você quiser adicionar outras funcionalidades com mais variáveis GET, isso deve ser bastante simples de fazer. As áreas onde você pode inserir essa funcionalidade extra são indicadas nos comentários do código.

Listagem 14-2: Código do servidor web — control_led_speaker.ino

```
// Servidor web Arduino
// Parte do código foi adaptada sob Licença do MIT a partir de
// http:// bildr.org/2011/06/arduino-ethernet-pin-control/

#include <Ethernet.h>
#include <SPI.h>

const int BLUE      =5;
const int GREEN     =6;
const int RED       =7;
const int SPEAKER =3;

// Para controlar os LEDs e o alto-falante
// Se você quiser controlar as coisas adicionais, adicione variáveis para
// controlá-las aqui.
int freq = 0;
int pin;

// Configura seu endereço MAC!
// Deve estar em uma etiqueta na placa. Se você não consegue encontrá-lo,
// invente um, ou use este.
byte mac[] = { 0x90, 0xA2, 0xDA, 0x00, 0x4A, 0xE0 };

// Inicia o servidor na porta 80
EthernetServer server = EthernetServer(80); // porta 80

boolean receiving = false; // Para monitorar se estamos
                           // obtendo dados.

void setup()
{
  Serial.begin(9600);
```

Capítulo 14 ∎ Como conectar o Arduino à internet   323

```cpp
  pinMode(RED, OUTPUT);
  pinMode(GREEN, OUTPUT);
  pinMode(BLUE, OUTPUT);

  // Conecta-se ao DHCP
  if (!Ethernet.begin(mac))
  {
    Serial.println("Could not Configure Ethernet with DHCP.");
    return;
  }
  else
  {
    Serial.println("Ethernet Configured!");
  }

  // Inicia o servidor
  server.begin();
  Serial.print("Server Started.\nLocal IP: ");
  Serial.println(Ethernet.localIP());
}

void loop()
{
  EthernetClient client = server.available();
  if (client)
  {

    // Uma solicitação HTTP termina com uma linha em branco
    boolean currentLineIsBlank = true;
    boolean sentHeader = false;

    while (client.connected())
    {
      if (client.available())
      {
        char c = client.read(); // Lê o buffer de entrada

        if(receiving && c == ' ') receiving = false; // Recebimento concluído
        if(c == '?') receiving = true; // Argumentos encontrados

        // Isso trata as solicitações GET
        if(receiving)
        {
          // Um comando de LED é especificado com um L
          if (c == 'L')
          {
            Serial.print("Toggling Pin ");
            pin = client.parseInt();
            Serial.println(pin);
```

```
      digitalWrite(pin, !digitalRead(pin));
      break;
    }
    // Um comando de alto-falante é especificado com um S
    else if (c == 'S')
    {
      Serial.print("Setting Frequency to ");
      freq = client.parseInt();
      Serial.println(freq);
      if (freq == 0)
        noTone(SPEAKER);
      else
        tone(SPEAKER, freq);
      break;
    }
    // Adicione aqui instruções else if semelhantemente formatadas
    // PARA CONTROLAR MAIS COISAS
}

// Imprime o cabeçalho de resposta e a página HTML
if(!sentHeader)
{
    // Envia um cabeçalho de resposta HTTP padrão
    client.println("HTTP/1.1 200 OK");
    client.println("Content-Type: text/html\n");

    // Botão de alternância vermelho
    client.println("<form action='' method='get'>");
    client.println("<input type='hidden' name='L' value='7' />");
    client.println("<input type='submit' value='Toggle Red' />");
    client.println("</form>");

    // Botão de alternância verde
    client.println("<form action='' method='get'>");
    client.println("<input type='hidden' name='L' value='6' />");
    client.println("<input type='submit' value='Toggle Green' />");
    client.println("</form>");

    // Botão de alternância azul
    client.println("<form action='' method='get'>");
    client.println("<input type='hidden' name='L' value='5' />");
    client.println("<input type='submit' value='Toggle Blue' />");
    client.println("</form>");

    // Controle deslizante de frequência do alto-falante
    client.println("<form action='' method='get'>");
    client.print("<input type='range' name='S' min='0' max='1000'
    step='100' value='0'/>");
  client.println("<input type='submit' value='Set Frequency' />");
  client.println("</form>");
```

Capítulo 14 ■ Como conectar o Arduino à internet

```
      // Adicione mais formulários para controlar outras coisas aqui.

      sentHeader = true;
    }

    if (c == '\n' && currentLineIsBlank) break;

    if (c == '\n')
    {
      currentLineIsBlank = true;
    }
    else if (c != '\r')
    {
      currentLineIsBlank = false;
    }
    }
  }
  delay(5); // Dá ao navegador tempo para receber os dados
  client.stop(); // Fecha a conexão:
  }
}
```

Esse código executa toda a funcionalidade que foi descrita nas seções anteriores. Certifique-se de mudar o endereço MAC listado neste código para o endereço MAC impresso na etiqueta de seu shield Arduino. Se você não conseguir localizar o endereço, o programa ainda pode funcionar com o endereço errado; você pode usar o que já está listado no código. Carregue-o no Arduino e abra o monitor serial. Verifique se o Arduino está conectado à sua rede e se seu roteador tem DHCP habilitado (a maioria tem). Após alguns segundos, a conexão DHCP deve ser estabelecida com sucesso, e você verá uma mensagem que informa o endereço IP que foi atribuído (veja a Figura 14-4).

Figura 14-4: Confirmação de aquisição de DHCP IP via serial

No caso mostrado na Figura 14-4, o Arduino recebeu endereço de IP local 192.168.0.9. Esse número quase certamente será diferente em sua rede, por isso não deixe de verificar qual ele é! Anote esse endereço IP; agora você vai precisar usá-lo para acessar a interface web que acaba de carregar.

Controlando o Arduino via rede

Agora que o código do servidor está em execução e o Arduino está conectado à rede com um IP válido, você pode acessá-lo com um navegador e controlá-lo. Primeiro, você fará isso em sua rede local, e então aprenderá como pode tirar proveito do encaminhamento de porta em seu roteador para acessá-lo de fora de sua rede local.

Controlando o Arduino via rede local

Para confirmar que a interface web está funcionando corretamente, verifique se seu computador está ligado à mesma rede que o Arduino (via Wi-Fi ou Ethernet). Abra seu navegador favorito e digite o endereço IP da seção anterior na barra de URL. Isso deve abrir uma interface parecida com a página HTML que você criou anteriormente. Tente pressionar os botões para alternar entre as várias cores de LED. Mova o cursor e aperte o botão de ajuste de frequência para ajustar a frequência do alto-falante. Você deve ver e ouvir o Arduino responder. Se deixou o monitor serial aberto, você também vai ver que são exibidas informações de depuração à medida que o Arduino recebe comandos. Observe os comandos GET sendo passado para o servidor Arduino por meio da barra de URL do navegador (veja a Figura 14-5).

Figura 14-5: Página web de controle do Arduino e depuração serial

Capítulo 14 ∎ Como conectar o Arduino à internet   327

Quando estiver satisfeito com o controle de luzes e sons pela rede local, você pode seguir as etapas na próxima seção para ativar o controle de qualquer lugar do mundo.

> **NOTA**   Para assistir a um vídeo de demonstração do Arduino sendo controlado através de uma rede local, confira www.exploringarduino.com/content/ch14.

Usando o encaminhamento de porta para controlar o Arduino de qualquer lugar

As etapas na seção anterior permitem que você controle o Arduino em qualquer lugar dentro de sua rede local. Isso ocorre porque o endereço IP ao qual você está se conectando é um endereço local que reside atrás de seu roteador. Se quiser controlar o Arduino a partir de computadores de fora de sua rede local, você precisa tirar vantagem de tecnologias avançadas que lhe permitirão usar um *túnel* para acessar seu dispositivo através de seu roteador a partir do mundo exterior. Para fazer isso, você precisa implementar três etapas:

1. Reserve o endereço DHCP local usado pelo Arduino.
2. Encaminhe uma porta externa no roteador para uma porta interna que aponta para o Arduino.
3. Conecte o roteador a um serviço dinâmico de atualização de DNS.

> **ATENÇÃO**   As etapas desta seção são avançadas e serão diferentes (talvez drastica-mente), dependendo do tipo de roteador que você tem. Eu vou generalizar, mas também assumo algum conhecimento prévio de administração de roteador. Recomendo pesquisar na web para obter instruções específicas para seu roteador para cada um dos passos lis-tados. Se essa é a primeira vez que faz login no painel de administração de seu roteador, sugiro não seguir esses passos; você pode estragar sua configuração de rede. Alguns roteadores podem até não suportar todas as funções necessárias para permitir o encami-nhamento de porta e atualização de DNS dinâmico. Se você não está familiarizado com a administração da rede, atenha-se ao acesso web local por enquanto.

Como efetuar login no roteador

Primeiro, faça login no painel de administração do roteador. O painel de administração URL é o endereço IP do gateway para sua rede. Em quase todas as configurações de rede doméstica, esse endereço são os três primeiros valores separados por pontos do IP local do Arduino, seguido por um 1. Se, por exemplo, o IP do Arduino fosse 192.168.0.9, o endereço do gateway é provavelmente (mas não necessariamente) 192.168.0.1. Tente digitar esse endereço em seu navegador para ver se você recebe uma tela de login. Digite as credenciais de login para a página de administração do roteador; essas credenciais não são as mesmas que você usa para fazer login na rede sem fio. (Se você nunca mudou os valores padrão, talvez seja capaz de encontrá-los no manual de configuração do roteador.)

328   Parte IV ▪ Temas e projetos avançados

Se esse endereço IP não funcionar, você precisa determinar manualmente. No Windows, você pode abrir um prompt de comando e digitar `ipconfig`. Você deve usar o endereço do gateway padrão para sua conexão de rede ativa. Se estiver em um Mac, acesse Preferências do Sistema, vá para Rede, clique no botão Avançado, vá para a guia TCP/IP, e use o Endereço do Roteador. Se você estiver no Linux, abra um terminal, digite `route -n` e use a última listagem de Endereços de Gateway que é diferente de zero.

Reservando o endereço DHCP do Arduino

Uma vez no console de administração do roteador, procure uma opção para reservar endereços DHCP. Ao reservar um endereço DHCP, você está garantindo que cada vez que um dispositivo com um endereço MAC específico se conectar ao roteador ele receberá o mesmo IP local. Endereços IP reservados nunca são dados a clientes com um endereço MAC diferente do endereço especificado, mesmo se esse cliente reservado não estiver atualmente conectado ao roteador. Ao reservar o endereço IP DHCP do Arduino, você garante que sempre será capaz de encaminhar o tráfego da web para ele no próximo passo.

Depois de encontrar a opção, reserve qualquer que seja o endereço IP que o Arduino esteja usando atualmente, atribuindo-lhe o endereço MAC que você configurou no sketch anterior. Certifique-se de aplicar a configuração, o que pode exigir reiniciar o roteador. Você pode confirmar que isso funciona reiniciando o roteador e o Arduino e vendo se o Arduino recebe o mesmo IP quando se reconectar.

Você também pode alcançar o mesmo efeito, dando ao Arduino um IP estático (não usando DHCP) no sketch. O site Arduino descreve como fazer isso: `http://arduino.cc/en/Reference/EthernetIPAddress`.

Encaminhando a porta 80 para o Arduino

Agora que tem um endereço IP local imutável para o Arduino, você precisa direcionar o tráfego web entrante para esse endereço IP interno. O encaminhamento de porta é o ato de escutar o tráfego em uma determinada porta do roteador e sempre encaminhar o tráfego para um endereço IP interno específico. A porta 80 é a porta padrão para a comunicação HTTP e, portanto, é o que você vai usar. Localize a opção correta no painel de administração do roteador e encaminhe a porta 80 externa para a porta 80 interna no IP que você acabou de atribuir ao Arduino. Se o roteador especificar um intervalo para as portas, basta tornar o intervalo 80-80. Agora, todo o tráfego para seu roteador na porta 80 irá para o Arduino.

Usando um serviço de DNS com atualização dinâmica

O último passo é descobrir como acessar seu roteador de outras partes do mundo. Se estiver trabalhando em uma rede comercial (ou paga caro pela sua conexão de internet residencial), você pode ter um endereço IP global estático. Isso é raro para conexões de internet residenciais, mas ainda é possível; consulte seu provedor de acesso de internet (*internet service provider*, ISP). Se for esse o caso, basta digitar **what is my ip** no Google, e ele vai lhe dizer qual é seu IP global. Se você sabe que tem um IP estático, pode acessar o IP a partir de qualquer lugar do mundo e o tráfego nele deve ser reencaminhado para o Arduino. Se quiser, você pode até comprar um nome de domínio e configurar servidores DNS do seu nome de domínio para apontar para esse endereço IP.

Mas é muito provável que você tenha um endereço IP global dinâmico. Seu ISP provavelmente muda seu IP uma vez a cada poucos dias ou semanas. Assim, mesmo se você descobrir qual é seu IP global hoje, e acessar o Arduino através desse IP, ele pode parar de funcionar amanhã. Existe uma maneira inteligente de contornar isso, que é a utilização de serviços de IP dinâmicos. Esses serviços rodam um pequeno programa em seu roteador que verifica periodicamente seu endereço de IP global e informa-o de volta para um servidor web remoto. Esse servidor web remoto, então, atualiza um subdomínio que você possui (como `myarduino.dyndns.org`) para sempre apontar para o IP global, mesmo quando ele muda. DynDNS é um serviço que tem um software integrado na maioria dos roteadores modernos. Pesquise a página de administração de seu roteador para ver quais serviços de DNS dinâmico que ele suporta. Alguns são gratuitos; outros cobram uma taxa anual nominal. Você pode seguir as instruções de instalação no painel de administração do roteador para criar uma conta com um desses serviços e conectá-lo ao roteador. Depois de fazer isso, você pode acessar remotamente o Arduino, mesmo com um endereço de IP global que muda dinamicamente. No caso de seu roteador não suportar todos os serviços de DNS dinâmico, lembre-se de que alguns oferecem também clientes que serão executados em computadores dentro de sua rede, em vez de diretamente no roteador.

Depois de ter determinado seu endereço IP público (ou obtido uma URL de atualização dinâmica), você pode inserir isso em seu navegador, e deve se conectar ao Arduino. Dê o endereço a um amigo para que ele possa testar remotamente!

Enviando dados em tempo real a um serviço de gráficos

Na seção anterior, você aprendeu a transformar o Arduino em um servidor web que expôs uma interface web para controlar seus pinos de E/S pela rede local ou pela internet. Mas uma razão igualmente comum para conectar o Arduino à internet é criar nós de sensores em rede. Nós de sensores geralmente só transmitem informação, em vez de ouvir comandos. Como, nesse cenário, o Arduino inicializará uma solicitação para uma entidade conhecida na web (nesse caso, você usará um serviço de plotagem de gráficos online), você não precisará lidar com o encaminhamento de endereços IP, memorizar o endereço IP, e assim por diante.

Esta seção usa uma interface gráfica online chamada *Xively* (anteriormente chamada *Cosm*) para facilitar a criação de gráficos em tempo real com o Arduino.

Construindo uma alimentação de dados ao vivo sobre Xively

Para esse exemplo, você usará o serviço web Xively para facilitar a representação gráfica de alguns sensores conectados ao seu Arduino habilitado para internet. Conectando-se ao site do Xively, você elimina grande parte do trabalho duro que normalmente precisa fazer para exibir seus dados na web.

Criando uma conta Xively

Para começar, visite www.xively.com e inscreva-se para obter uma conta gratuita. Siga o link no e-mail de confirmação que você receberá e faça login no site.

Criando um feed de dados

Uma vez que sua conta está configurada, clique no botão Develop na parte superior da página para criar um feed. Pressione o botão "+ Add Device". Uma tela como a mostrada na Figura 14-6 lhe pedirá para dar um nome ao feed e adicionar uma descrição. Você também pode optar por tornar o feed público ou privado.

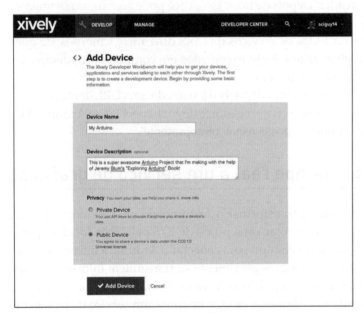

Figura 14-6: Adicionando um feed do Xively

Digite as informações solicitadas e clique em Add Device. Uma nova página será exibida com informações de conexão relevantes para seu novo feed. Deixe essa página aberta, porque você vai precisar das informações dessa página quando configurar seu sketch Arduino mais adiante nesta seção.

Instalando as bibliotecas Xively e HttpClient

O Xively fornece uma biblioteca Arduino conveniente que torna mais fácil fazer o Arduino falar com a web por meio desse serviço. A biblioteca Xively depende da biblioteca HttpClient, então você precisará baixar isso também. Ambas as bibliotecas estão disponíveis no GitHub, um site de hospedagem de código popular. Visite os dois links a seguir e clique no botão de ZIP download para baixar os repositórios de código: https://github.com/xively/xively-arduino e https://github.com/amcewen/HttpClient. (Esses links de download também podem ser encontrados na página web deste capítulo: www.exploringarduino.com/content/ch14.) Por enquanto, salve esses arquivos ZIP em seu desktop. Então, siga estes passos:

1. Descompacte os arquivos e renomeie as pastas de biblioteca de modo que eles não contenham traços (o GitHub acrescenta traços aos nomes de pasta automaticamente). Recomendo mudar o nome da pasta "HttpClient-master" para "HttpClient" e a pasta "Xively-Arduino-master" para "xively".

2. Mova essas pastas para seu diretório de bibliotecas do Arduino, como você fez na seção "Obtendo a biblioteca" do Capítulo 12, "Interrupções por hardware e por timer".

3. Abra o ambiente integrado de desenvolvimento (IDE) do Arduino (você vai precisar reiniciá-lo se ele estiver aberto quando copiou as bibliotecas) e navegue até File > Examples. Confirme que você vê "HttpClient" e "xively" na lista de exemplos. Isso confirma que as bibliotecas foram instaladas com êxito.

Para sua primeira experiência com Xively, você vai usar seu exemplo de sketch útil, que transmite o estado de um sensor analógico para web. No menu de exemplo do IDE Arduino, abra o exemplo DatastreamUpload sob o título "xively". Isso deve abrir um novo sketch. (Esse sketch também está incluído no pacote de download de código deste capítulo.) Como você estará modificando o sketch de exemplo, use a opção File > Save As para salvar esse sketch em seu próprio diretório antes de continuar. Uma rápida olhada no arquivo de exemplo revela que ele transmite o valor analógico que é lido pelo pino de entrada analógica 2:

```
// Pino analógico que estamos monitorando (0 e 1 são usados pelo
// shield Ethernet)
int sensorPin = 2;
```

Sabendo disso, você vai montar o Arduino de acordo com a próxima seção, equipado com o shield Ethernet. Você vai voltar a esse sketch depois de montar o Arduino.

Colocando o Arduino em rede

Em seguida, conecte um sensor analógico ao pino analógico 2 do Arduino. O exemplo de sketch que você acabou de baixar está configurado para ler uma entrada analógica no pino analógico 2 e transmiti-lo para sua conta no Xively. Para manter as coisas simples, pegue um fotorresistor e um resistor de 10kΩ e conecte-os à entrada analógica 2 como um divisor de tensão, da maneira como fez no Capítulo 3, "Lendo sensores analógicos" (veja a Figura 14-7). Montado isso, conecte o Arduino ao computador e à rede.

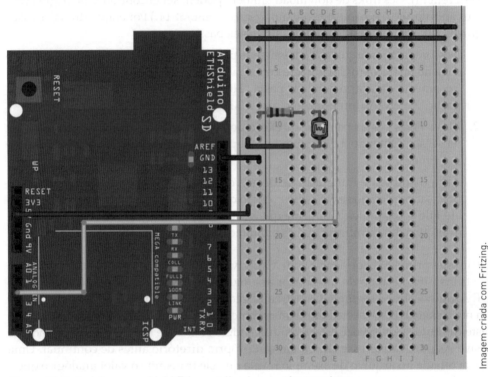

Figura 14-7: Arduino com shield Ethernet ligado a um fotorresistor

Configurando o sketch de Xively e executando o código

Você já instalou as bibliotecas apropriadas e abriu o sketch de exemplo. Agora é necessário configurar, compilar e executar o código no Arduino. Primeiro, configure o sketch para falar com o feed em sua conta no Xively.

Você precisa mudar apenas três valores no sketch para fazê-lo funcionar com o Arduino e seu feed Xively: o endereço MAC do shield Arduino Ethernet, sua chave API no Xively e seu Feed ID. O endereço MAC será o mesmo endereço MAC que você usou para exemplos anteriores. (Como antes, se você não conseguir encontrar seu endereço MAC, basta usar o padrão que vem no sketch de exemplo.) Sua chave API e seu Feed ID podem ser encontrados na página web do Xively que você manteve aberta anteriormente. Localize a seção "Chaves API" (veja a Figura 14-8).

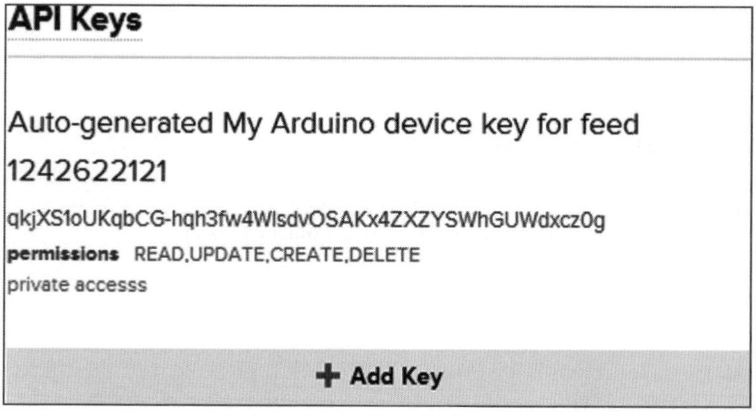

API Keys

Auto-generated My Arduino device key for feed

1242622121

qkjXS1oUKqbCG-hqh3fw4WlsdvOSAKx4ZXZYSWhGUWdxcz0g

permissions READ,UPDATE,CREATE,DELETE

private accesss

+ Add Key

Figura 14-8: Feed ID e informações sobre a chave de API do Xively

Esta seção fornece a identificação do feed (o primeiro número) e a chave de API (o segundo número) para inserir em seu sketch. Os seguintes trechos de código mostram as linhas que você precisará atualizar com os valores apropriados. A Listagem 14-3 mostra um exemplo do sketch completo com todos os valores inseridos (seus valores serão diferentes dos mostrados na listagem).

Substitua o endereço MAC pelo seu próprio endereço:

```
// Endereço MAC para seu shield Ethernet
byte mac[] = { 0xDE, 0xAD, 0xBE, 0xEF, 0xFE, 0xED };
```

Substitua a chave Xively API pela sua própria chave:

```
// Sua chave Xively que lhe permite fazer o upload de dados
char xivelyKey[] = "YOUR_XIVELY_API_KEY";
```

Substitua o Feed ID (15552 no exemplo) pelo seu próprio Feed ID (o seu pode ter um número diferente de dígitos):

```
// Por fim, empacote os fluxos de dados em um feed
XivelyFeed feed(15552, datastreams, 1 /* número de datastreams */);
```

A Listagem 14-3 mostra o programa completo.

334 Parte IV ■ Temas e projetos avançados

Listagem 14-3: Upload de fluxo de dados no Xively — xively.ino

```
#include <SPI.h>
#include <Ethernet.h>
#include <HttpClient.h>
#include <Xively.h>

// Endereço MAC para seu shield Ethernet
byte mac[] = { 0x90, 0xA2, 0xDA, 0x00, 0x4A, 0xE0 };

// Sua chave Xively que lhe permite fazer o upload de dados
char xivelyKey[] = "qkjXS1oUKqbCG-hqh3fw4WIsdvOSAKx4ZXZYSWhGUWdxcz0g";

// Pino analógico que estamos monitorando (0 e 1 são usados pelo
// shield Ethernet)
int sensorPin = 2;

// Define as strings para nossos datastream IDs
char sensorId[] = "sensor_reading";
XivelyDatastream datastreams[] = {
  XivelyDatastream(sensorId, strlen(sensorId), DATASTREAM_FLOAT),
};
// Por fim, empacota os fluxos de dados em um feed
XivelyFeed feed(1242622121, datastreams, 1 /* número de datastreams */);

EthernetClient client;
XivelyClient xivelyclient(client);

void setup() {
  // Coloque seu código de configuração aqui, para executar uma vez:
  Serial.begin(9600);

  Serial.println("Starting single datastream upload to Xively...");
  Serial.println();

  while (Ethernet.begin(mac) != 1)
  {
    Serial.println("Error getting IP address via DHCP, trying again...");
    delay(15000);
  }
}

void loop() {
  int sensorValue = analogRead(sensorPin);
  datastreams[0].setFloat(sensorValue);

  Serial.print("Read sensor value ");
  Serial.println(datastreams[0].getFloat());

  Serial.println("Uploading it to Xively");
  int ret = xivelyclient.put(feed, xivelyKey);
```

```
Serial.print("xivelyclient.put returned ");
Serial.println(ret);

Serial.println();
delay(15000);
}
```

Carregue o código no Arduino, e você estará pronto para transmitir. Quando o Arduino se conectar pela primeira vez, o servidor Xively adicionará automaticamente o feed à página web que você deixou aberta antes.

No código, você criará um objeto que contém todas as informações de seu feed. Isso aparece como um array, chamado `datastreams[]`. Este contém o nome e o tipo de sensor (neste caso, um float). O feed é empacotado em um objeto `XivelyFeed`, que tem o feed ID, as informações sobre o fluxo de dados, e o número de fluxos de dados que estão no array.

Exibindo dados na web

Depois de começar a executar o sketch no Arduino, os dados serão transmitidos imediatamente. Abra o monitor serial para observar o estado de suas transmissões. Se vir um status de retorno de "200" no monitor serial, você provavelmente copiou a chave de API ou o Feed ID errado. Confira esses valores e tente novamente. Depois de confirmar que os dados estão sendo transmitidos corretamente, volte ao site do Xively; o fluxo de dados `sensor_reading` deve agora estar sendo atualizado automaticamente a cada 15 segundos. Clique no link `sensor_reading` para ver um gráfico dinâmico dos dados provenientes de seu fotorresistor. Depois de rodar por algum tempo, o gráfico pode ficar parecido com a Figura 14-9. (O monitor serial também é mostrado para que você possa ver como eles correspondem.) Isso é tudo que há para saber sobre esse código. O Arduino continuará a se comunicar com o servidor Xively e a atualizar seu feed.

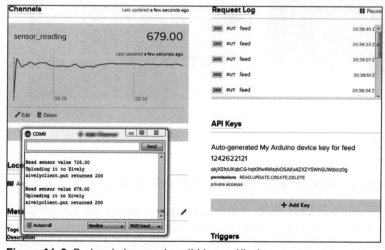

Figura 14-9: Dados de luz sendo exibidos no Xively

Adicionando componentes de feed

Ter um feed de sensor para Xively é legal, mas e se você quisesse adicionar mais sensores? Felizmente, acrescentar mais dados é muito fácil! Você adiciona um sensor de temperatura analógico ao Arduino para complementar as leituras do sensor de luz. Você também pode adicionar qualquer outro tipo de sensor — até sensores I^{2}C e SPI.

Adicionando um sensor de temperatura analógico

Usando o sensor de temperatura TMP36 que você usou no Capítulo 3, adicione um sensor de temperatura analógico simples ao circuito, como na Figura 14-10. Esse sensor será lido pela entrada analógica 3.

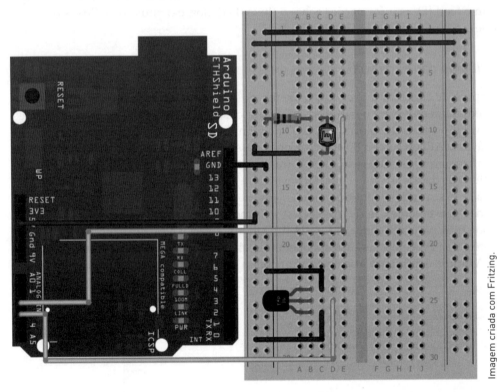

Figura 14-10: Adicionando um sensor de temperatura TMP36

Adicionando leituras de sensor adicionais ao fluxo de dados

Agora você precisa inserir os dados desse sensor no fluxo de dados que são enviados para o servidor Xively. Basicamente, só precisa adicionar um fluxo de dados extra ao código em todos os lugares em que você vê o primeiro fluxo de dados. Você também

Capítulo 14 ▪ Como conectar o Arduino à internet   337

pode optar por renomear os datastream IDs para algo mais compreensível, como light_reading e temp_reading. O código na Listagem 14-4 deve se parecer com o código usado antes, mas agora está gravando dois fluxos de dados. Observe que você ainda precisa informar a chave de API, o Feed ID e o endereço MAC de seu programa anterior para esse código; caso contrário, não vai funcionar.

Listagem 14-4: Código de upload de fluxo de dados no Xively atualizado para ler múltiplos sensores— xively2.ino

```
#include <SPI.h>
#include <Ethernet.h>
#include <HttpClient.h>
#include <Xively.h>

// Endereço MAC para seu shield Ethernet
byte mac[] = { 0x90, 0xA2, 0xDA, 0x00, 0x4A, 0xE0 };

// Sua chave Xively que lhe permite fazer o upload de dados
char xivelyKey[] = "qkjXS1oUKqbCG-hqh3fw4WIsdvOSAKx4ZXZYSWhGUWdxcz0g";

// Pino analógico que estamos monitorando (0 e 1 são usados pelo
// shield Ethernet)
int lightPin = 2; // Sensor de luz
int tempPin  = 3; // Sensor de temperatura

// Define as strings para nossos datastream IDs
char lightId[] = "light_reading";
char tempId[]  = "temp_reading";
XivelyDatastream datastreams[] = {
  XivelyDatastream(lightId, strlen(lightId), DATASTREAM_FLOAT),
  XivelyDatastream(tempId, strlen(tempId), DATASTREAM_FLOAT),
};
// Por fim, empacote os fluxos de dados em um feed
XivelyFeed feed(1242622121, datastreams, 2 /* número de datastreams */);

EthernetClient client;
XivelyClient xivelyclient(client);

void setup() {
  // Coloque seu código de configuração aqui, para executar uma vez:
  Serial.begin(9600);

  Serial.println("Starting double datastream upload to Xively...");
  Serial.println();

  while (Ethernet.begin(mac) != 1)
```

338 Parte IV ▪ Temas e projetos avançados

```
    {
        Serial.println("Error getting IP address via DHCP, trying again...");
        delay(15000);
    }
}

void loop() {
    int lightValue = analogRead(lightPin);
    datastreams[0].setFloat(lightValue);

    Serial.print("Read light value ");
    Serial.println(datastreams[0].getFloat());

    int tempValue = analogRead(tempPin);
    datastreams[1].setFloat(tempValue);

    Serial.print("Read temp value ");
    Serial.println(datastreams[1].getFloat());

    Serial.println("Uploading it to Xively");
    int ret = xivelyclient.put(feed, xivelyKey);
    Serial.print("xivelyclient.put returned ");
    Serial.println(ret);

    Serial.println();
    delay(15000);
}
```

Primeiro, note que todas as referências anteriores a `sensor` foram atualizadas para `light`. Agora que você está transmitindo informações de dois sensores, é uma boa prática de codificação diferenciá-las corretamente. Um fluxo de dados `tempId[]` foi adicionado e inserido no objeto `datastreams[]`. A definição de objeto `XivelyFeed` foi atualizada para indicar que há agora dois fluxos de dados em vez de um. Dentro do `loop()`, as linhas que estavam antes imprimindo as informações do sensor de luz foram duplicadas para imprimir as mesmas informações do sensor de temperatura. Observe que a informação sobre a luz está listada em primeiro lugar no objeto `datastreams`, por isso é referenciada como `datastreams[0]`. A informação sobre a temperatura está listada em segundo lugar no objeto `datastreams`, por isso é referenciada como `datastreams[1]`.

Quando você executar esse código no Arduino, a interface web se atualizará automaticamente para refletir seus novos fluxos de dados. Você pode querer excluir seu fluxo de dados `sensor_reading` antigo, uma vez que `light_reading` agora está sendo atualizado em seu lugar. Após vários minutos de atualizações, seus gráficos devem ser algo como a Figura 14-11.

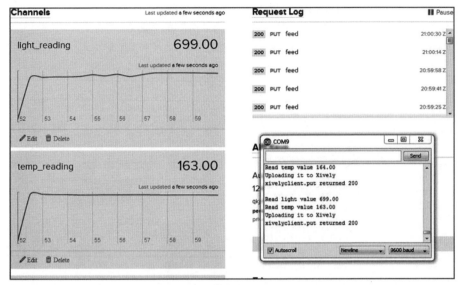

Figura 14-11: Gráficos do Xively para múltiplos sensores

Você utilizou com sucesso o Arduino como um servidor web e um cliente para um serviço web remoto. Experimente adicionar sensores digitais, feedback visual e muito mais para tornar o sistema verdadeiramente interativo.

Resumo

Neste capítulo, você aprendeu:

- Que a internet tem um monte de siglas. Você aprendeu os significados de IP, DHCP, DNS, MAC e muito mais.
- As diferenças entre clientes e servidores.
- HTML básico suficiente para escrever um formulário para controlar o Arduino pela web.
- A rodar um servidor web a partir de sua placa Arduino.
- A controlar pinos de E/S no Arduino pela internet.
- A conectar o Arduino ao servidor gráfico Xively.
- A exibir dados de vários sensores online.

APÊNDICE

Decifrando as especificações ATMega e o esquema do Arduino

No coração de todos os Arduinos está um microcontrolador Atmel. Este apêndice não resume as características de todos os microcontroladores em todos os Arduinos, mas é um exercício útil para investigar as especificações de um ATMega para ter uma ideia melhor sobre como ele funciona. Além disso, um exame dos esquemas *open source* do Arduino Uno facilitará entender como um Arduino realmente funciona.

Especificações

Uma das habilidades mais importantes que você pode desenvolver como engenheiro é a capacidade de ler *datasheets*, isto é, as especificações. Todo componente eletrônico que você compra vem com uma folha de especificações contendo informações sobre os limites técnicos da peça ou equipamento, instruções sobre como usar suas capacidades e assim por diante.

Analisando uma especificação

Considere as especificações do Atmel ATMega 328p, por exemplo. Recorde-se que o ATMega 328p é a unidade microcontroladora (MCU) utilizada no Arduino Uno e muitos clones Arduino. Encontrar as especificações muitas vezes pode ser a parte mais complicada. Eu recomendaria apenas fazer uma pesquisa no Google por "ATMega 328p datasheet" e olhar para o primeiro link em PDF da Atmel. As especificações das

MCUs usadas nos Arduinos também podem ser encontradas na página de hardware de cada site www.Arduino.cc. Quando você tiver as especificações em mãos, comece lendo a primeira página (veja a Figura A-1). Na maioria dos casos, a primeira página diz tudo o que você precisa saber sobre as características dessa MCU.

Features
- High Performance, Low Power AVR® 8-Bit Microcontroller
- Advanced RISC Architecture
  - 131 Powerful Instructions – Most Single Clock Cycle Execution
  - 32 x 8 General Purpose Working Registers
  - Fully Static Operation
  - Up to 20 MIPS Throughput at 20 MHz
  - On-chip 2-cycle Multiplier
- High Endurance Non-volatile Memory Segments
  - 4/8/16/32K Bytes of In-System Self-Programmable Flash progam memory (ATmega48PA/88PA/168PA/328P)
  - 256/512/512/1K Bytes EEPROM (ATmega48PA/88PA/168PA/328P)
  - 512/1K/1K/2K Bytes Internal SRAM (ATmega48PA/88PA/168PA/328P)
  - Write/Erase Cycles: 10,000 Flash/100,000 EEPROM
  - Data retention: 20 years at 85°C/100 years at 25°C[1]
  - Optional Boot Code Section with Independent Lock Bits
    In-System Programming by On-chip Boot Program
    True Read-While-Write Operation
  - Programming Lock for Software Security
- Peripheral Features
  - Two 8-bit Timer/Counters with Separate Prescaler and Compare Mode
  - One 16-bit Timer/Counter with Separate Prescaler, Compare Mode, and Capture Mode
  - Real Time Counter with Separate Oscillator
  - Six PWM Channels
  - 8-channel 10-bit ADC in TQFP and QFN/MLF package
    Temperature Measurement
  - 6-channel 10-bit ADC in PDIP Package
    Temperature Measurement
  - Programmable Serial USART
  - Master/Slave SPI Serial Interface
  - Byte-oriented 2-wire Serial Interface (Philips I²C compatible)
  - Programmable Watchdog Timer with Separate On-chip Oscillator
  - On-chip Analog Comparator
  - Interrupt and Wake-up on Pin Change
- Special Microcontroller Features
  - Power-on Reset and Programmable Brown-out Detection
  - Internal Calibrated Oscillator
  - External and Internal Interrupt Sources
  - Six Sleep Modes: Idle, ADC Noise Reduction, Power-save, Power-down, Standby, and Extended Standby
- I/O and Packages
  - 23 Programmable I/O Lines
  - 28-pin PDIP, 32-lead TQFP, 28-pad QFN/MLF and 32-pad QFN/MLF
- Operating Voltage:
  - 1.8 - 5.5V for ATmega48PA/88PA/168PA/328P
- Temperature Range:
  - -40°C to 85°C
- Speed Grade:
  - 0 - 20 MHz @ 1.8 - 5.5V
- Low Power Consumption at 1 MHz, 1.8V, 25°C for ATmega48PA/88PA/168PA/328P:
  - Active Mode: 0.2 mA
  - Power-down Mode: 0.1 µA
  - Power-save Mode: 0.75 µA (Including 32 kHz RTC)

8-bit AVR®
Microcontroller
with 4/8/16/32K
Bytes In-System
Programmable
Flash

ATmega48PA
ATmega88PA
ATmega168PA
ATmega328P

Rev. 8161D–AVR–10/09

Crédito: © 2013 Atmel Corporation. Todos os direitos reservados.

Figura A-1: A primeira página das especificações do ATMega 328p

Apêndice ■ Decifrando as especificações ATMega e o esquema do Arduino

A partir de uma rápida olhada nas especificações, você pode aprender bastante sobre o microcontrolador. Você pode verificar que ela tem 32KB de memória flash programável, que pode ser reprogramada cerca de 10.000 vezes e que pode operar entre 1,8V e 5,5V (5V no caso do Arduino). Você também pode saber quantas entradas/saídas (E/Ss) ela tem, quais funções especiais são nativas (como hardware de interface periférica serial [SPI] e interfaces I^{2}C), e qual é a resolução de seu conversor analógico-digital (ADC).

NOTA Essas especificações têm, na verdade, centenas de páginas, e provavelmente precisariam de um livro inteiro dedicado apenas a interpretá-las, por isso não vou muito mais longe aqui. Mas por todo o restante deste apêndice, apontarei vários tópicos importantes que merecem mais atenção.

Especificações longas como esta geralmente têm marcadores de PDF que facilitam encontrar o que você está procurando. De particular interesse para suas aventuras com o Arduino podem ser as informações sobre portas de E/S, os timers e as várias interfaces seriais de hardware. Como mais um exemplo, considere a Figura 13-1 extraída da seção de E/S das especificações em PDF, que é mostrada aqui como Figura A-2 para sua conveniência.

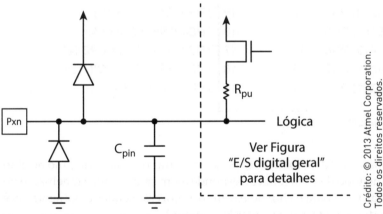

Figura A-2: Diagrama dos pinos de E/S

Diagramas como esse podem ser encontrados por todo o documento de especificações, e podem lhe dar uma visão mais profunda sobre como o Arduino realmente funciona. Neste exemplo, você pode ver que todos os pinos de E/S têm diodos de segurança para protegê-los de tensões excessivamente altas ou negativas. Também é importante observar que há uma capacitância de pino conhecida, o que poderia ter implicações significativas quando se tenta determinar os tempos de subida e queda quando se muda o valor de um pino.

Entendendo a pinagem dos componentes

Todas as especificações incluem a pinagem de saída para o dispositivo em questão, que ilustra claramente as funções de cada pino. Particularmente para microcontroladores, os pinos podem ter múltiplas funções; portanto, entender a pinagem pode ser fundamental para entender o que cada pino pode ou não pode fazer. Considere a pinagem do ATMega 328p (veja a Figura A-3). Entender a pinagem do microcontrolador em seu coração facilitará entender o esquema do Arduino Uno, que você verá na próxima seção.

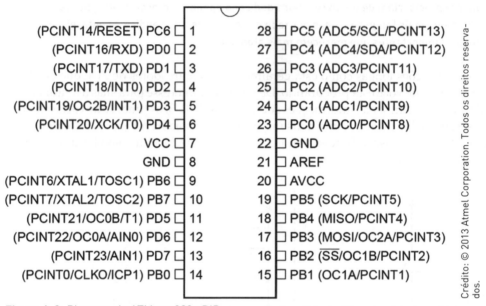

Figura A-3: Pinagem do ATMega 328p DIP

Observe que a pinagem indica como você pode encontrar o número do pino no chip real. O semicírculo no topo da pinagem corresponde a um semicírculo semelhante no circuito integrado real. Olhe para o chip no Arduino e verá esse semicírculo; agora você sabe que o pino imediatamente à sua esquerda é o pino 1.

Provavelmente também vai notar algumas abreviaturas com que você pode não estar familiarizado. Eles são definidos aqui:

- VCC refere-se à alimentação de tensão para o chip. No caso do Arduino, a VCC é 5V.
- AVCC é uma alimentação de tensão separada para o ADC. Para o Arduino, também é 5V.
- AREF é derivado (*broken out*) para um pino. Assim, você pode escolher uma tensão arbitrária abaixo de 5V para atuar como referência para a ADC se quiser.
- GND é, naturalmente, a conexão do polo negativo ØV da alimentação.

Apêndice ■ Decifrando as especificações ATMega e o esquema do Arduino

Os demais pinos são todos de E/S de uso geral. Cada um está mapeado para um número de pino único no software Arduino para que você não precise se preocupar com a letra e número de porta.

Os rótulos entre parênteses representam funções alternativas para cada pino. Por exemplo, pinos PD0 e PD1 também são pinos USART (Universal Synchronous/Asynchronous Receiver/Transmitter) para recebimento (RX) e transmissão (TX), respectivamente. Os pinos PB6 e PB7 são os pinos de conexão de cristal (XTAL). No caso do Arduino Uno, um ressonador cerâmico de 16MHz externo está ligado a esses pinos, então você não pode usá-los para E/S de uso geral. Se tiver dificuldade em decifrar os rótulos dos pinos, geralmente pode aprender mais sobre o que eles querem dizer pesquisando para esses termos no restante das especificações. O site Arduino tem um diagrama que ilustra como os pinos ATMEGA são conectados aos pinos numerados na placa Arduino. Você pode encontrá-lo em http://arduino.cc/en/Hacking/PinMapping168, e ele é mostrado na Figura A-4.

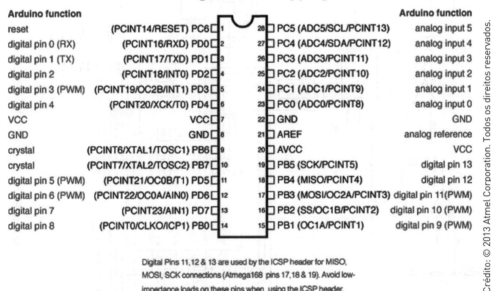

Figura A-4: Mapeamento dos pinos no Arduino ATMega

Entendendo o esquema do Arduino

Talvez uma das melhores maneiras de aprender sobre projetos elétricos é analisar os diagramas esquemáticos de produtos já existentes, como o Arduino. A Figura A-4 mostra o diagrama esquemático do Arduino Uno.

346 Apêndice ■ Decifrando as especificações ATMega e o esquema do Arduino

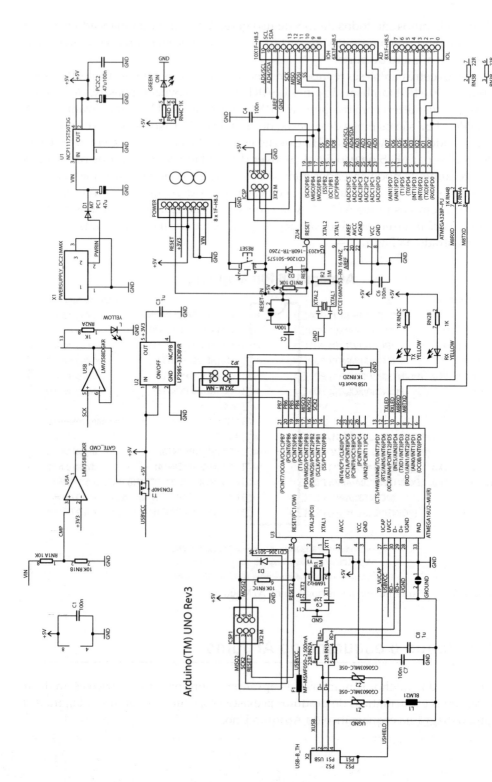

Figura A-5: Diagrama esquemático do Arduino Uno Rev 3

Crédito: Arduino, www.arduino.cc

Apêndice ■ Decifrando as especificações ATMega e o esquema do Arduino 347

Você pode identificar todas as peças que vê no Arduino Uno? Comece com a MCU principal (a peça ZU4 no esquema), o ATMega328p e todos os pinos de derivação (*breakout pins*). Aqui, você pode facilmente identificar quais portas/pinos ATMEGA mapeiam para os pinos que lhe estão disponíveis no ambiente de desenvolvimento integrado (IDE). Anteriormente neste apêndice, você observou que PD0 e PD1 foram conectados aos pinos USART TX e RX. No diagrama esquemático do Arduino, você pode realmente confirmar que esses pinos conectam-se aos pinos correspondentes no chip conversor USB-serial 16U2 (8U2 nas revisões 1 e 2). Você também sabe que há um LED ligado (por meio de um resistor) ao pino 13 do Arduino. No esquema, você pode ver que o pino 13 está conectado ao pino PB5 no ATMega. Mas onde está o LED? Usando nomes apropriados de conexões elétricas, você pode indicar uma conexão elétrica entre dois pontos em um esquema sem realmente desenhar todas as linhas. Mostrar todos os fios em um diagrama esquemático pode se tornar confuso muito rapidamente. No caso de PB5, é possível ver que o fio que sai da MCU é rotulado *SCK*, e que existe um fio com designação semelhante na parte superior do diagrama esquemático alimentando através de um buffer um resistor e o familiar LED de depuração.

A maioria dos diagramas esquemáticos que você vai encontrar é feita em um estilo similar a esse, com muitas redes rotuladas que se conectam sem fios diretos. Continue a analisar o diagrama esquemático do Arduino até entender os caminhos seguidos por cada sinal. Veja quantos componentes você pode identificar na placa real.

Índice

SÍMBOLOS & NÚMEROS

= (atribuição) operador, 34
== (comparação) operador, 32
&& (lógico) operador, 35
3,3, V, energia de, 7
5, V, energia de, 7, 82–84
74HC595, registrador de deslocamento, 148–151

A

acelerômetros de eixo triplo, 51
AD714/AD715, chips I^{2}C, 166–167
Adafruit 32U4, placa de circuito impresso, 12
adafruit, shield de registro de dados em log, 287
ADCs (conversores analógico-digitais), 7, 43–45
    Arduino Due, 10
    Arduino Uno, 5
    Mega 2560, 10
    precisão de, 44
    resolução, 44–45
`alternate.ino`, arquivo, 152–153
alto-falantes
    montando, 96–99
    processo de produção de som, 94
    propriedades do som, 92–94
`analogRead()`, função, 45–48, 53–54
`analogWrite()`, função, 27–29, 39–41, 56–58
animações de luz, controlando com registradores de deslocamento, 154–160
ânodos, 22

API, modo, rádios XBee, 223
apresentação audiovisual, criando com DigiPots SPI, 193–197
Arduino Due
    componentes, 10
    interrupções por hardware, 261–262
    microcontrolador, 6
Arduino Leonardo
    interrupções por hardware, 261
    microcontrolador, 6, 9
    mouse, emulando, 140–144
    teclados, emulando, 135–140
Arduino Lilypad, 11–12
Arduino Nano, 11
Arduino Uno
    como programador de rádio XBee, 229
    diagrama esquemático, 347–349
    imagem de, 5
    interrupções por hardware, 261
    microcontrolador, 6
        secundário, 6
    resolução ADC, 44–45
Arduino, placas. *Veja também* placas específicas
    capacidades de comunicação serial, 108–115
    componentes, 4–8
    comunicação sem fio, 236–246
        concepção de uma página web simples, 318–320
    configurando hardware de controle de E/S, 318

350 Índice

controlando a partir da web, 318–329
de terceiros, 12
dispositivos compatíveis com Arduino, 12
escrevendo um sketch de servidor, 320–326
resumo das placas oficiais, 8–12
ArduPilot, 12
argumentos atribuição, 17
ATMega, microcontrolador, 5, 6, 8
especificações, 343–347
interface de programação, 6
Atmel, unidade microcontroladora (MCU), 6. *Veja também* microcontroladores específicos
atribuição (=) operador, 34
attachInterrupt(), função, 261–262
atuadores de precisão, 80–86
servomotores, 80–86

B

B (base), pino, NPN BJT, 67
bargraph.ino, arquivo, 159
barras de progresso animadas, criando, 206–209
base (B) pin, NPN BJT, 67
bibliotecas
HttpClient, 331
LiquidCrystal, 203–209
RTClib, 299–305
SD, 284
TimerOne, 270–272
Wire, 169, 171
Xively, 331
binário
formato, convertendo para decimal, 154
tipo de dados, 119
BJT (transistor junção de bipolar), 66–68
Blink, programa
carregando, 15–16
componentes, 16–18
blink.ino, arquivo, 26
bloqueando funções, 250
bootloader, 6, 8
botões que saltam, 32–35

C

C (coletor), pino, NPN BJT, 67
campainha sem fio, 246–252
hardware receptor, 248–249
hardware transmissor, 247–248
projeto de sistema, 246–247
software receptor, 250–252
software transmissor, 249–250
capacitores de desacoplamento, 83
caracteres, 121–122
especiais
adicionando com LCDs, 206–209
imprimindo em terminal, 117–118
nova linha, 117–118
personalizados, adicionando com LCDs, 206–209
tabulação, 117–118
cartões SD. *Veja também* registro de dados em log
formatação, 279–284
gravando dados em, 289–293
interface SPI, 288
lendo dados de, 293–297
shields, 284–288
cátodos, 22, 36
ciclo de trabalho, 28–29
circuito de relógio integrado de tempo real DS1307, 298–305
clientes, 317, 321–322
código não bloqueador, 250
coletor (C), pino, NPN BJT, 67
comentários, 16
de linha única, 16
de várias linhas, 16
comparação (==), operador, 32
comunicação
ponto a multiponto, 222–223
ponto a ponto, 222–223, 230
sem fio. *Veja* rádios XBee
serial. *Veja também* comunicação USB
Arduino, placas, 108–115
imprimindo em terminal, 115–119
monitor serial IDE Arduino, 119–127
opções de tipo de dados, 119
sketch de Processing, 127–134
versus comunicação USB, 109–110
USB. *Veja também* comunicação serial
Arduino, placas, 108–115
capacidades de host USB, 114–115
comunicação serial *versus*, 109–110
conversores ATMega MCU, 112–114

Índice   351

conversores FTDI, 110–112

MCUs com uma única USB, 112–114

comutações

saltos, 32

transistores como, 66–67

conectividade com a internet

acessando via rede, 326–329

adicionando componentes de feed, 336–339

concepção de uma página web simples, 318–320

configurando hardware de controle de E/S, 318

construindo feeds de dados, 330–335

controlando o Arduino a partir da web, 318–329

escrevendo um sketch de servidor, 320–326

gráficos em tempo real, criando, 329

visão geral, 314–318

conexão com a internet. *Veja* conectividade com a internet

configuração de firmware, 8

const, operador, 25

constrain(), função, 56, 58–59

control_led_speaker.ino, arquivo, 322–325

conversores analógico-digitais. *Veja* ADCs

Cosm. *Veja* Xively

CSV (*comma-separated value*), arquivos

formatando de dados com, 279

log.csv, arquivo, 289–291

csv_logger.ino, arquivo, 137–138

curtos-circuitos, com pontes H, 73

D

dados de registro. *Veja* registro de dados em log

DAS, linha, I²C, 165, 169

debounce(), função, 213–214

debounce.ino, arquivo, 33–34

debouncing

circuitos de interrupção de botão com debounce por hardware, 262–269

comutadores digitais, 35–38

vários botões, 213–214

definição, arquivos, 95–96

delay(), função, 18, 214–215

DHCP (Dynamic Host Configuration Protocol), 316–317

recuperando endereços IP, 321

reservando endereços DHCP, 328

DigiPots, comunicando-se com o barramento SPI, 185–193

digitalRead(), comando, 31–32

digitalWrite(), comando, 25, 33

diodos de segurança, 67

display_temp.pde, arquivo, 178

dispositivos compatíveis com Arduino, 12

dispositivos escravos, 182

I2C, barramento, 164–166, 167–168, 172

SPI, barramento, 182, 183, 184–185

dispositivos mestres

barramento I2C, 164–166, 167–168

barramento SPI, 183, 184–185

divisores de tensão resistivos, 55–56

DNS (Domain Name System), 317

serviços de atualização dinâmica, 328–329

doorbell/receiving_arduino, 251–252

doorbell/transmitting_arduino, 249–250

drivers, instalando, 14–15

Dynamic Host Configuration Protocol. *Veja* DHCP

DynDNS, 329

E

E (emissor), pino, NPN BJT, 67

E/S, pinos. *Veja* pinos

echo.ino, arquivo, 121

ecoando os dados de entrada, 120–121

ecossistema Arduino, 4

emissor (E), pino, NPN BJT, 67

encadeamento de registradores de deslocamento, 153

encaminhamento de porta, 327–329

endereços IP (internet Protocol)

globais, 314–315, 328–329

reservados, 328

entradas analógicas, controlando saídas analógicas, 56–59

entradas digitais, lendo, 29–35

entrance_logger.ino, arquivo, 308–310

equação de potência, 23–24, 31

escrevendo para cartões SD, 289–293

especificações

lendo, 343–347

potenciômetros digitais MCP4221, 186–189

sensor de temperatura TC74, 166–167, 169–171

especificações de microcontroladores, 343–347

estado

aberto (ponte H), 73

freado (ponte H), 73

352 Índice

para frente (ponte H), 73
para trás (ponte H), 73
exemplo de clock de tempo real, 297–305
exemplo de coletor de dados de entrada, 305–311

F

fade.ino, arquivo, 27–28
fase do clock, 182–183
fluxo luminoso por unidade de área, 43
fontes de alimentação, 7
limites de, 84
fontes, carregando no sketch de Processing, 177–179
for, loops, 25–27
fotorresistores, 54–59
frequências, mapeando para nomes de notas, 95–96
FTDI, chip, 110–112
fun_with_sound.ino, arquivo, 273–275
funções, 17, 33. *Veja também* funções específicas

G

GET, solicitações, 316
giroscópios de eixo duplo, 51
gráficos
de barras, LED
monitorando temperaturas, 173–179
respondendo às entradas, 157–160
em tempo real, 329
monitorando temperaturas, 173–179
respondendo às entradas, 157–160

H

hbridge.ino, arquivo, 78–79
headers, LCDs, 200–201
hexadecimal, tipo de dados, 119
histerese, 265
hsv.jpg, arquivo, 132, 133
HTML (Hypertext Markup Language), 316, 318–320
Httpclient, bibliotecas, instalando, 331
hw_multitask.ino, arquivo, 268–269
Hypertext Markup Language (HTML), 316, 318–320

I

I2C, barramento
combinando com registradores de deslocamento, 173–179
comunicando-se com o sensor de temperatura, 167–173
controlando dispositivos I^2C, 167–168
esquema de comunicação, 165–167
história do, 164
monitorando temperaturas, 173–179
números de identificação, 165–167
projeto de hardware, 164–167
requisitos de hardware, 167
versus barramento SPI, 185
Wire, biblioteca, 169, 171
ICSP (*in-circuit serial programmer*), conectores, 5, 6, 8
IDE Arduino
"upload", comando, 8
baixando, 13
LiquidCrystal, biblioteca, 203–209
monitor serial, 119–127
servos, controlando, 85–86
imprimindo em terminal serial, 115–119
Industrial, Scientific, and Medical (ISM), banda, 222
indutores, motores DC como, 67
inicializando LCDs (telas de cristal líquido), 204
internet das coisas, 314. *Veja também* conectividade com a internet
interrupções
aparelho de som baseado em interrupção, 272–275
capacidades do Arduino, 261–262
circuitos de interrupção de botão com debounce por hardware, 262–269
execução simultânea de tarefas, 271–272
por hardware, 258–259
aparelho de som baseado em interrupção, construindo, 272–275
capacidades do Arduino, 261–262
circuito de interrupção, 262–269
construindo botão com debounce por hardware
vantagens e desvantagens do polling, 259–261
por timer, 270–272
TimerOne, biblioteca, baixando, 270–271

vantagens e desvantagens do polling, 259–261

ints, 121–122

IP (internet Protocol), endereços, 314–315
  determinando manualmente, 328
  estáticos, 328–329
  globais, 314–315, 328–329
  recuperando via DHCP, 321
  reservados, 328

ipconfig, comando, 328

ISM (Industrial, Scientific, and Medical) banda, 222

L

LCD_progress_bar.ino, arquivo, 207–209

LCD_text.ino, arquivo, 205

LCD_thermostat.ino, arquivo, 215–219

LCDs (*liquid crystal displays*)
  aviso sonoro, adicionando, 214–215
  caracteres personalizados, adicionando, 206–209
    configuração de hardware, 210
  configurando, 200–203
  cursor, movendo, 204–206
  expandindo, 219
  inicializando, 204
  paralelos
    caracteres personalizados, adicionando, 206–209
    configurando, 200–203
    cursor, movendo, 204–206
    inicializando, 204
    termostato pessoal, criando, 209–219
    texto, adicionando, 204–206
  programa completo, 215–219
  set point, ajustando, 213–214
  termostato pessoal, criando, 209–219
  texto, adicionando, 204–206
  ventilador, controlando, 214–215
  visualizando dados, 211–213

led.ino, arquivo, 25

led_button.ino, arquivo, 31

LED_speaker.ino, arquivo, 195–196

LEDs
  associados, 226
  brilho, 185–193

circuitos de interrupção de botão com debounce por hardware, 262–269
  com caracteres únicos, 122–124
  com listas de valores, 125–127

depuração, 5, 6

exemplo de LED RGB nightlight, 35–39

exemplo sensor de distância por varredura, 86–89

gráficos de barras

modulação por largura de pulso, 27–29

montando, 22
  respondendo a entradas, 157–160

RGB nightlight
  adicionando sensores de luz, 56–59
  construindo, 38–42

RSSI, 226

lendo
  cartões SD, 293–297
  entradas digitais, 29–35
  potenciômetros, 45–49

lightrider.ino, arquivo, 156

limitações de memória RAM, superando, 301

limitação de corrente, resistores de, 36

linha de clock
  barramento I2C, 165, 169
  barramento SPI, 182, 183, 184–185

linha de dados, I^2C, 165, 169

Linux, formatando cartões SD, 282–283

LiquidCrystal, biblioteca, 203–209
  adicionando caracteres personalizados a LCDs, 206–209
  adicionando texto a LCDs, 204–206

list_control.ino, arquivo, 126–127

lock_computer.ino, arquivo, 140

log.csv, arquivo, 289–291

lógico (&&), operador, 35

loop(), função, 24, 37

lux, 43

M

Mac, computadores, formatando cartão SD, 280–282

MAC, endereços, 316, 321, 325, 328, 332–333

magnetômetros, 50

map(), função, 56–59

mapeando
  frequências para nomes de notas, 95–96

leituras analógicas, 56–59

MCP4231, potenciômetro digital, 185–193
    configurando o hardware, 189–190
    escrevendo software, 190–193
    especificações, 186–189

MCUs (unidades microcontroladoras)
    Atmel, 6
    com uma única USB, 114
    secundária com USB, 112–114

Mega 2560, placa, 6, 10, 14, 261

Mega ADK, placa, 11

memória flash, e limitações de RAM, 301

micropiano pentatônico, 102–105

micropiano, construindo, 102–105

modo pass-through serial, rádios XBee, 223

monitor serial, 119–127

montando
    alto-falantes, 96–99
    LCDs, 200–203
    LEDs, 22
    motores DC, 68–69

`motor.ino`, arquivo, 70

`motor_pot.ino`, arquivo, 71–72

motores DC (corrente contínua), 65, 80–86
    cargas indutivas de alta corrente, 65–70
    como indutores, problemas causados por, 67
    controlando a velocidade do motor, 70–72
    controlando da direção do automóvel, 72–79
    diagrama esquemático, 66
    escovados
        cargas indutivas de alta corrente, 65–70
        controlando a velocidade do motor, 70–72
        controlando da direção do automóvel, 72–79
        diagrama esquemático, 66
        visão geral, 65
    montando, 69
    sem escova, 65

motores de condução
    motores de corrente contínua, 65–79
    servomotores, 80–86

motores de corrente contínua. *Veja* motores DC

mouse, emulando, 140–144

`mouse.ino`, arquivo, 142

multitarefa, interrupções e, 260

`music.ino`, arquivo, 101

N

NAT (Network Address Translation), 315

`nightlight.ino`, arquivo, 58

`noTone()`, função, 95, 104, 214–215

O

Ohm, lei de, 23–24, 31

ondas
    de pressão, 92–93
    quadradas, 43
    senoidais, 43

opções de tipo de dados, 119

P

páginas web, desenho, 318–320

`piano.ino`, arquivo, 104

pilha de firmware LUFA, 113

`pinMode()`, comando, 25

`pinMode()`, função, 17

pino de clock do registrador, 149

pinos
    ADC, 7
    BJTs, 67
    como interrupções, 261–262
    de controle, servos, 81
    de E/S de uso geral. *Veja* pinos
    LCDs, 200–203
    MCP4231, potenciômetro digital, 186–189
    multiplexados, 109
    pontes H, 74–75
    registradores de deslocamento. *Veja*
        registradores de deslocamento
    sensor de distância por varredura, 87–88
    servos, 80–84
    shields de cartão SD, 284

placas de terceiros, 12

placas de teste, 21
    montando
        LCDs, 200–203
        motores DC, 68–69

polaridade do clock, 182–183

pontes H, 72–79

POST, solicitações, 316

`pot.ino`, arquivo, 47, 117

`pot_tabular.ino`, arquivo, 118

Índice   355

pot_to_processing/arduino_read_
    pot, 240
pot_to_processing/processing_display_
    color, 130, 242–243
potenciômetros
    comunicando-se com, 185–193
    controles de servo, 85–86
    criando apresentação audiovisual, 193–197
    DigiPots SPI
    impressão serial, 116–118
    lendo, 45–49
    motores DC, ajustando velocidade, 70–72, 76–79
print(), função, 115, 117, 119, 121, 138, 279
println(), função, 279, 290
processing_control_RGB/list_
    control, 243–244
processing_control_RGB/processing_
    control_RGB, 133, 244–245
programando
    interfaces, 6–7
    saídas digitais, 27–29
protocolo *two-wire*, 164. *Veja também* barramento
    I2C
protocolos de comunicação
    I²C
        monitorando temperaturas, 173–179
        números de identificação, 165–167
        projeto de hardware, 164–167
        requisitos de hardware, 167
    SPI
        ajustando o volume do alto-falante, 193–197
        comunicando-se com o sensor de
            temperatura, 167–173
        configuração de hardware, 183–184
        controlando dispositivos I²C, 167–168
        controlando dispositivos SPI, 185
        controlando o brilho de LED, 185–193
        esquema de comunicação, 183, 184
        história do, 164
        versus I²C, 185
        versus SPI, 185
        visão geral, 182–183
pull-downs
    fortes, 30
    fracos, 30, 32
PWM (*pulse-width modulation*)
    com analogWrite(), 27–29
    velocidade do motor DC, controlando, 70–72

Q

quantização, 44
quantização analógica de 3 bits, 44–45

R

rádios XBee
    Arduinos remotos, 236–246
        alimentando com energia, 236–239
        com X-CTU, 231–235
        controlando LEDs RGB, 243–246
        controlando o processamento, 239–243
    campainha sem fio, construindo, 246–252
    configurando, 228–236
        configurações, 230–231
        com um terminal serial, 235–236
        via adaptadores USB, 228–230
        via shields, 228–230
    Pro *versus* não Pro, versões, 224
    shields, 224–228
    visão geral, 222–224
RC, circuitos, debouncing de botões, 263–265
read_temp.ino, arquivo, 171–182
readButton(), função, 143
readJoystick(), função, 143
redes locais, acessando Arduino via, 326–327
registradores de deslocamento, 146–147
    74HC595, registro, 148–151
    animações de luz, controlando, 154–160
    combinando com comunicação I²C, 173–179
    convertendo entre formatos binários e
        decimais, 154
    deslocando dados seriais, 151–153
    encadeamento, 153
    funcionamento, 149–151
    pino funções, 148–149
    serial-paralelo, 147–148
registro de dados em log
    CSV (*comma-separated value*), arquivos, 279
    exemplo de clock de tempo real, 297–305
    exemplo de coletor de dados de entrada, 305–
        311
    formatação, 279–284
    gravando dados em, 289–293
    interface SPI, 288
    lendo dados de, 293–297
    shields, 284–288
    usos, 278

356 Índice

reguladores lineares
  alimentação de 5V, geração de bateria de
    9V, 82–84
  limites de fonte de alimentação do Arduino, 84
reset, botão, 5, 6
resistência, 23–24
resistores
  limitadores de corrente, 36
  pull-down, 32–35
  pull-up, 30, 31, 165, 167
  tensão variável
    fotorresistores, 54–59
    potenciômetros, 45–50
resolução, ADCs, 44–45
restringindo leituras analógicas, 58–59
rgb_nightlight.ino, arquivo, 37–39
roteadores, fazendo login em, 327–328
RTC (*real-time clock*), chip, 299–305
RTC.adjust, função, 299
RTC.isrunning(), função, 304
RTC.now(), comando, 299
RTClib, biblioteca, 299–305

S

saídas
  analógicas
    controlando com entradas analógicas, 56–59
    criando (*Veja* PWM (modulação por largura
      de pulso))
  digitais
    conectando LEDs, 22
    placas de teste, 20–21, 23
    programando, 24–25
Schmitt, gatilhos de, 265–266
SCL, linha, I²C, 165, 169
SD, biblioteca, 284
sd_read_write.ino, arquivo, 295–297
sd_read_write_rtc.ino, arquivo, 301–304
sensor de temperatura TC74, 166, 169–171, 174
sensores
  analógicos
    acelerômetros de eixo triplo, 51
    criando, 54–59
    giroscópios de eixo duplo, 51
    magnetômetros, 50
    potenciômetros, lendo, 45–49

sensores de distância, 50
sensores de temperatura, 50–54
acelerômetros de eixo triplo, 51
  coletor de dados de entrada, 305–311
  de varredura, construindo, 86–89
de distância infravermelhos, 50
  coletor de dados de entrada, 305–311
  sensores de varredura, 86–89
de distância por varredura, 86–89
de movimento, 305–311
de proximidade, Sharp, 50
de temperatura, 50–54, 167–173
giroscópios de eixo duplo, 51
temperatura, 50–54, 167–173
serial in, parallel out (SIPO), registradores de
  deslocamento. *Veja* registradores de
  deslocamento serial-paralelo
Serial Peripheral Interface, barramento. *Veja* SPI,
  barramento
server_form.html, arquivo, 319–320
serviços de atualização de DNS dinâmico, 328–329
servidores, 317
  servidor de sketch, 320–326
servo.ino, arquivo, 85–86
servos (servomotores), 80–86
  controlando com o IDE Arduino, 85–86
  diagrama de tempo, 82
  montando, 80–84
servos de rotação contínua, 80
servos padrão, 80
setCursor(), função, 204–206
setup(), função, 16, 24
Sharp, sensor de distância infravermelho, 50
Shield Arduino Ethernet SD, 286
Shield Arduino Ethernet, 317–318, 321, 332. *Veja
  também* conectividade com a internet
Shield Arduino Wi-Fi SD, 286–287
Shield Arduino Wireless SD, 285
Shield Cooking Hacks MicroSD, 284–285, 289–292,
  300
Shield SparkFun MicroSD, 288
shields
  Shield Arduino Ethernet, 317–318, 321, 332
  shields cartão SD, 284–288
  XBee, shields de rádio, 224–228
shiftOut(), função, 151–154

Índice 357

sinais
  analógicos, 42
    convertendo para digital, 43–45
    versus sinais digitais, 43
  digitais
    convertendo sinais analógicos em, 43–45
    versus sinais analógicos, 43
`single_char_control.ino`, arquivo, 124
SIPO (*serial in, parallel out*), registradores de deslocamento. *Veja* registradores de deslocamento serial-paralelo
sistema de monitoração da temperatura, 173–179
  construindo o hardware, 173–174
  escrevendo sketches de Processing, 177–179
  modificando o programa integrado, 174–176
sketch de Processing
  comunicação serial, 127–134
  instalando, 128
  sistema de monitoração da temperatura, 173–179
sondando entradas, *versus* interrupções por hardware, 259–261
sons
  aparelho de som baseado em interrupção, 272–275
  apresentação audiovisual, 193–197
  conectando alto-falantes, 96–99
  criando, 95–102
  incluindo a definição, arquivos, 95–96
  micropiano pentatônico, 102–105
  processo de produção, 94
  propriedades, 92–94
  reproduzindo músicas, 99–102
SparkFun Pro Mini Arduino, placa, 12
SparkFun XBee USB Explorador, 228–230
SPI, barramento
  ajustando o volume do alto-falante, 193–197
  cartão SD de interface SPI, 288
  comunicando-se com DigiPot
  configuração de hardware, 183–184
    controlando o brilho de LED, 185–193
  esquema de comunicação, 183, 184
  versus barramento I2C, 185
  visão geral, 182–183
`SPI_led.ino`, arquivo, 192–193
SudoGlove, 103, 132
`sweep.ino`, arquivo, 88–89

T

taxa de transmissão, 48, 49
teclados, emulando, 135–140
telas de cristal líquido. *Veja* LCDs
`temp_unit.ino`, arquivo, 175–176
`tempalert.ino`, arquivo, 53–54
tensão
  divisores
    potenciômetros, lendo, 45–50
  reguladores, 7
  resistivos, 55–56
  de referência, 44–45
terminal
  imprimindo em, 115–119
  rádios XBee, configurando, 235–236
termostato, criando, 209–219
  aviso sonoro, adicionando, 214–215
  configuração de hardware, 210
  funcionalidade, expandindo, 219
  pessoal, 209–219
    aviso sonoro, adicionando, 214–215
    configuração de hardware, 210
    funcionalidade, expandindo, 219
    programa completo, 215–219
    set point, ajustando, 213–214
    ventilador, controlando, 214–215
    visualizando dados, 211–213
  programa completo, 215–219
  set point, ajustando, 213–214
  ventilador, controlando, 214–215
  visualizando dados, 211–213
texto, adicionando com LCDs, 204–206
`timer1.ino`, arquivo, 271
TimerOne, biblioteca, 270–272
tipo de dados decimal, 119
tipo de dados octal, 119
TMP36, sensor de temperatura, 50–51, 52–54
`tone()`, função, 95–102, 214–215, 273–275
transistores
  como interruptores, 66–67
  transistores de junção bipolar NPN, 66–68

U

unidades microcontroladoras. *Veja* MCUs
URLs amigáveis, 317
USB, adaptadores, configurando rádios XBee, 228–230

358   Índice

V

valores separados por vírgulas, arquivos. *Veja* CSV (*comma-separated value*), arquivos

variáveis
    booleanas, 34–35
    globais, 38
    locais, 38
    voláteis, 268

W

Wire, biblioteca, 169, 171
`Wire.available()`, comando, 172
`Wire.beginTransmission()`, comando, 172
`Wire.endTransmission()`, comando, 172
`Wire.read()`, comando, 172

`Wire.requestFrom()`, comando, 172
`Wire.write()`, comando, 172
`write_to_sd.ino`, arquivo, 290–292

X

X-CTU, configurando rádios XBee, 231–235
Xively, envio de dados a, 329
    adicionando componentes de feed, 336–339
    construindo feeds de dados, 330–335
`xively.ino`, arquivo, 334–335
`xively2.ino`, arquivo, 337–338

Z

ZigBee, padrão, 223